高等院校移动商务管理系列教材

移动终端
Mobile Handset

（第二版）

孙 静 王 琦 ◎ 主编

图书在版编目（CIP）数据

移动终端/孙静，王琦主编. —2版. —北京：经济管理出版社，2017.1
ISBN 978-7-5096-4822-3

Ⅰ.①移… Ⅱ.①孙… ②王… Ⅲ.①电子商务—移动终端—应用程序—程序设计—资格考试—教材 Ⅳ.①F713.36 ②TN929.53

中国版本图书馆CIP数据核字（2016）第323597号

组稿编辑：勇　生
责任编辑：杨国强
责任印制：木　易
责任校对：超　凡

出版发行：经济管理出版社
（北京市海淀区北蜂窝8号中雅大厦A座11层　100038）

网　　址：www.E-mp.com.cn
电　　话：(010) 51915602
印　　刷：玉田县昊达印刷有限公司
经　　销：新华书店
开　　本：720mm×1000mm/16
印　　张：14.75
字　　数：273千字
版　　次：2017年4月第2版　2017年4月第1次印刷
书　　号：ISBN 978-7-5096-4822-3
定　　价：30.00元

·版权所有　翻印必究·
凡购本社图书，如有印装错误，由本社读者服务部负责调换。
联系地址：北京阜外月坛北小街2号
电话：(010) 68022974　邮编：100836

编委会

主　任：张世贤
副主任：杨世伟　勇　生
编委会委员（按照姓氏拼音字母排序）：

　　　陈　飑　高　闻　洪　涛　吕廷杰　柳永坡　刘　丹
　　　秦成德　沈志渔　王　琦　叶蜀君　勇　生　杨国平
　　　杨学成　杨世伟　张世贤　张润彤　张　铎

专家指导委员会

主　任：杨培芳　中国信息经济学会理事长、教授级高级工程师，工业和信息化部电信经济专家委员会秘书长，工业和信息化部电信研究院副总工程师

副主任：杨学成　北京邮电大学经济管理学院副院长、教授

委　员（按照姓氏拼音字母排序）：

安　新　中国联通学院广东分院院长、培训交流中心主任
蔡亮华　北京邮电大学教授、高级工程师
陈　禹　中国信息经济学会名誉理事长，中国人民大学经济信息管理系主任、教授
陈　飚　致远协同研究院副院长，北京大学信息化与信息管理研究中心研究员
陈国青　清华大学经济管理学院常务副院长、教授、博士生导师
陈力华　上海工程技术大学副校长、教授、博士生导师
陈鹏飞　北京嘉迪正信（北京）管理咨询有限公司总经理
陈玉龙　国家行政学院电子政务研究中心专家委员会专家委员，国家信息化专家咨询委员会委员，国家信息中心研究员
董小英　北京大学光华管理学院管理科学与信息系统系副教授
方美琪　中国人民大学信息学院教授、博士生导师，经济科学实验室副主任
付虹蛟　中国人民大学信息学院副教授
龚炳铮　工业和信息化部电子六所（华北计算机系统工程研究所）研究员，教授级高级工程师
郭东强　华侨大学教授
高步文　中国移动通信集团公司辽宁有限公司总经理
郭英翱　中国移动通信集团公司辽宁有限公司董事、副总经理
何　霞　中国信息经济学会副秘书长，工业和信息化部电信研究院政策与经济研究所副总工程师，教授级高级工程师
洪　涛　北京工商大学经济学院贸易系主任、教授，商务部电子商务咨询专家

移动终端

专家指导委员会

姜奇平	中国信息经济学会常务理事，中国社会科学院信息化研究中心秘书长，《互联网周刊》主编
赖茂生	北京大学教授、博士生导师
李　琪	西安交通大学电子商务研究所所长、教授、博士生导师
李正茂	中国移动通信集团公司副总裁
刘　丹	北京邮电大学经济管理学院副教授
刘腾红	中南财经政法大学信息与安全工程学院院长、教授
柳永坡	北京航空航天大学副教授
吕廷杰	北京邮电大学经济管理学院院长、教授、博士生导师
马费成	武汉大学信息管理学院教授、博士生导师
秦成德	西安邮电大学教授
乔建葆	中国联通集团公司广东省分公司总经理
沈志渔	中国社会科学院工业经济研究所研究员、教授、博士生导师
汪　涛	武汉大学经济与管理学院教授、博士生导师
王　琦	北京邮电大学副教授
王立新	北京邮电大学经济管理学院MBA课程教授，中国移动通信集团公司、中国电信集团公司高级营销顾问
王晓军	北京邮电大学继续教育学院副院长
谢　华	中国联通集团公司人力资源部人才与培训处经理
谢　康	中山大学管理学院电子商务与管理工程研究中心主任、教授
谢进城	中南财经政法大学继续教育学院院长、教授
徐二明	中国人民大学研究生院副院长、教授、博士生导师
徐升华	江西财经大学研究生部主任、教授、博士生导师
杨国平	上海工程技术大学继续教育学院副院长、教授
杨培芳	中国信息经济学会理事长、教授级高级工程师，工业和信息化部电信经济专家委员会秘书长，工业和信息化部电信研究院副总工程师
杨世伟	中国社会科学院工业经济研究所教授，中国企业管理研究会副理事长
杨学成	北京邮电大学经济管理学院副院长、教授
杨学山	工业和信息化部副部长、党组成员
叶蜀君	北京交通大学经济管理学院金融系主任、教授、博士生导师
张华容	中南财经政法大学工商管理学院副院长、教授、博士生导师
张继平	中国电信集团公司副总经理、教授级高级工程师
张润彤	北京交通大学经济管理学院信息管理系主任、教授、博士生导师
张世贤	中国社会科学院工业经济研究所研究员、教授、博士生导师

前　言

随着移动互联网的深入渗透，我们的生活、工作和娱乐的移动化趋势越来越明显，移动商务成为不可阻挡的商业潮流。尤其是"互联网+"战略正在推动数字经济与实体经济的深度融合，"大众创业，万众创新"方兴未艾，我们有理由相信，移动商务终将成为商业活动的"新常态"。

在这样的背景下，有必要组织力量普及移动商务知识，理清移动商务管理的特点，形成移动商务管理的一整套理论体系。从2014年开始，经济管理出版社广泛组织业内专家学者，就移动商务管理领域的重点问题、关键问题进行了多次研讨，并实地调研了用人单位的人才需求，结合移动商务管理的特点，形成了一整套移动商务管理的能力素质模型，进而从人才需求出发，围绕能力素质模型构建了完整的知识树和课程体系，最终以这套丛书的形式展现给广大读者。

本套丛书有三个特点：一是课程知识覆盖全面，本套丛书涵盖了从移动商务技术到管理再到产业的各个方面，覆盖移动商务领域各个岗位能力需求；二是突出实践能力塑造，紧紧围绕相关岗位能力需求构建知识体系，有针对性地进行实践能力培养；三是案例丰富，通过精心挑选的特色案例帮助学员理解相关理论知识并启发学员思考。

希望通过本套丛书的出版，能够为所有对移动商务管理感兴趣的人士提供一份入门级的读物，帮助大家理解移动商务的大趋势，形成全新的思维方式，为迎接移动商务浪潮做好知识储备。

本套丛书还可以作为全国各个大、专院校的教材，尤其是电子商务、工商管理、计算机等专业的本科生和专科生，相信本套丛书将对上述专业的大学生掌握本专业的知识提供非常有利地帮助，并为未来的就业和择业打下坚实的基础。除此之外，我们也期待对移动商务感兴趣的广大实践人士能够阅读本套丛书，相信你们丰富的实践经验必能与本套丛书的知识体系产生共鸣，帮助实践人士更好地总结实践经验并提升自身的实践能力。这是一个全新的时代，希望本套丛书的出版能够为中国的移动商务发展贡献绵薄之力，期待移动商务更加蓬勃的发展！

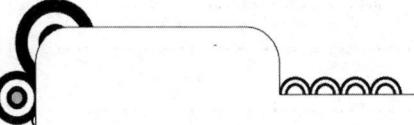

目 录

第一章　移动终端概述 ································· 1
第一节　移动终端概述 ································· 3
第二节　移动终端的分类 ······························· 7
第三节　移动终端的市场 ······························· 8
第四节　移动终端的发展趋势 ·························· 11

第二章　移动终端设备 ································ 19
第一节　通信类移动终端 ······························ 21
第二节　计算机类移动终端 ···························· 28
第三节　移动终端卡 ·································· 34

第三章　移动终端的基本架构 ························ 41
第一节　移动终端的硬件架构 ·························· 44
第二节　移动终端的软件架构 ·························· 52
第三节　移动终端业务及特点 ·························· 55

第四章　移动终端操作系统 ························· 63
第一节　移动终端操作系统概述 ······················· 65
第二节　移动终端的主流操作系统 ····················· 67
第三节　移动终端操作系统运行环境 ··················· 80
第四节　移动终端操作系统的市场 ····················· 82

第五章　移动终端关键硬件 ························· 87
第一节　移动终端芯片 ································ 90
第二节　移动终端屏幕 ································ 94
第三节　移动终端电池 ······························· 103

第四节　移动终端存储 ………………………………………… 111
　　　第五节　移动终端接口 …………………………………………… 116
第六章　移动终端关键软件 ………………………………………… 123
　　　第一节　移动终端中间件 ………………………………………… 125
　　　第二节　移动终端浏览器 ………………………………………… 129
　　　第三节　移动终端 UI …………………………………………… 135
　　　第四节　软件应用商店 …………………………………………… 136

第七章　移动终端安全 ……………………………………………… 143
　　　第一节　移动终端的安全风险 …………………………………… 145
　　　第二节　手机病毒及防治 ………………………………………… 149
　　　第三节　移动终端的安全技术 …………………………………… 154
　　　第四节　移动终端的安全管理 …………………………………… 156

第八章　移动终端开发 ……………………………………………… 161
　　　第一节　移动终端与用户体验 …………………………………… 163
　　　第二节　移动终端开发平台 ……………………………………… 166
　　　第三节　移动终端硬件开发 ……………………………………… 169
　　　第四节　移动终端软件开发 ……………………………………… 171

第九章　移动终端产业 ……………………………………………… 177
　　　第一节　移动终端产业现状 ……………………………………… 179
　　　第二节　移动终端产业链 ………………………………………… 182
　　　第三节　移动终端定制 …………………………………………… 186

第十章　移动终端标准 ……………………………………………… 193
　　　第一节　移动终端标准化的必要性 ……………………………… 195
　　　第二节　移动终端接口的标准 …………………………………… 199
　　　第三节　移动终端信息格式的标准 ……………………………… 206

参考文献 ………………………………………………………………… 213

第一章 移动终端概述

学习目的

知识要求 通过本章的学习，掌握：

- 移动商务和移动终端的基本概念
- 移动终端在移动商务系统中的基本特征和功能
- 移动终端设备的基本类别
- 移动终端市场的消费模式和发展趋势
- 未来移动终端的基本技术和发展趋势

技能要求 通过本章的学习，能够：

- 掌握移动终端与移动商务两者之间的相互关系
- 正确认识移动终端设备并进行归类
- 了解移动终端的基础技术并能够正确把握当前的技术发展方向

学习指导

1. 本章的主要内容包括界定移动商务和移动终端的基本概念和相互关系，并对移动终端产品的基本特征、分类、市场及发展趋势进行整体概述和介绍，为今后对移动终端的深入认识和学习奠定基础。

2. 学习方法：掌握基本概念，抓住移动终端产品的特征和功能特点，从而对移动终端的定义有深入的认识。能够通过对移动终端市场的学习和用户需求与技术的发展，从宏观上把握住移动终端的未来发展趋势。

3. 建议学时：2学时。

移动终端

 引导案例

2011年中国智能手机市场快速发展

艾瑞咨询近期推出《2011~2012年中国智能手机市场研究报告》，针对中国智能手机市场现状及竞争格局进行了深入分析。报告研究数据显示，2011年中国智能手机出货量达到7210万台。以下摘取报告部分市场规模及份额方面的数据对该市场进行详细解读。

一、2011年全球智能手机出货量首次超过PC出货量

伴随苹果公司先后推出iPod、iPhone以及iPad产品，在市场中掀起了移动智能终端的发展热潮，引领了智能手机和移动互联网时代的到来。艾瑞咨询根据整理IDC以及Gartner研究机构关于智能手机和PC全球出货量的数据对比发现，2011年全球智能手机出货量达到4.91亿台，PC出货量为3.53亿台，智能手机出货量首次超过PC出货量。艾瑞咨询预测，这一趋势还将继续延续，智能手机将是未来用户获取网络体验的重要终端。

二、2011年全球智能手机出货量占整体手机出货量的30.7%

对比全球智能手机和整体手机出货量数据发现，2008年全球智能手机出货量占整体手机出货量的11.8%，此后智能手机份额逐年增加，2009年占比为13.8%，2010年占比增至21.4%，2011年占比达到30.7%。智能手机在整体手机出货量份额于2010年和2011年两年取得了大幅度的增长，智能手机进一步普及。

三、中国智能手机市场出货量规模

艾瑞咨询研究数据显示，2011年中国智能手机市场出货量达到7210万台，同比增长103.1%，预计2012年是智能手机快速发展的一年，中国市场出货量将达到1.13亿台，增长率为56.0%。

分析认为，目前中国有超过10亿的手机用户，而智能手机的渗透率仅为13%，市场潜力巨大；另外，随着千元智能手机的不断普及，将进一步刺激智能手机出货量的增加。预计未来几年内将保持30%以上的增速，随后，中国智能手机市场进入逐步平稳发展阶段。

资料来源：艾瑞咨询. http://wireless.iresearch.cn, 2012-04-11.

问题：
1. 智能手机市场的快速发展对我国移动商务的发展具有什么意义？
2. 智能手机市场的快速发展反映出的用户需求是什么？

移 动 终 端

第一节 移动终端概述

当今社会是一个移动互联网高速发展的时代，无线通信技术的飞速发展为人们的生活、工作以及商务活动提供了一个快速的、实时的、无所不在的、内容丰富的无线网络。移动商务作为这个无线（无限）网络上的一种实际赢利模式，是众多电子商务企业面对的一个巨大的市场机遇和挑战。

移动终端设备是移动商务时代和无线网络时代中的一个重要组成部分，是单独的个体或独立的用户与无线（无限）网络进行通信和实现各种应用的接入设备，直接面向用户，可运行各种应用软件，能够实现多种多样操作的设备，在一定程度上影响着未来移动商务和移动互联网的发展。

一、移动终端的基本概念

（一）移动商务

移动商务（M-business 或 Mobile Business）是指通过无线通信来进行网上商务活动。移动商务通过无线通道将商务系统和客户端应用系统进行实时的通信，可以高效地与用户接触，允许它们即时访问关键的商业信息和进行各种形式的通信，如图 1-1 所示。

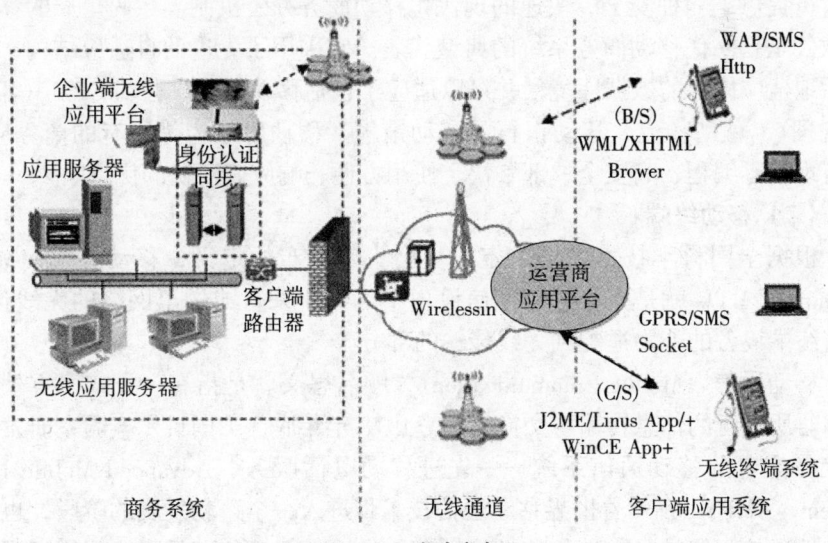

图 1-1 移动商务

移动终端

随着移动通信技术和计算机的发展，移动电子商务的发展已经经历了三代。

第一代移动商务系统是以短信为基础的访问技术，这种技术存在许多严重的缺陷，其中最严重的问题是实时性较差，查询请求不会立即得到回答。此外，由于短信信息长度的限制也使得一些查询无法得到一个完整的答案。这些令用户无法忍受的严重问题也导致了一些早期使用基于短信的移动商务系统的部门纷纷要求升级和改造现有的系统。

第二代移动商务系统采用基于 WAP（Wireless Application Protocol，无线应用协议）技术的方式，手机主要通过浏览器的方式来访问 WAP 网页，以实现信息的查询，部分地解决了第一代移动访问技术的问题。第二代的移动访问技术的缺陷主要表现在 WAP 网页访问的交互能力极差，因此极大地限制了移动电子商务系统的灵活性和方便性。此外，由于 WAP 使用的加密认证的 WTLS 协议建立的安全通道必须在 WAP 网关上终止，形成安全隐患，所以 WAP 网页访问的安全问题对于安全性要求极为严格的政务系统来说也是一个严重的问题。这些问题也使得第二代技术难以满足用户的要求。

第三代移动商务系统采用了基于 SOA（Service-Oriented Architecture，面向服务架构）的 Webservice、智能移动终端和移动 VPN（Virtual Private Network，虚拟专用网络）技术相结合的移动访问和处理技术，使得系统的安全性和交互能力有了极大的提高。第三代移动商务系统同时融合了 3G 移动技术、智能移动终端、VPN、数据库同步、身份认证及 Webservice 等多种移动通信、信息处理和计算机网络的最新的前沿技术，以专网和无线通信技术为依托，为电子商务人员提供了一种安全、快速的现代化移动商务办公机制。数码星辰的移动商务软件是新一代移动商务系统的典型代表。它采用了先进的自适应结构，可以灵活地适应用户的数据环境，并可以适应于包括移动办公、移动 CRM（客户关系管理）、移动物流、移动银行、移动销售、移动房地产等所有的商务应用，具有现场零编程、高安全、部署快、使用方便、响应速度快的优点。

（二）移动终端

根据全国科学技术名词审定委员会审定公布的定义，移动终端（Mobile Terminal，MT）就是指在移动通信设备中，终止来自或送至网络的无线传输，并将终端设备的能力适配到无线传输的部分。

移动通信（Mobile Communication），顾名思义就是指有一方或多方处于运动中时所进行的信息传输与交换行为。1978 年年底，美国贝尔实验室研发的第一代较完善的移动通信系统——先进移动电话服务（Advanced Mobile Phone System，AMPS）预示着世界移动通信技术将进入一个蓬勃发展的阶段，也是处于移动通信网络神经末端的移动终端蓬勃发展的开篇，更是无线网络发展并逐步覆盖全球的开始。

终端设备则是相对网络而言，在发生通信行为时可直接被用户使用并为用户提供服务的边缘设备。移动终端如同移动商务网络的神经末梢，是个体或用户接入无线网络的必要设备，其性能决定了终端操作软件与系统的功能水平、通信安全水平、网络兼容水平等。移动终端作为实现移动商务操作的必要客户端设备，是开发移动商务和拓宽移动服务所必须突破的一个"瓶颈"。

现代的移动终端已经拥有极为强大的处理能力，CPU主频已经接近1G，内存、固化存储介质以及像电脑一样的操作系统，是一个完整的超小型计算机系统，可以完成复杂的数据处理和计算任务。同时，无线通信技术也为移动终端提供了非常丰富的通信方式，既可以通过GSM、CDMA、EDGE、3G等无线运营网通信，也可以通过无线局域网、蓝牙和红外线等进行通信。今天的移动终端不仅可以通话、拍照、听音乐、玩游戏，而且可以实现包括定位、信息处理、指纹扫描、身份证扫描、条码扫描、RFID扫描、IC卡扫描以及酒精含量检测等丰富的功能，成为移动执法、移动办公和移动商务的重要工具。有的移动终端还集成了对讲机。

移动终端已经深深地融入我们的经济和社会生活中，为提高人民的生活水平，提高执法效率，提高生产的管理效率，减少资源消耗和环境污染以及突发事件应急处理增添了新的手段。并且随着物联网热潮的到来，国际上已将这种智能终端成功地应用在快递、物流、保险、移动执法等领域。最近几年，移动终端也越来越广泛地应用在我国的物流、移动执法和移动商务等领域。

二、移动终端的特征

伴随着移动商务和无线通信业务的发展和应用的拓广，移动终端不仅仅具备移动性，还表现出很强的智能化特征，是可移动的智能终端设备，从而才能同时满足人们对终端设备的便捷性、多功能性、安全性和实时性的要求。

（一）基本架构

在硬件体系上，移动智能终端通常具备整套的中央处理器（CPU）、存储器（Memory）、输入部件和输出部件。可以说，移动智能终端如同具有特定功能，并且具备移动通信功能的微型计算机设备。另外，现代的各项硬件技术、纳米技术，使得移动智能终端具有高度的集成性。并且具有多种输入方式，诸如键盘、鼠标、触摸屏、摄像头等，并可根据需要调整输入。相对的，智能移动终端也具有多种输出方式，如通话器、显示屏、播放器等，也可以根据需要进行调整。

在软件体系上，首先，移动智能终端拥有以操作系统为基础平台的应用软件系统，如图1-1所示，该软件体系可以通过无线网络为终端用户提供服务器上的大量应用业务。随着通信技术的发展，移动终端的操作系统对通信技术的支持和兼容性也越来越强。其次，基于越来越开放的操作系统平台个性化的应用软件也层出不穷，例如名片簿、游戏、录音机、即时通信、日程表等，极大程度地满足了用户个性化的需求。其中，许多应用软件和通信硬件结合，可以实现信息无障碍通信，例如语音识别、语音合成、手写识别等，同时也包括一些可以用于信息安全的软件应用，如终端防火墙等。

在通信能力上，移动智能通信终端往往具有灵活的接入方式和高带宽的通信性能，能够根据所选择的业务和所处的环境，自动调整所选择的通信方式，从而方便用户使用。目前，移动智能终端都较多地具备支持多模式通信的能力，包括GSM、WCDMA、CDMA2000、TDSCDMA、WiFi及WiMAX等，从而提高对多种制式网络的适应能力和兼容能力，不仅支持语音业务，更支持多种无线数据业务。

（二）功能特征

当前，移动智能通信终端更加注重人性化、个性化和多功能化。随着计算机技术的发展，移动终端从"以设备为中心"的模式进入"以人为中心"的模式，集成了嵌入式计算、控制技术、人工智能技术以及生物认证技术等，充分体现了"以人为本"的宗旨，使通信终端更加人性化。由于软件技术的发展，智能通信终端也可以根据个人需要调整设置，使通信终端更加个性化。同时，智能通信终端本身集成了众多软件和硬件，具备了传统终端不具备的功能。移动终端设备呈现出以下多网络特性和多重功能特性：

（1）多功能是移动终端的基本特征。目前的移动终端集多种功能于一身，不仅拥有一般的通话功能，同时还支持数据存储功能、个人信息管理功能、多媒体播放功能、无线接入互联网功能、数据交互功能等，既是移动终端发展的重要推动力之一，也是移动终端战胜市场上其他相关产品的保证。不论是MP3、拍照、上网、电视等功能，或者是移动支付、VoIP功能，都会逐渐成为人们判断或选择移动终端的依据。

（2）高性能是移动终端品质的保证。移动终端的性能指标既包括其本身的基本性能，也包括网络所支持的产品性能。基本性能与产品的功能有着密切关系，随着功能越来越丰富，移动终端的体积、功耗以及整个系统的稳定性都会受到相应的影响。网络所支持的产品性能实际上是由外部因素决定的，例如移动网络的升级等。国产移动终端的研发能力在2G中得到长足进步，多家国内终端厂商具备了独立研发3G甚至3.5G终端的能力，但是在提升产品性能方面仍需努力，尽快缩小与国外知名终端厂商之间的差距。在4G时代，掌握核心

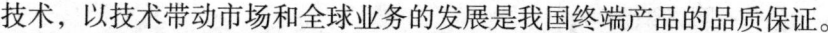

（3）人性化是移动终端迎合用户的关键。人性化特征和功能很多时候是品牌特色的重要组成部分，它们也许并不需要十分复杂的设计，而只是一个简单的创意，但却是这个品牌的一个亮点，给人留下深刻的印象。终端设计师已将设计触角伸向人们的心灵深处，通过富有隐喻色彩和审美情调的设计，在设计中赋予更多的意义，让使用者心领神会而备感亲切。通过触摸不同社会背景的消费者的心理特征，了解不同消费者对形态、色彩和材质的不同偏好，分析消费者在决策、购买过程中各种心理元素，准确地把握消费者心理活动的规律和消费市场动向，是移动终端迎合用户的关键。

（4）智能化是提升移动终端产品的价值。手机的智能化越来越受到用户的青睐，从电子文档的阅读，到语音识别、指纹识别，以及其他生活工作中的辅助功能，无不体现移动终端的深层次的价值所在。目前，声称智能化的移动终端距离真正的智能化还有较大差距，进一步挖掘的空间还很广阔。而智能化又对软硬件设计提出了更高的要求，在保证大容量、多功能、高性能的同时，完善和提高移动终端的智能化将大大提高消费者对产品价值的评价。

第二节 移动终端的分类

移动终端设备随着无线通信技术、纳米技术、电子芯片技术的进步而不断更新换代，移动终端产品的物理形态不断地发生变化，操作模式不断更新，同时伴随着多种功能的集成和各类业务应用的创新。移动通信业务的丰富多样和集成技术日新月异，使得传统的通信设备、互联网设备、便携式电脑等产品拥有相似的功能和兼容性，设备类别的边界日益模糊。本书按照移动终端设备的主体功能将移动终端分为通信设备、超移动PC设备和便携式娱乐设备三大类。

一、通信设备

通信设备类的移动终端产品的主要特点是拥有一个移动网络号码，又称电话（手机）号码。每个电话号码在移动网络中是唯一不可重复存在的。该手机号码可通过SIM卡或嵌入的方式与某一移动通信设备相对应，并成为该移动终端设备在无线网络中的识别码。移动终端设备则通过该号码接入无线网络，进行信号或数据的发送和接收。

目前，我国使用的手机号码为11位，其中各段有不同的编码方向：

第1~3位——网络识别号；
第4~7位——地区编码；
第8~11位——用户号码。

智能手机、多媒体手机、功能型手机，以及低端手机等设备都属于以移动通信为主要功能进行设计和生产的移动终端。

二、超移动PC设备

第二类移动终端设备是以提供可移动的计算和处理能力为主要功能的超移动PC设备。这类终端设备也属于广义上的PC机或电脑范畴，在具有可携带特征的基础上，兼备移动上网的特性，具有较强计算处理功能，可进行较为复杂的移动商务办公的终端产品。包括MID（Mobile Internet Device，移动互联网设备）、UMPC（Ultra-Mobile PC，超便携个人电脑）和平板电脑等设备。

三、便携式娱乐设备

相对超移动PC设备，便携式娱乐设备可提供的较强计算处理能力的，是以游戏娱乐为主要功能的移动通信终端产品。这类设备可以显示和播放多媒体内容，具有较强的游戏、音乐、视频功能，包括MP3播放器、MP4播放器、PSP（Play Station Portable）以及智能玩具和便携式车载导航设备PND（Portable Navigation Devices，便携式自动导航系统）等。

第三节 移动终端的市场

随着移动商务与无线通信技术的飞速发展，移动终端的产业规模也在不断扩大，向多功能的开放性智能终端方向不断迈进。移动终端的市场随着技术和应用的革新也逐步形成并趋于完善。

一、移动终端市场消费模式的变迁

中国的手机消费从象征少数人的身份与地位到走进普通百姓生活。只经历了十几年的时间，期间消费者对于手机消费的观念、模式以及消费过程中所体现的消费者权利已经发生巨大变化。中国移动终端市场消费模式的变迁，如图1-2所示。

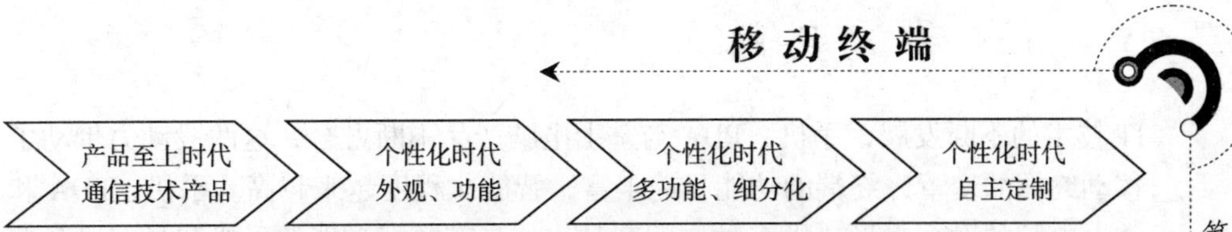

产品至上时代　→　个性化时代　→　个性化时代　→　个性化时代
通信技术产品　　　外观、功能　　　多功能、细分化　　自主定制

图1-2　移动终端市场消费模式的变迁

信息时代，人们对复杂信息的掌握和处理、对丰富多彩的技术与服务的应用需求，促进了终端向多功能化发展，从而不断催生出多功能一体化的产品。一机多用、功能强大、节约空间、压缩成本等显而易见的优势成为人们的首选。占移动通信市场主导的话音业务，将被集话音、数据与多媒体视讯功能于一体的多功能业务取代。

移动终端的功能趋于多样化、细分化愈加明显。从价格角度看，满足不同消费层次的高中低端产品将同时并存，每一种功能都有不同价位的产品。每一细分市场都将有与之相适应的终端可供选择。从功能角度看，专为某一行业或专业人士设计的终端产品也将出现。目前，专为银行、公安系统设计的移动终端已经进入应用阶段，终端的行业化细分将达到更高的程度。随着移动终端数据功能的增强，应用范围将进一步扩大。除了成为人和人（P2P）相互交流的工具，还会成为人和机（P2M）、机和机（M2M）之间进行交换信息的工具，是物联网时代所有人和物之间必不可少的通信工具。

移动终端可能表现为一个模块、一张计算机卡等。在产品功能、价格、外观等方面存在较大的差异性，技术及功能呈现均势时，个性化的以人为本的设计、提供功能套餐以使消费者拥有较多选择权等就变得至关重要。手机消费即将进入第四阶段的个人化模式。个人化消费时代的典型特征是软硬件分离，消费者自主选择。

随着消费者对于主权意识的提高，手机的主导权将从运营商与制造商转移到消费者手上，由消费者自己自主选择各种功能。甚至可以像计算机行业一样实现让消费者自己动手安装手机功能，最终实现手机消费"DIY"的模式。个人化是个性化发展的极致。个性化是"适合你"；个人化则是"自由选择、自主改变"，"终端完全为你而存在"。在后3G、后信息网络时代，服务的消费者是"个人"，而不是某个群体的一员，服务提供商提供的是"善解人意"的服务。这在未来个人化的终端上将得到充分的体现。所有商品都可以订购，人的指纹、眼神甚至语气都将成为终端熟悉的指令，终端以及服务都将变得私人化。

二、商务用户的移动终端市场发展趋势

随着移动通信网络由2G向3G演进，并逐步迈入4G时代，通信带宽的增加和终端处理速度的提高，使得移动数据业务得以快速发展。随着移动通信和

IT技术的不断发展，手机、PDA与掌上电脑产品不断融合，这两股动力带动了移动终端的变革，终端的功能日趋丰富，智能化程度越来越高。手机、PDA和掌上电脑的融合，形成了多种中间产品，如具有数据功能的手机和具有语音功能、以数据为中心的PDA，这些中间产品统称为智能手机，也是移动终端设备的典型代表。

智能手机通常具备以下功能：语音通话功能，娱乐功能，操作便捷、强大的数据处理和个人信息管理功能，商务应用、移动应用解决方案功能，采用蓝牙等无线技术，与外部设备兼容、与PC同步。具有无线数据交换功能，可以上网浏览以及配备定位服务系统等。

从产品功能上看，智能手机包括个人信息管理（PIM）手机和PDA手机两类。PIM型产品以手机的功能为主，其代表产品是摩托罗拉的388，通常由手机厂商生产。这类产品是在手机的基础上集成了PDA的屏幕手写、娱乐等功能，一般采用手机特有的操作系统Symbian。PDA型产品的计算功能较强，一般采用掌上电脑基础上更新的操作系统，如微软的Windows Mobile 2003。在操作方式上，PDA手机与PC机的人、机界面相近。随着终端芯片数据处理能力的不断提高、软件应用的日益丰富、操作系统的引入，PDA手机正逐步成为可以装进口袋的"微型PC"。

总之，智能手机的发展趋势是将出色的移动通信与移动办公、娱乐、网络功能结合为一体，形成"移动办公室与移动娱乐平台"。目前，智能手机主要是满足多媒体信息和普通商务功能，高端商务人士是主要消费群体。IDC（Internet Data Cente，互联网数据中心）的数据显示，2010年全球智能手机出货量达3.26亿部，同比猛增74.4%。根据ABI Research的预计，全球智能手机的市场份额将在2012年超越传统手机。移动互联网的不断发展，内容和应用的不断丰富，硬件能力的不断提升，推动智能手机取得了快速的进步。随着该目标客户群需求的满足，市场容量自然会逐渐扩大，市场价格也会随之降低。到那时，对游戏最有需求的青少年可能成为第二批被"圈定"的用户。

移动通信市场的发展，将使行业应用和企业应用成为智能手机未来的主流发展方向。智能手机的优势非常明显，能够真正实现通信、电脑和互联网的融合。行业垂直应用蕴涵着巨大的商业潜力，将成为智能手机的主流市场之一。企业员工通过智能手机访问内部数据库（如NERP、CRM等）和互联网，进行数据交换，因而需要智能手机具有强大的处理能力、屏幕尺寸较大、输入方便，支持语音功能。

随着IT业和移动通信产业融合进程的加快，移动智能终端已经显示出巨大的市场潜力。2003~2007年，中国智能电话市场的平均增长率高达78%，

2007年销售量将达到970万部，远远高于普通手机的增长率。在智能手机市场上，近期中国市场仍将以PIM型手机为主。从市场容量、竞争状态和应用状况看，整个市场仍处于启动阶段，但市场竞争已经开始呈现出分散化的态势。未来，智能手机将与普通手机长期并存，不会出现智能手机完全取代普通手机的局面。

第四节　移动终端的发展趋势

一、移动终端相关技术

移动终端正逐渐向智能化方向发展，硬件、软件和UI（人、机交互界面）是终端技术发展最主要的三个方面。对比显示，2009年的智能手机的配置相当于2001年的台式PC机的配置性能。因此，移动终端正逐渐具备掌上个人电脑的特征，成为人们日常生活必不可少的设备。

（一）硬件发展趋势

（1）向智能化发展，实现功能更丰富。随着手机音质、色彩等娱乐相关功能的不断提升，手机智能化大势所趋，目前已经可以轻松地将MP3播放、照相机、GPS导航仪等各种功能集中在通信手机上来，随着其他各类相关技术的成熟，终端硬件的发展趋势会集成更多的功能，融合更多的业务，未来手机将具备通信、娱乐、商务、金融等各类集成功能。

（2）处理能力更强，存储空间更大。根据摩尔定律，每隔18个月，芯片的性能会成倍提升，商品性能会变得越来越好，而价格却变得越来越便宜，这正是科技的飞速发展给人们带来的实惠。3G时代的大量多媒体应用，促进了移动终端数据功能的发展，相应地，终端产品的计算能力、处理能力不断提升，部分智能手机的配置已经超越早期个人电脑的配置，而且这一趋势还在不断增加。同时，随着音乐和各类应用程序的普及，移动终端在满足用户通话需求之外，也需要提供大容量的存储空间的支持，这是3G应用中多媒体资源大量出现和商务应用的必然结果。

（3）模块化发展趋势。由于手机所承载的移动数据功能越来越多，为减轻终端开发的负担，节省成本，同时支持应用业务的发展，手机设备已经出现了硬件及软件架构向通用化发展的动向，大量采用嵌入式操作系统与中间件软件，关键零部件也呈现出标准化发展趋势。产业链中的芯片、模块、设计方案都可自成一体，使得新功能、新应用可以快速方便地实现。

(二) 软件发展趋势

终端软件主要包括操作系统和第三方应用软件，终端的软件系统就像电脑的软件系统一样，帮助机器实现用户想要的各种功能。目前的操作系统市场存在群雄逐鹿的局面。1998年开始，NOKIA逐渐导入Symbian智能系统，研发了多款智能手机，之后，许多厂家纷纷推出了自己的操作系统，推动了智能手机的发展。经过几轮的淘汰选择后，目前仍有五大类操作系统存在。多家操作系统割据并存的状况给终端的标准化统一带来不便，一定程度上制约了终端的发展。2007年随着苹果公司iPhone手机的上市，在终端市场掀起了一场体验风暴，iPhone的成功经验表明，仅仅有一个操作系统还远远不够，更重要的是要用足够丰富的应用程序，以增强用户使用的方便和乐趣，提升用户体验。

随着市场的发展和产业链的整合，越来越多的厂商开始倾向于开源、低成本的Android操作系统，尽管微软的WM操作系统也有所动作，但是未来的发展格局将呈现Android和苹果公司的IOS之间的竞争格局，这种代表开源和封闭的操作系统之争将为终端产业带来新的气象。

(三) 人、机交互界面（User Interface，UI）

在人们日益频繁使用手机这个通信、娱乐工具的同时，UI成为人们选择和使用手机时重要的考虑因素。作为面对用户、实现手机所提供功能的平台，手机UI的发展随着手机设备制造业的发展经历了从实现拨打电话、使用电话簿等简单的功能，到实现多媒体功能，结合综合性信息的过程。

在20世纪90年代中期以前的手机产品中，其功能还局限在拨打电话方面，UI的主要功能还仅仅是作为用户控制手机硬件的主要渠道，21世纪初期开始，手机产业开始了"多媒体化"浪潮，逐渐融合其他设备的功能，如拍摄照片、音乐播放等，手机厂商也开始初步引入智能手机软件操作系统，手机UI的发展方向已经转变为以硬件、软件和服务为基础的综合性服务窗口。

手机UI发展的一个重要趋势便是跟随手机产业整体从封闭不断走向开放。厂商的手机UI设计、开发战略更趋于强调"可用性"与提升"用户体验"，可用性的改善体现在UI使用形式上的演变，从输入数字提取被选择的功能，扩展到声音识别等多种识别系统通过触屏方式提高系统可用性。对用户体验的提升表现为对UI信息维度不断拓展，以及与外观一体化的时尚元素、本土元素的运用，更友好、更个性化的UI设计因追求跨越"感觉不错"到"令人兴奋"的效果。

二、移动终端的发展趋势

终端不仅是使用通信的工具，更是技术发展、市场策略和用户需求的体现，因此，受到移动互联网和物联网等大的战略发展方向的影响，移动通信终端将呈现如下的发展趋势。

（一）通信终端融合化

通信终端融合化主要表现为移动、固定终端融合，多模技术融合，终端的应用融合，数字家庭/物联网融合，用户体验的融合等。消费者对移动计算的需求，加速了互联网、计算技术和终端的融合。手机向移动 PC 发展，已经是一个趋势，仅仅提供简单的手机上网，在移动互联网时代显得很不适应。iPhone 之所以成功，正如乔布斯所说，它不仅仅是一款单一的手机，而是集"iPod、手机以及可以上网的移动互联网终端"于一身。

以通信终端为基础，通过融合各类业务和功能，实现手机的多功能化，例如，手机和消费电子融合，产生音乐手机、照相手机、手机游戏、移动支付和手机导航等功能和应用；手机和多种无线通信技术融合，产生多模手机，支持 WLAN、WiFi、RFID 的手机等；与广播技术融合，产生手机电视和手机的收音机功能；而黑莓手机则体现了手机和办公系统的融合；苹果手机体现终端与业务和内容服务的融合。这些融合终端的产生，其本质是互联网应用的延伸。在移动互联网概念提出之初，业界就有"NGI（下一代互联网）路径"还是"NGN（下一代通信网）路径"的争论。NGI 强调终端是智能的，网络是透明的管道；NGN 则强调终端是傻瓜的，网络是智能的。从目前的发展趋势来看，终端的发展似乎倾向于 NGI 的方向，未来的智能手机，操作系统将更加智能化，终端设计更具针对性，针对商务、娱乐、运动、老人、儿童、女性等各个细分市场，突出个性化、融合化，移动通信终端逐步成为移动互联网的入口。

（二）各类物品通信化

物联网时代，通信主体将从人与人扩展到物与物，通过给物一个身份地址，通过嵌入式智能芯片和各类中间件技术，实现物与物之间的通信和人对物品的管理控制。实现这些功能不仅仅是通信网络和传感网的任务，也离不开终端的支持，与手机具备更多功能相对应的发展趋势是更多的物品具有通信功能。这样的事例已经开始出现，例如"苹果皮"的案例，针对苹果公司推出的一款产品"iPhone Touch"不能上网的问题，有人开发了一种叫做"果皮"的手机套。表面上看，是 iPhone Touch 的外套，其实其中内置了通信模块，具有通信功能，这样，带上"果皮"的 iPhone Touch 也就可以打电话了，摇身一变成了变相的"iPhone"。这一产品一经推出，立刻在网络上热卖，产品供不应求。尽管其工作的原理就是一个加了通信模块的皮套，其本质就是一个皮套形状的"山寨机"，但是其表现出的意义却十分重要。在物联网的时代，物与人之间可以进行通信交流，而在通信模块日趋成熟的未来，人们周围的物品都有可能具备通信的功能。

（三）移动终端将向定制化发展

平台化/模块化/共板化/简洁化的设计技术，使终端具有快速定制、快速交付能力。手机定制模式在运营商中已经逐渐成熟。在全球的 243 个运营商中，有 95 个运营商支持 ODM 定制。在 95 个支持 ODM 定制中，66.4%是 TOP50 的运营商。根据 Wireless Device Strategies（WDS）统计，在 2008 年全球 2.87 亿部手机中，ODM 为 3160 万台，直采为 1.15 亿台，二者之和超过了一半。2009 年，WCDMA 手机 ODM 数量超过 3160 万部。

终端定制有助于运营商提高竞争力。定制终端通过嵌入专属应用，便于用户快速入门和访问；按照业务需要定制硬件平台；建立统一 VI，提升品牌形象；规范应用部署方式，便于整合价值链创新业务；实施捆绑式营销策略，增强市场竞争能力。通过定制终端可以创新业务来促进业务发展，丰富应用来提升流量，捆绑销售来发展用户，最终为消费者创造更方便的消费体验，为价值链合作伙伴打造更便捷的合作平台。

通过终端定制有助于实现运营商转型。运营商通过终端创新和成本控制，向新兴市场扩张，通过金融、医疗等跨行业的合作，进行移动固定融合和四屏信息互通等全方位的业务运营，促进电信业务和互联网业务的融合，从而实现从网络服务提供商向综合服务提供商的战略转型。

本章案例

融合网络，跨界视频

2010 年的"两会"上，"三网融合"这个热门话题始终都吸引着各界的目光，国务院总理温家宝在政府工作报告中明确要求"三网融合取得实质性进展"。在 2010 年的 CCBN 展会上，"三网融合"更是众多运营商和设备厂商关注的焦点。摩托罗拉作为有线和无线宽带通信领域的领导厂商，多年来一直将创新的精神融入到产品及解决方案中，不但为有线运营商提供涵盖整个有线电视领域的端到端解决方案，同时也为电信运营商提供宽带接入产品解决方案，在此次展会上摩托罗拉又开创性地提出了"融合网络，跨界视频"的理念。本刊记者在展会之际采访了摩托罗拉亚太地区移动终端及家庭宽带事业部家庭宽带业务副总裁 Kevin Keefe。

移动终端

记者：请您介绍一下"跨界视频"的理念。

Kevin Keefe：跨界视频，意味着传统的网络和互联网的有机结合。它带来的收益机会很大，尤其是在中国，其市场巨大。面对市场的需求，我们的目标是实现跨界视频，"三屏合一"。当然它要实施起来还有一定的挑战。要使同样的内容有效地在不同的介质上播放，对格式和传输都有相应的要求，这就需要通过合理的技术方案去实施。摩托罗拉已经在这方面做了很多相应的研究和开发。实际上现在提出的"三网融合"的另外一个说法就是"媒体移动特性"。在媒体移动的框架下，使得这些内容通过合理的技术手段、技术方式可以有效地在不同终端上以不同的格式进行播放。

记者：2010年政府推出了"三网融合"的政策，摩托罗拉怎样面对"三网融合"的挑战？

Kevin Keefe：摩托罗拉可以说在几年之前就开始全方位地提出"三网融合"的方案。"三网融合"对中国的广电和电信运营商来讲既是一个机遇，同时也是一个挑战。对广电运营商来讲，因为广电在传统上主要做基于HFC网络的业务，提供的服务主要是视频，现在做"三网融合"就需要提供更多的数据以及语音业务，这就意味着需要花很多的精力进行升级改造来满足"三网融合"的需要。而对电信运营商来讲，因为电信的传统业务主要是语音与数据，在实现视频方面同样也还面临着挑战。

对运营商来说，他们需要更加有效、更加充分地通过资源的整合与利用，来提供"三网融合"的服务。对终端用户来说，"三网融合"之后他们能够以更低的价格，获得更好的服务内容。而且在不远的将来，肯定会提供一些更吸引人的增值服务。

运营商面临的挑战，就是我们设备商应接受的挑战，我们的目标是建立一个通用的网络侧平台，使用户无论是在电视上、电脑上还是在新的手机上都可以获得他们所需要的任意服务。

为了能够把视频领域和手机终端领域的业务有机地结合起来，更好地满足运营商"三网融合"、"三屏合一"的需求，我们还将对公司进行结构调整，拆分出一家专营移动终端业务和家庭宽带业务的上市公司。

记者：摩托罗拉一直与电信运营商和广电运营商都有很好的合作关系，在"三网融合"的过程中能为他们提供一个统一的技术平台吗？

Kevin Keefe：无论是对广电运营商还是电信运营商，从摩托罗拉要实现的目标来看，我们希望这个平台是统一的、能够跨运营商的一个灵活的方案。现在，我们在做"三网融合"、"跨界视频"、"三屏合一"的过程中，需要网络的后台支持。大家能看到的体验主要是在终端上，但对运营商来讲，它对网络后台

移动终端

有很高的要求。比如我们现在做 VOD，它目前更多的是支持电视用户。但是对运营商来讲，他们拥有宽带网络和内容平台，他们希望能够有效地把这些内容通过适当的方式在互联网上传送。我们的目标是为运营商打造统一的视频技术平台，以支持这些不同用户的服务。

记者：摩托罗拉是怎样定位 DOCSIS 和 PON 这两种产品的？

Kevin Keefe：分两点来回答。第一点，我们摩托罗拉现在的服务针对所有电信运营商和广电运营商，我们提供的解决方案也都是他们需要的。我们既做 HFC，也做 CMTS、GPON。第二点，我们的网络也在不断地升级，向未来演进。实际上我们现在正在从传统的网络向光纤网络迈进，每个光节点覆盖的用户越来越少。以广电运营商为例，大家看到目前主要宽带传输手段是 DOCSIS，在向全光纤网络过渡时，我们可以采用一个渐进的方案，例如通过 RFoG（光纤射频传输），可以保证 CMTS 和 Cable Modem 继续使用，将来可以继续演进到 GPON。我们相信 GPON 会是全光网络未来最终的选择。所以说，我们可以看到 HFC 网络会逐步过渡到 PON 网络，两者之间是有内在联系的，而不是冲突的。

记者：摩托罗拉一直提倡"媒体移动特性"的理念，2010年摩托罗拉的主题是"融合网络，跨界视频"，和移动方面结合得比较紧密，在展品安排上是怎样体现这个主题的？

Kevin Keefe：这是一个非常好的问题。我们所讲的应用里面最核心的是视频，以及视频在一些不同的介质中的播放。今天可以看到的我们展出的前端系统，目前更多的是基于有线电视的，将来的前端系统既可以支持 IPTV，也可以支持手机终端。我们希望运营商有这样一个核心的平台之后，可以对他的网络运营和服务以及终端都有不同的支持方法。

随着"三网融合"的发展，用户需要能够全方位地实现从网络端到用户终端无缝的移动，尤其是视频，而这恰恰是摩托罗拉所介绍的"跨界视频"、"三屏合一"的方向。

资料来源：有线电视技术，2010（4）。

➡ **问题讨论**：

1. 浅谈未来移动终端的关键有哪些？
2. 思考"三网融合"对移动终端发展趋势的影响。

本章小结

本章是《移动终端》学习教材的开篇章节，系统全面地介绍了有关移动终端的基础知识。以移动商务作为终端设备的介绍背景和基础，简述移动终端在移动商务系统中的作用和功能，从而准确且深入地认识什么是移动终端和移动终端的分类。同时，本章还讲述了移动终端的市场发展和技术进步，从而全面地分析了能够更好适应未来移动商务发展和无线通信环境的移动终端的发展趋势。

通过对本章的学习，要求能够正确认识移动终端及其分类，能够准确掌握移动终端的市场环境，并能够清楚地结合技术趋势分析移动终端产业的发展趋势。

本章复习题

1. 简述移动终端的概念及在移动商务系统中的作用。
2. 简述移动终端的基本特征和功能。
3. 列举移动终端设备的基础分类。
4. 简述移动终端市场消费模式的演进。
5. 分析移动终端的关键技术及其发展。
6. 分析移动终端发展的主要趋势。

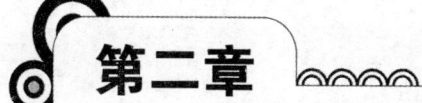

第二章 移动终端设备

学习目的

知识要求 通过本章的学习，掌握：

- 移动终端产品的几种主要设备类型
- 各类移动终端设备的功能特点和基本性能
- 典型移动终端设备的性能特点
- 移动终端卡的主要功能和特点

技能要求 通过本章的学习，能够：

- 清楚地区分各类移动终端设备的主要性能特征
- 正确认识移动终端设备并进行归类
- 正确分析各类移动终端设备的优缺点，并能够根据不同需求和不同场合，对终端设备的选择进行分析和判断

学习指导

1. 本章的主要内容包括认识三类具有典型功能特性的移动终端设备，并对移动终端设备的功能、性能、优缺点和典型产品的应用特点进行比较分析。通过对移动终端设备的学习，加深学员对移动终端的认识，并能够从中掌握在不同需求条件下对不同类型终端设备的选择标准。

2. 学习方法：掌握基本概念，抓住各类移动终端设备的功能特点和使用中的优缺点，从而对移动终端具有更为直观的认识，并能够正确判断各类移动终端设备的适用范围和在不同需求及场所下的选择标准。

移动终端

3. 建议学时：2 学时。

 引导案例

联想 3 年神奇逆转：移动终端布局柳暗花明

中国最大的 PC 厂商联想集团在经历了文化冲撞、高管离职和业绩下滑后，不仅从全球 PC 第三的位置跌到了第四，甚至于 2008 年第四季度亏损近 1 亿美元。2009 年 3 月，柳传志重新出山，与杨元庆再次一同执掌联想时，它正处于业绩最低谷。

2009 年初，杨元庆给了 Rocket 研发小组 10 个月时间，要求他们推出一款功能类似 iPhone 的智能手机。在智能手机的产品开发上，联想缺乏积累和优势。在 10 个月内开发出乐 Phone 的压力下，乐 Phone 是由联想研究院和台湾几家公司合作开发才得以完成的。据联想 MIDH 工业设计和部件设计总监胡建峰说，研发乐 Phone 时，联想这边还没有太专业的手机设计研发人员参与。

这款乐 Phone 最终于 2010 年上市的手机，屏幕尺寸与 iPhone 相近，定价约为 2800 元。但与同期上市的三星 I9000 相比，这款乐 Phone 要比它重 1/3，比它厚 20%，且其过于圆润的外观也并不好看，而其操作系统的使用感受和流畅程度则无法与 iPhone 等产品相比。

联想第一代乐 Pad 发布的时间只比 iPad 晚了 1 年，而不是 3 年。相较同时发布的 iPad2，乐 Pad 要重 1/4，厚度增加近一半，但戴尔、惠普的平板电脑也与之类似。从全球范围内看，三星的平板电脑出货量排第二，而在联想的大本营中国内地市场，依靠渠道和价格优势，乐 Pad 推出后的第一个季度，销量就超过了三星，跃居市场第二位。不过，略让人尴尬的是，人们喜欢的似乎不是平板，而仅仅是 iPad。据调研机构 IDC 的数据，iPad 2011 年第三季度的全球份额约为 7 成；在中国内地市场 iPad 的市场份额则超过了 7 成，达到 98 万台，排名第二的乐 Pad 销量为 8.1 万台，市场份额接近 6%，不足苹果的 1/10。

回顾联想从单一的 PC 制造厂商，向一个多个产品线的消费电子厂商蜕变的历史。虽然联想多次面临专业人才和市场营销等方面的困局，但在 2011 年的第三季度，这家公司的 PC 出货上升至全球第二，这是它此前从未达到过的高度。在 2011 年底的"移动战略暨新品发布会"上，首席执行官杨元庆称联想 PC 业务"全面开花，增长既均衡，又强劲"。杨元庆更是强调要注意"行业的变化"，即指智能手机、平板电脑对 PC 市场的侵蚀。对于仅用电脑上网、需求简单的消费者来说，平板电脑就像曾经的上网本那样，已经够日常使用，可以替代电脑。

移动终端

2012年2月6日，美国市场研究公司Canalys发布的最新报告显示，2011年全球智能手机出货量首次超过包括平板电脑在内的PC出货量。从全球来看，2011年智能手机总出货量达到4.877亿部，同比增长63%。而2011年全球PC出货总量为4.146亿台，仅增长不到15%。

历经3年的努力，联想始终坚持不做单一的PC厂商，坚持适应行业的变化，寻求自我的突破。在2012年1月美国拉斯维加斯CES消费电子展中，联想把自己第一代智能电视放在展台中央，配合着其第二代的智能手机和平板电脑进行展出。两年前联想推出智能手机乐Phone时，时任联想集团董事长的柳传志说要跟苹果公司在中国"背水一战"。如今杨元庆的说法则是，联想"立志成为全球个人互联终端领域的领导性厂商"。

资料来源：http://www.wincn.com, 2012-02-25.

问题：
1. 浅谈传统PC设备与移动终端设备的区别？
2. 思考造成智能手机、平板电脑对PC市场的侵蚀的行业变化的诱因？

第一节 通信类移动终端

目前，服务于大众人群的移动终端设备主要集中在手机、GPS、上网本和平板电脑等，而这几类里面，手机几乎是现代人必备的，也是最重要的一个工具。根据艾瑞的统计报告显示，2009年年底，国内网民的数量占到了3.84亿，而移动互联网用户有1.96亿。从趋势来看，可折叠的屏幕、投射的屏幕，正在不断升级的高速运算且能耗控制得当的CPU、移动版3D引擎等，这些都在强调一个统一的趋势：未来的通信世界和计算机世界将不分台式电脑、笔记本电脑、移动电话（Mobile Phone），而是集成于一个个人移动运算终端设备之上，即所谓的"One is more!"。

通信类移动终端产品是以移动通信为主要功能，并随着技术的发展，其性能逐步提升，功能日趋丰富发展而来。当前，以智能手机和多媒体手机为典型代表。

一、智能手机

1995年，第一代数字手机问世之初，作为最早期的可移动终端产品，还只能进行单一的语音通话。1996~1997年，出现了第二代数字手机，从而增加了接收数据的功能。

智能手机比传统的手机具有更多的综合性处理能力功能，是指像个人电脑一样，具有独立的操作系统，可以由用户自行安装软件、游戏等第三方服务商提供的程序，通过此类程序来不断对手机的功能进行扩充，并可以通过移动通信网络来实现无线网络接入的这样一类手机的总称。

（一）智能手机的主要特点

（1）具备无线接入互联网的能力，即能够支持 GSM 网络下的 GPRS 或者 CDMA 网络的 CDMA 1X 或 3G（Wcdma、Cdma-evdo、TD-scdma）网络，甚至 4G（HSPA+、FDD-LTE）网络。

（2）大存储芯片和存储扩展能力。能够实现 3G 甚至 4G 的大量应用功能，具有 PDA 的功能，包括 PIM（个人信息管理）、日程记事、任务安排、多媒体应用、浏览网页。

（3）具有开放性的操作系统，可以安装更多的应用程序，使智能手机的功能可以得到无限扩展。

（4）人性化的操作设计，可以根据个人需要扩展机器功能。

（5）功能强大，扩展性能强，第三方软件支持多。

（二）智能手机的发展趋势

中国智能手机市场发展态势良好，但增长速度较为缓慢。各大操作系统之间的争夺将更加突出，并逐渐以联盟阵营的方式来推动智能手机的普及。

（1）品牌分布：早期的智能手机市场，诺基亚无论是品牌影响力还是单款产品的竞争力均是最高的，但是随着 iPhone 的面世和 App Store 应用的推广以及 Android 操作系统的快速占领市场，苹果、HTC 等品牌也逐步成为诺基亚的潜在劲敌。

（2）产品结构：智能手机最具有强大的发展潜力，单款产品在市场关注度的贡献值方面是高于 GPS 手机和音乐手机的。而音乐手机虽然数量丰富，普及程度高，但是产品的综合竞争力相对匮乏。

智能手机市场的关注度主要分布在 2000~3000 元这个价格区间内，但是最具竞争力的产品却停留在中高端市场，并且，拥有 500 万像素及以上的高端手机竞争力突出。

苹果 iPhone 手机的上市给智能手机市场注入了一针"兴奋剂"，而 Palm 的大力推广也使得智能手机越来越普及。目前，电子邮件可能是智能手机用户最主要的功能之一，但随着网络连接性的提高，智能手机的功能将更加强大。

二、iPhone

美国东部当地时间 2007 年 6 月 29 日下午 6 点，iPhone 在美国正式上市，消费者可以通过苹果和 AT&T（美国电话电报公司）专卖店以及苹果网站购买。iPhone 正式上市仅 6 天，AT&T 就已经激活了超过 100 万部的 iPhone 手机。iPhone 的重要特色是整合了许多不同产品的功能，可以看做是手机、媒体播放器（iPod）和无线上网设备的结合体，即：

iPod＋手机＋Internet 浏览器＝iPhone

2008 年 6 月 10 日，苹果公司发布了 3G 版 iPhone。其特点表现为：

（1）电池容量提高，理论待机时间可达 300h，可维持 10h 的 2G 通话时间或 5h 的 3G 通话时间；运行 5~6h 的高速 Web 浏览或 7h 的视频播放。

（2）增加了 AGPS（Assisted GPS，辅助全球定位系统）定位功能。

（3）软件功能有很大改进。可以支持企业安全的核心功能［包括 VPN（虚拟专用网）和 WPA 无线加密］；可通过微软公司的 Microsoft Exchange 同步 Push mail、名片夹、日程安排等。

2011 年 10 月 5 日凌晨，iPhone 4S 发布，外观如图 2-1 所示。同年 11 月 11 日，iPhone 4S 在中国香港、韩国以及其他 13 个国家和地区出售。iPhone 3（8G）签约免费；iPhone 4（8G）售价约为 99 美元；iPhone 4S（16G）签约价为 199 美元，32G 签约价为 299 美元，64G 签约价为 399 美元。

图 2-1　iPhone 4S

（一）iPhone 的优点

1. 集成了操作系统 OS X

iPhone 集成了操作系统 OS X，使用户走近真正的桌面级应用软件，包括丰富的 HTML（超文本标记语言）、E-mail、各种网页的浏览及诸如 Widgets、Safari、日历、文本信息、便签、通信簿的应用软件，其风格强化的图形界面与苹果电脑的风格保持了一致，界面友好。

2. 采用了一种全新的手机操作方式——Muti-touch 触摸屏

iPhone 屏幕的最大特点就是可以用多个手指同时触摸操作，为用户带来了革命性的体验。触摸屏是苹果 iPhone 的一大亮点，在一个狭窄空间进行导航，不仅仅能进行工作，还充满了乐趣和享受。除了滚动之外，还有 Pinch 操作（两个手指之间距离的变化）以及轻击操作（手指轻叩），这些操作可以用来进行窗口缩放、选项后退、放大显示内容（例如照片）等。导航界面的简单易用，同样影响着 iPhone 的其他元素。iPhone 的屏幕内部有一个传感器，能够根据你手持 iPhone 的姿势或者是运行的程序类型，来自动旋转屏幕显示的内容。

3. 突破性的互联网终端

iPhone 拥有一个功能丰富的 HTML 电子邮件客户程序及 Safari 浏览器，保证用户在任何时候都能通过 iPhone 使用最先进的网络浏览器，还能够自动与个人电脑或苹果机上的书签进行同步。

Safari 浏览器包含了内置的谷歌（Google）和雅虎搜索引擎，iPhone 强劲的内核完全支持多任务同时运行，用户可以一边通过 WiFi 或 EDGE（全球移动通信系统演进的增强数据速率）下载电子邮件，一边阅读网页。

苹果 iPhone 面对互联网表现了充足的信心和强大的实力。OS X 的加入使得 iPhone 不仅仅是一部手机，也不是一部智能手机，更不是所谓的 PDA，iPhone 就是一部小型的苹果电脑。它重新定义的是整个个人移动终端。

4. iPod 播放

iPhone 包含了 iPod，其设计也充分考虑了 iPod 发烧友的使用，3.5 英寸的屏幕提供了一流的显示效果，同时手指在屏幕上操作移动自如，这一点对于 iPod 播放有着重要的意义。

5. WiFi 和 Edge

iPhone 使用 WiFi 下载的速率大约是 2Mb/s；使用 EDGE 网络，速率是 18~90kb/s。

6. 屏幕配置较高

苹果 iPhone 的配置十分强大，宽大的 3.5 英寸的 TFT（薄膜晶体管）屏幕和 480×320 像素的分辨率，在目前处于智能手机市场的领先地位。iPhone 为用户提供了一种新的操作体验,用户可通过手指的点、触、按就可以实现不同的操作效果,浏览、邮寄或是电脑同步,横屏竖屏显示都轻松自如。

7. 照片管理软件功能相当强大

iPhone 带有一个 200 万像素的照相机和一个照片管理软件,用户可以浏览他们的照片图库,这些图库可以轻松地与他们的 PC 或 Mac 同步,而且只需轻弹手指就能为他们的墙纸或电子邮件附件选择一张照片。

(二)iPhone 的缺点

1. 不支持存储扩展

虽然 iPhone 手机自身携带 4GB 或者 8GB 存储卡,但是并不支持扩展存储空间。

2. 第三方软件较少

目前 iPhone 第三方软件接口不开放,只能用浏览器接口写应用。

3. 电池采用封闭设计

iPhone 机身和电池采用整体设计,用户无法自己更换电池。苹果公司目前更换电池采用封闭设计,不能自行更换电池的计划是,由苹果公司负责为用户更换电池,收费标准 79 美元,外加 6.95 美分的邮费。更换电池需要 3 个工作日,不包括邮递时间。在送修期间,苹果公司将以 29 美元的价格租给用户一部 iPhone 使用。

4. 价格过于昂贵

iPhone(4GB)的售价为 499 美元,8GB 的售价为 599 美元,使用 iPhone 手机,用户还需要购买 AT&T 的无线服务而价格最低的服务每月也要 60 美元。如果不是 AT&T 用户,要转网到 AT&T,还需要向原来的运营商支付一定的违约金。因此,iPhone 的整体使用费用相对整体手机市场仍属偏高。

三、Gphone

Google 公司在 2007 年 11 月 5 日宣布组建的一个全球性的联盟组织,OHA(Open Handset Alliance,开放手机联盟)。OHA 这是一个由 34 家芯片制造商、终端制造商、应用软件商和运营商组成的 Android 推广联合会。其中,终端制造商包括摩托罗拉、三星、LG 和宏达(HTC)等公司,运营商包括美国的 Sprint 和 T-Mo-bile,日本的 NTT DoCoMo 和 KDDL、T-Mobile、中国移动等公司,芯片制造商包括英特尔、高通、德州仪器、Nvidia 等公司,再加上做应用层面的 Google 和 Skypop 公司,可以说从上游到下游,整个产业链条都由声名显赫举足轻重的厂商参与,这是当初 Symbian(塞班)联盟所无法比拟的。在整个产业链中,Google 公司占据了主导地位。

移动终端

2007年11月，Google公司推出了一款基于Linux的终端应用——"Android"，由操作系统、用户界面和应用程序组成，允许开发人员查看源代码，也就是说，这是一套具有开放源代码性质的终端解决方案。Android向终端制造商和运营商提供一个开放的平台，供它们开发创新性的应用软件。2008年9月，Google公司发布了第一款智能手机G1，内置了Google地图、Google脉络、Google搜索和广告等Google核心业务，独占手机互联网的商务利润核心，Google公司借助Android智能手机平台进军移动互联网，抢夺移动运营商数据增值业务的战略十分明确。

Google Android的战略，是延伸渗透战略，向移动产业链延伸传统互联网服务，进而影响和控制产业环境，搭建基于移动互联网的虚拟商业平台。

Google公司通过复制其在互联网领域形成的免费模式，为客户（消费者和有广告需求的客户）带来最大利益。消费者不需为软件平台（操作系统）以及大部分的软件支付费用，因此可以大幅降低手机的购买成本，此举可以争取到更多的用户。同时，通过统一的操作系统平台，专注各个领域的厂商可以在更大的用户规模上发挥自己的长处。谷歌公司实现Gphone的模拟样机，如图2-2所示。

图2-2 Gphone

（一）Android面临的问题

1. 自身技术经验不足的挑战

Android之前缺乏实践性的应用积累，作为全新的操作系统，其同样有其他新产品所需面对的技术不成熟、设计不够完善，甚至出现安全漏洞等技术上的不稳定因素。而这些不稳定性的改善，必须在实际应用中不停地针对不足来提升才能解决，是需要一定的发展时间的。而相对 Symbian、其他 Linux 系统等已经相对成熟的技术产品，Google 需要克服更多的困难。

2. 同运营商合作模式的挑战

虽然 Android 开放手机联盟中也有众多的运营商加入，但是 Google 以移动互联网应用服务为核心的业务发展战略，使得 Google 和运营商之间很难形成单纯的合作关系。长期来看，Google 与运营商之间的关系必然是竞和参半的。在这样的情况下，如何更好地定义自身的业务范围，如何设计同运营商的合作模式，才能够充分地调动运营商对 Google 业务发展的积极作用，降低甚至消除运营商利益与 Google 业务发展的冲突，是 Google 发展 Android 战略的另一个重大挑战。

3. 对于终端厂商的合作策略挑战

相对 Symbian、Windows Mobile、Android 操作系统并不具备绝对的优势终端，厂商对于 Android 系统的选择需要多个因素的促进。同时，即使终端厂商选择了使用 Android 系统，如果其使用量不高，同样无法达到 Google 依靠操作系统提升用户覆盖率的目的，增强用户对 Google 业务接触可能性的目的也难以达到。因而 Google 需要很好地调动 Android 系统的竞争优势，并以一定的促进策略推动终端厂商大量地使用 Android 系统，以突破终端厂商合作的挑战。

4. 软件功能方面十分薄弱

其一是多媒体娱乐方面，仅内置简单的音乐播放器并且无法观看影片，可以说，连 Feature Phone 的水平都达不到；其二是连一般智能型手机所具备的桌面同步（Desktop Sync）软件都没有，导致使用者无法导入、备份或同步更新原先储存在 PC 上的邮件、联系人等资料，更别说不少企业用户重视的 Exchange Active Sync 功能。当然，Android 所欠缺的软件功能大多数可以通过 Android Market 下载安装适当的应用软件来弥补，或是等待未来第三方开发者发展出合适的解决方案，不过未能内建一些手机的基本功能，会让许多消费者望而却步。

5. Android 平台集成和开发成本的挑战

厂商近期的举动已经打破了 Android 开发带来的低成本神话，投入 50 个开发人员做了一年多，最近又加入 300 个开发人员。按这个规模估算，至少投入 3000 万美元以上去做 Android。

6. Android 平台发展面临的挑战

Google 未来持续投入的技术力量、开放源码社群的维系等，会影响 Android 和 Gphone 的发展。主导者 Google 未来能够持续投入多少资源支持，是影响 Android 平台发展前景的重大因素。

(二) Gphone 的产品特色

Gphone G1 虽然在外形上没有 iPhone 那样炫目，但 Google 手机所拥有的一些特色却是其他手机所无法比拟的。

首先，该手机的最大的优势在于允许用户同时运行多个应用程序，并且用户之间共享联系人和数据也非常方便。比如在使用导航软件帮你查找路线时，Google 手机还可以同时播放视频，甚至在需要右转弯的时候，导航软件则会及时进行提醒，可以说在一定程度上完全改变了我们以往对手机的观点和看法。

其次，作为 Google 针对苹果应用商店推出的一项服务，Google 手机的用户可以在"Android Market"之上随意地下载自己喜欢的程序，并且与苹果应用程序需要支付 0.99~9.99 美元费用不同的是，Android Market 上的所有应用全部免费，这无疑将进一步刺激用户使用手机的热情。

除此之外，Google 手机还新增了触摸控制时间感应功能。如果用户手指按住触摸屏稍长时间，就会有扩展功能菜单自动显示。并且也将内置一系列的 Google 应用程序，包括 Gmail 电邮、Docs 文书处理、Maps 地图以及 Chrome 浏览器等。而这也可以看成是 Google 积极进军手机领域的主要原因，毕竟在全球 30 亿的移动用户市场，移动搜索将是下一个掘金的机会。而借助 Google 手机的推出，Google 可以再次确立自己在移动搜索市场再塑霸主地位。而根据相关说法显示，Google 公司所有的几十万台服务器全部都是 Google 修改过的 Linux 操作系统，这对于采用 Linux 内核的 Android 平台产品而言在相关服务上响应更迅速，而这也成为 Google 手机号称"上网速度更快"的主要信心来源。

第二节 计算机类移动终端

计算机类移动终端产品的主要特征是具有较强，或可比拟 PC 机或笔记本电脑的数据处理和计算能力。早期的终端产品有 PDA 等，以及目前流行的平板电脑。

一、掌上电脑（PDA）

掌上电脑即 PDA（Personal Digital Assistant），是个人数字助理的意思。顾名思义就是辅助个人工作的数字工具，主要提供记事、通讯录、名片交换及行程安排等功能。

PDA 最初是由美国 Apple 公司推出的，从产生到目前趋于成熟只不过经历了 20 几年的时间，其结构越来越完善，功能越来越强大。

（一）产品分类

狭义的 PDA 指可以称作电子记事本，其功能较为单一，主要是管理个人信息，如通讯录、记事和备忘、日程安排、便笺、计算器、录音和词典等功能。而且这些功能都是固化的，不能根据用户的要求增加新的功能。广义的 PDA 主要指掌上电脑，当然也包括其他具有类似功能的小型数字化设备。掌上电脑一词也有不同解释。狭义的掌上电脑不带键盘，采用手写输入、语音输入或软键盘输入。而广义的掌上电脑则既包括无键盘的，也包括有键盘的。不过，在中国市场，几乎所有的掌上电脑都不带键盘。PDA 其实应该细分为电子词典、掌上电脑、手持电脑设备和个人通信助理机四大类。而电子词典由于技术和市场的发展，已经慢慢地与其他三类融合在一起了。

1. 掌上电脑

通常，数码世界只将这类的掌上电脑才称为是 PDA，也正代表了 PDA 的真正含义。因为，它几乎有一般家用电脑的所有功能。掌上电脑最大的特点就是它们有其自身的操作系统，一般都是固化在 ROM 中的。其采用的存储设备多是比较昂贵的 IC 闪存，容量一般在 16MB 左右。掌上电脑一般没有键盘，采用手写和软键盘输入方式，同时配备有标准的串口、红外线接入方式并内置有 MODEM，以便于和个人电脑连接和上网。掌上电脑产品最大的特点，就是它的应用程序的扩展能力。基于各自的操作系统，任何人可以利用编程语言开发相应的应用程序。你也可以在你的掌上电脑上任意安装和卸载各种各样的应用软件。由于其功能非常完备，所以在操作上也比较复杂，不太适合对电脑不太了解的初级用户。

2. 手持电脑设备

手持电脑设备的英文名称叫 HPC，即 HandheldPC 的意思。这是一种介于笔记本电脑和掌上电脑之间的产品。因为它有着掌上电脑通用的操作系统，但却配有小型的键盘，而其外型则类似于传统的笔记本电脑。它的功能要比掌上电脑来得强大，但同样的体积和重量也要增加，所以在便携性能上较之掌上电脑为差。

3. 个人通信助理机

个人通信助理机在这么多类产品中是显得最时尚的一种。它的概念就是将掌上电脑的一些功效和手机、寻呼机相结合而产生的。这种产品的最大特点就是其舍弃了一般的电话线而采用无线的数据接收方式，使产品的适应性更强。如果单一而论，早期的产品是以手机为出发点而设计的产品，其商务功能要明显逊于一般的掌上电脑，仅相当于一般电子记事本的功能，而目前基于 WinCE

系统和 Palm 开发的产品，统称 SmartPhone，其功能与掌上电脑持平或更高，还拥有通信功能和无线数据交换，更代表将来掌上电脑的发展方向。

（二）PDA 的硬件结构

PDA 能够完成的功能非常多样，但是从可移动和随时携带需要考虑，对 PDA 的体积和质量又需要严格控制。为实现 PDA 的丰富性能，如同 PC 机一样需要多种外围设备的支持，包括：处理器、存储器、输入/输出设备、显示屏、供电和外部接口等。

1. 处理器

PDA 的处理器是整个系统的核心部分，因体积和质量受到很大限制，供电方式以电池为主，所以要求 PDA 采用低功耗的具有精减指令集的处理器。这里处理器的工作电压只有 3V，甚至更低，并继承了许多用于外部接口控制的逻辑单元。这样，一方面可以满足对整体体积的要求；另一方面也可以使整机的功耗大为降低。目前，处理器的处理能力一般只有 7 兆指令每秒。

2. 存储器（ROM 和 RAM）

PDA 的内存一般分为 ROM（Read Only Memory）和 RAM（Random Access Memory），只读存储器 ROM 里面有固化的操作系统，剩余容量可用来存储数据，而 RAM 主要用来存放数据和运行程序。RAM 的全名为随机存取记忆体，它相当于 PC 机上的移动存储，是用来存储和保存数据的。它在任何时候都可以读写，RAM 通常是作为操作系统或其他正在运行程序的临时存储介质（可称作系统内存）。

不过，当电源关闭时 RAM 不能保留数据，如果需要保存数据，就必须把它们写入到一个长期的存储器中（例如硬盘）。正因为如此，有时也将 RAM 称作"可变存储器"。RAM 内存可以进一步分为静态 RAM（SRAM）和动态内存（DRAM）两大类。DRAM 由于具有较低的单位容量价格，所以被大量地采用作为系统的主记忆。

RAM 和 ROM 相比，两者的最大区别是 RAM 在断电以后保存在上面的数据会自动消失，而 ROM 就不会。4~8M 的 RAM 对于一般应用程序的运行已经足够，如果追求多媒体功能，64M 的 RAM 容量也只能够算是基本要求。

3. 输入/输出设备

掌上电脑作为一种小巧的便携式数字设备，具有携带方便、功能强大等优点，但储存容量不大，时不时要将掌上电脑里的文件储存到电脑里，这就涉及与电脑连接方式的问题。数据传输接口是掌上电脑与个人电脑等其他设备之间进行连接的接口。凭此接口，PDA 和其他设备之间能够实现上传下载、资料同步等功能。PDA 常见的数据传输接口有 USB 接口、串口、红外线接口和蓝牙接口等。

掌上电脑液晶显示屏的质量好坏，不仅关系到掌上电脑使用的舒适程度，而且也是掌上电脑性能体现的一个重要方面。目前掌上电脑采用的液晶显示屏按制造技术分为：透射式（Transmissive）、反射式（Reflective）和透反射式（也称半反射式，Transflective）三种，目前掌上电脑基本上都是采用后两种类型的显示屏，而透射式液晶显示屏属于早期PDA采用的技术，在新推出的掌上电脑中采用得较少。

（三）PDA的操作系统

掌上电脑的核心是操作系统，目前市场上的掌上电脑主要采用两类操作系统：一类是日趋完善的Palm操作系统，目前使用Palm系统的掌上电脑在世界市场份额中占到65%以上，主要有Palm、IBM的Workpad、Sony的Clie和TRGpro、Handspring等Palm电脑；另一类则是微软Win CE系列，虽然起步晚，但掌上电脑操作系统的主要类型已经打破了Palm OS一统天下的局面，而且由于Win CE授权比较广泛，现在国内大部分掌上电脑都是使用Win CE系统，包括国内的联想、方正以及国外的HP、COMPAQ等公司都有Win CE掌上电脑推出。作为两大操作系统，采用Palm OS的产品电池使用时间比采用Win CE的产品长；配置彩色显示屏的产品没有单色显示屏产品的电池使用时间长；在多媒体性能上，Win CE要比Palm好一些，但是操作界面与应用性能上，Win CE可以让用户更易上手；在软件的数量上，Palm要比Win CE多一些。当然，除了以上两大操作系统外，从整个国际市场来看，掌上电脑的操作系统还有Pocket PC、EPOC、Hopen、Penbex和Linux操作系统。

操作系统可以分为三大阵营：Linux OS、Palm OS、Windows Mobile（Pocket PC）。Palm采用Palm OS系统，由Palm公司开发；而Pocket PC采用Win CE的系列系统，由微软开发。因为机体性能及系统的差别，这两种机体还是有相当的差别的。

Linux OS常见于电子记事簿，虽说是电子记事簿，却也或多或少地加入了不少智能元素，也算是掌上电脑的鼻祖，常见机型：商务通、文曲星、好易通等，总之玩掌上电脑的先前都是玩电子记事簿的，不过它品种太过繁杂没有标准缺乏连续性和可造就性，只能一年换一台，真是名副其实的记事簿。

微软Windows Mobile的Pocket PC（PPC）采用的是微软的操作系统，从Win CE一直到现在的Windows Mobile 5.0，PPC介入PDA时间要短于Palm，但是凭借着其操作系统的易用性（和Windows桌面系统非常像）迅速地被大家接受，而且现在价格亦和Palm相差无几，所以其市场份额迅速扩大。

PPC一般采用高速CPU，一般都在200MHz以上，其应用软件体积比较大，多媒体功能比较强劲，所有产品均采用彩屏设计，适合人群比较广阔。但是缺点也十分明显，待机时间比较短，由于其强大的 CPU 和多媒体功能均是吃电大户，虽然经过多年的改进，其电池容量不断增大，但是待机时间却无明显提高，一般一台新的 PPC 在充满电后，一次性可以持续运行 5~7 个小时（视个体诧异而异）。

（四）PDA 的产品功能

1. 基本功能

正如"掌上电脑"这个名字一样，它在许多方面和我们的台式机相像。比如它同样有 CPU、存储器、显示芯片以及操作系统等。并且正如个人电脑有 Mac 和 Windows 阵营之分，PDA 也有 Palm 和 PPC 掌上电脑功能特点之分，其主要区别就在于操作系统的不同。尽管如此，PDA 的功能大体是一样的，主要可以用来记事、文档编辑、玩游戏、播放多媒体、通过内置或外置无线网卡上网等。并且通过许多第三方软件，还可以看电子书、图像处理、外接 GPS 卡导航等。

2. 主要功能

（1）录音机功能。"录音机"可以录制会议内容，可以记录被采访者的言语，可以留下生活中每一段欢歌笑语。"录音机"有两种录音格式：PCM 和 Mobile Voice，其中用 Mobile Voice 格式可以记录长达数小时的声音。

（2）英汉/汉英词典功能。"袖珍掌上电脑词典"中包含了 15 万个词汇量的英汉/汉英双语词典，既可以通过英语单词查中文意思，也可以写入中文来查找相应英文说法。如果需要背单词，其单词和词组的含量足以达到 TOFEL、GRE 的词汇量。

（3）全球时钟对照功能。"全球时钟"中可以查到全世界 100 多个国家或地区的时刻，及该地区的起飞飞机场名称，日出日落时间、电话区号和与北京相距的公里数。

（4）提醒功能。掌上电脑中提供了多种提醒功能，有发光二极管闪烁提醒，有振动提醒，有声音提醒，还有屏幕信息显示提醒。其中，声音提醒还可以设置不同的声音。设置提醒时可以选择提前多长时间执行提醒。

（5）休闲娱乐功能。人不能总在工作，空闲之时拿什么来放松一下紧张的神经呢，掌上电脑提供了各种休闲娱乐的功能，以便适合不同性格爱好的使用者。

（6）传真管理功能。只要您拥有了掌上电脑的传真软件，那么 Modem/Fax 的传真功能就能够实现了。

二、平板电脑

平板电脑（Tablet Personal Computer，简称 Tablet PC、Flat Pc、Tablet、Slates），是一种小型、方便携带的个人电脑，以触摸屏作为基本的输入设备。它拥有的触摸屏（也称为数位板技术）允许用户通过触控笔、数字笔甚至手指来进行作业而不是传统的键盘或鼠标。用户可以通过内建的手写识别、屏幕上的软键盘、语音识别或者一个真正的键盘（如果该机型配备的话）。平板电脑由比尔·盖茨提出，应支持来自 Intel、AMD 和 ARM 的芯片架构，从微软提出的平板电脑概念产品上看，平板电脑就是一款无须翻盖、没有键盘、小到可放入女士手袋，但却功能完备的 PC。

平板电脑的主要特点是显示器可以随意旋转，一般采用小于 10.4 英寸的液晶屏幕，并且都是带有触摸识别的液晶屏，可以用电磁感应笔手写输入。平板式电脑集移动商务、移动通信和移动娱乐为一体，具有手写识别和无线网络通信功能，被称为笔记本电脑的终结者。

平板电脑按结构设计大致可分为两种类型，即集成键盘的"可变式平板电脑"和可外接键盘的"纯平板电脑"。平板式电脑本身内建了一些新的应用软件，用户只要在屏幕上书写，即可将文字或手绘图形输入计算机。

1. 主要优势

（1）平板电脑在外观上，具有与众不同的特点。有的就像一个单独的液晶显示屏，只是比一般的显示屏要厚一些，在上面配置了硬盘等必要的硬件设备。有的外观和笔记本电脑相似，但它的显示屏可以随意地旋转。

（2）特有的 Tablet PC Windows XP 操作系统，不仅具有普通 Windows XP 的功能，普通 XP 兼容的应用程序都可以在平板电脑上运行，增加了手写输入，扩展了 XP 的功能。

（3）扩展使用 PC 的方式，使用专用的"笔"在电脑上操作，使其像纸和笔的使用一样简单。同时也支持键盘和鼠标，像普通电脑一样地操作。

（4）便携移动，它像笔记本电脑一样体积小而轻，可以随时转移它的使用场所，比台式机具有移动的灵活性。

（5）数字化笔记，平板电脑就像 PDA、掌上电脑一样，做普通的笔记本，随时记事，创建自己的文本、图表和图片。同时集成电子"墨迹"，在核心 Office XP 应用中使用，在 Office 文档中留存自己的笔迹。

（6）个性化使用，使用 Tablet PC 和笔设置控制，可以定制个性的 Tablet PC 操作，校准你的笔，设置左手或者右手操作，设置 Table PC 的按钮来完成特定的工作，例如打开应用程序或者从横向屏幕转到纵向屏幕的方位。

(7) 方便部署和管理，Windows XP Tablet PC Edition 包括 Windows XP Professional 中的高级部署和策略特性，极大地简化了企业环境下 Tablet PC 的部署和管理。

(8) 全球化的业务解决方案，支持多种国家语言。Windows XP Tablet PC Edition 已经拥有英文、德文、法文、日文、中文（简体和繁体）和韩文的本地化版本，不久还将有更多的本地化版本问世。

(9) 对关键数据最高等级的保护，Windows XP Tablet PC Edition 提供了 Windows XP Professional 的所有安全特性，包括加密文件系统、访问控制等。Tablet PC 还提供了专门的 Ctrl+Alt+Del 按钮，方便用户的安全登录。

平板电脑的最大特点是，数字墨水和手写识别输入功能，以及强大的笔输入识别、语音识别、手势识别能力，且具有移动性。

2. 主要缺点

(1) 因为屏幕旋转装置需要空间，平板电脑的"性能体积比"和"性能重量比"就不如同规格的传统笔记本电脑。

(2) 译码——编程语言不益于手写识别。

(3) 打字（学生写作业、编写 E-mail）——手写输入跟高达 30~60 个单词每分钟的打字速度相比太慢了。

(4) 另外，一个没有键盘的平板电脑（纯平板型）不能代替传统笔记本电脑，并且会让用户觉得更难（初学者和专家）使用电脑科技（纯平板型是人们经常用来做记录或教学工具的第二台电脑）。可是，一个可旋转型平板电脑——就是有键盘的那种——一种非常理想及强大的传统电脑替代品，特别对于那些需要抄写笔记的学生而言。

第三节　移动终端卡

一、SIM 卡

SIM 卡是（Subscriber Identity Module 客户识别模块）的缩写，也称为智能卡、用户身份识别卡，GSM 数字移动电话机必须装上此卡方能使用。它在一电脑芯片上存储了数字移动电话客户的信息，加密的密钥以及用户的电话簿等内容，可供 GSM 网络客户身份进行鉴别，并对客户通话时的语音信息进行加密。

移动终端

（一）内部结构

SIM 卡是一个装有微处理器的芯片卡，它的内部有 5 个模块，并且每个模块都对应一个功能：微处理器 CPU（8 位）、程序存储器 ROM（3~8kbit）、工作存储器 RAM（6~16kbit）、数据存储器 EEPROM（128~256kbit）和串行通信单元。这 5 个模块被胶封在 SIM 卡铜制接口后与普通 IC 卡封装方式相同。这 5 个模块必须集成在一块集成电路板中，否则其安全性就会受到威胁，因为芯片间的连线可能成为非法存取和盗用 SIM 卡的重要线索。

SIM 卡的供电分为 5V（1998 年前发行）、5V 与 3V 兼容、3V、1.8V 等，当然这些卡必须与相应的手机配合使用，即手机产生的 SIM 卡供电电压与该 SIM 卡所需的电压相匹配。SIM 卡插入手机后，电源端口提供电源给 SIM 卡内各模块。

检测 SIM 卡存在与否的信号只在开机瞬时产生，当开机检测不到 SIM 卡存在时，将提示"插入 SIM 卡"；如果检测 SIM 卡已存在，但机卡之间的通信不能实现，会显示"检查 SIM 卡"；当 SIM 卡对开机检测信号没有响应时，手机也会提示"插入 SIM 卡"；当 SIM 卡在开机使用过程中掉出或由于松动接触不良或使用报废卡时，手机会提示"SIM 卡错误"。

SIM 卡的存储容量有 8KB、16KB、32KB、64KB，甚至 1MB 等。目前多为 16KB 和 32KB，STK 卡（SIM application Tool Kit）是 SIM 卡的一种，它能为手机提供增值服务，如移动梦网业务等。SIM 卡能够储存多少电话号码和短信取决于卡内数据存储器 EEPROM 的容量（有 2KB、3KB、8KB），假设一张 EEPROM 容量为 8KB 的 SIM 卡，可储存以下容量的数据：100 组电话号码及其对应姓名、15 组短信息、25 组最近拨出的号码、4 位 SIM 卡密码（PIN）。

（二）软件特性

SIM 卡采用新式单片机及存储器管理结构，因此处理功能大大增强。其智能特性的逻辑结构是树型结构。全部特性参数信息都是用数据字段方式表达，SIM 卡中存有三类数据信息：

（1）与持卡者相关的信息以及 SIM 卡将来准备提供的所有业务信息，这种类型的数据存储在根目录下。

（2）GSM 应用中特有的信息，这种类型的数据存储在 GSM 目录下。

（3）GSM 应用所使用的信息，此信息可与其他电信应用或业务共享，位于电信目录下。

在 SIM 卡根目录下有三个应用目录，一个属于行政主管部门应用目录，另外两个属于技术管理的应用目录，分别是 GSM 应用目录和电信应用目录。所有的目录下均为数据字段，有二进制的和格式化的数据字段。数据字段中的信息，有的是永存性的即不能更新的，有的是暂存的需要更新的。每个数据字段都要表达出它的用途、更新程度、数据字段的特性。

（三）SIM 卡功能

1. 存储用户相关数据

SIM 卡存储的数据可分为四类：第一类是固定存放的数据。这类数据在 ME（Mobile Equipment）被出售之前由 SIM 卡中心写入，包括国际移动用户识别号（IMSI）、鉴权密钥（KI）等；第二类是暂时存放的有关网络的数据，如位置区域识别码（LAI）、移动用户暂时识别码（TMSI）、禁止接入的公共电话网代码等；第三类是相关的业务代码，如个人识别码（PIN）、解锁码（PUK）、计费费率等；第四类是电话号码簿，是手机用户随时输入的电话号码。

2. 用户 PIN 的操作和管理

SIM 卡本身是通过 PIN 码来保护的，PIN 是一个 4~8 位的个人密码，只有当用户输入正确的 PIN 码时，SIM 卡才能被启用，移动终端才能对 SIM 卡进行存取，也只有当 PIN 认证通过后，用户才能上网通话。

3. 用户身份鉴权

确认用户身份是否合法，鉴权过程是在网络和 SIM 卡之间进行的，而鉴权时间一般是在移动终端登记入网和呼叫时。鉴权开始时，网络产生一个 128 bit 的随机数 RAND，经无线电控制信道传送到移动台，SIM 卡依据卡中的密钥 KI 和算法 A3，对接收到的 RAND 计算出应答信号 SRES，并将结果发回网络端。而网络端在鉴权中心查明该用户的密钥 KI，用同样的 RAND 和算法 A3 算出 SRES，并与收到的 SRES 进行比较，如一致，鉴权通过。

4. SIM 卡中的保密算法及密钥

SIM 卡中最敏感的数据是保密算法 A3、A8、密钥 KI、PIN、PUK 和 KC。A3、A8 算法是在生产 SIM 卡时写入的，无法读出。PIN 码可由用户在手机上自己设定，PUK 码由运营者持有，KC 是在加密过程中由 KI 导出的。

二、UIM 卡

UIM（User Identity Model）用户识别模块，是应用在 CdmaOne 手机的一种智能卡，可插入对应的 2G 手机以使用移动电话服务。UIM 卡的标准化工作由 3GPP2（第三代伙伴计划 2）负责进行，是由中国联通公司（CDMA 业务已被"中国电信"收购）倡导并得到国际 CDMA 组织（CDG）支持的移动通信终端用户识别及加密技术。它支持专用的鉴权加密算法和 OTA 技术（Over The Air），可以通过无线空中接口方式对卡上的数据进行更新和管理。UIM 卡的功能类似于全球通（GSM）手机中使用的 SIM 卡，可进行用户的身份识别及通信加密,还可以存储电话号码、短信息等用户个人信息。同时 UIM 卡采用了 SIM 卡一卡一号的便利使用方式,若手机不幸丢失,别人无法用其他的卡使用,用户只需拥有一张属于个人的 UIM 卡,插入任何一部配有 UIM 卡接口的手机即可应用。

在 CDMA 系统的原始设计中,用户识别信息是直接存储在移动终端中的,并没有一个与移动终端可以分离的存储用户信息的功能实体。虽然一些运营者和制造商希望在 CDMA 系统中也能有一个与 GSM 系统中的 SIM 卡类似的设备以实现机卡分离,但这种思想一直没有成为主流思想。直到中国联通公司声明希望在 CDMA 手机上实现 SIM 卡的功能,才极大地加快了在 CDMA 系统中实施 UIM 卡的进程。UIM 卡的标准化工作由 3GPP2 负责进行。目前,这项工作已经接近完成。

（一）分类

CDMA 系统在 UIM 卡中存储的信息可以分为三类:

第一类是用户识别信息和鉴权信息,主要是 IMSI 号码和 CDMA 系统的专有的鉴权信息,其中包括 A-Key、SSD-A 和 SSD-B。

第二类是业务信息,CDMA 系统中与业务有关的信息存储在 HLR 中,这类信息在 UIM 卡中并不多,主要有短消息状态等信息。

第三类是与移动台工作有关的信息,包括优选的系统和频段,归属区标识（SID、NID 组）等参数。除上述保证系统正常运行的信息以外,用户也可以在 UIM 卡中存储自己使用的信息,如电话号码簿等。

（二）特点

根据 UIM 卡标准,CDMA 系统的 UIM 卡将采用与 GSM 系统相同的物理结构、电气性能和逻辑接口,并将在 SIM 卡的基础上,根据 CDMA 系统的要求,增加相关的参数和命令,以实现 CDMA 系统的功能。换句话说,UIM 卡可以理解为是 SIM 卡针对 CDMA 系统的功能扩展。换个角度来说,无论是 SIM 卡还是 UIM 卡,都是基于 IC 卡技术的,不同的蜂窝系统就是在 IC 卡中存储与自己系统有关。

本章案例

盘点 2011 年移动通信世界大会热门终端

2011 年移动世界大会上,琳琅满目的终端令人目不暇接,层出不穷的应用让人满怀期待,而 LTE 技术的完美"绽放",更是为我们描绘了一个更加美好的移动通信网络未来。

移动终端

一、能当"笔记本"的手机

手机能够当做笔记本吗？在本届MWC2011大会上，摩托罗拉最新推出的旗舰级智能手机Atrix 4G给出了肯定的答案。该款手机不仅装载了4.0英寸触控屏，并且具备960×540像素的高清晰度，可为用户带来更具震撼力的视觉效果。同时，这款手机还拥有1GB的RAM容量和16GB的存储空间，支持最大32GB的存储卡扩展，并且提供对于WLAN无线局域网和HSPA+网络的支持。搭载了Android2.2版系统，支持Flash和HTML5，让用户浏览网页和观看视频时可以做到随心所欲。

除了这些，Atrix 4G最引人注目的一个功能，就是它竟然可以充当一个笔记本主机，把它插在只有屏幕和键盘的类似笔记本电脑的底座上，就可以享受笔记本的使用体验了。

二、可以玩PSP游戏的手机

在MWC2011大会上，索爱发布的首款支持PSP游戏的手机——XperiaPlay无疑可以称得上是一大亮点。

借助母公司索尼在PSP游戏上的强大实力，索爱的XperiaPlay拥有游戏及认证，融合了PlayStation的游戏功能和最新版的Android手机操作系统，是全球首部配备了D-Pad（多点触控模拟摇杆）的Android手机。这款手机的直板滑盖外形和PSP游戏机类似的游戏控制键，都是为了游戏而生的。不过，智能通过PlayStation Suite玩初级PlayStation游戏，还是让游戏爱好者有点小失望。

三、"变胖"了的Galaxy Tab

三星最新款的平板电脑——Galaxy Tab 10.1在本届移动世界大会上亮相，和以前7英寸的显示屏不同，Galaxy Tab 10.1将屏幕放大到了10英寸，并且使用了谷歌专门为大尺寸平板电脑设计的Android 3.0 Honeycomb蜂巢操作系统。有了1GHz双核心处理器，也使其具备了更快的处理速度，并且能够配备更多的功能。同时，这款机器还具备800万像素的主摄像头、200万像素的副摄像头、立体声喇叭、Flash网页支持等多种配置。

放大屏幕和机身、更高的配置和更丰富的功能，这些或许让人们为电池而担忧了，其实这款机器在设计时已经考虑到了这一点，所以配备了6860mAh的强大电池容量。

四、有压力感应的平板电脑

有人说，2011年是"平板电脑年"，苹果将迎来更多的竞争对手。果然，在本届移动世界大会上，HTC就发布了首款平板电脑产品——HTC Flyer。

该款产品拥有7英寸的电容式触摸屏，并且还加入了压力感应，这就意味着这款平板电脑不仅可以实现多点触控，还可以根据使用者手指压力的程度产生不同的变化，这无疑将会给用户带来更精彩的使用体验。同时，该款产品还配备了 500 万像素的摄像头，而这肯定也将成为该款产品的一大亮点。

资料来源：中国新通信，2011（4）.

➡ 问题讨论：
1. 谈谈移动终端产品有哪些分类？
2. 2011 年移动通信世界大会体现了移动终端产品的发展趋势主要有哪几点？

本章小结

本章主要介绍了主要的移动终端有哪些典型产品，从直观的图示和性能参数中，对不同的终端设备进行了比较分析，全面总结了典型终端设备的功能特点及使用优缺点，从而为移动终端设备的认识、分析和选择提供依据。

通过对本章的学习，要求能够正确认识移动终端设备及其分类，能够准确掌握不同移动终端设备的性能特点和使用优势，并能够准确地对不同的需求和不同场合下的移动终端设备的选用进行判断。

本章复习题

1. 简述移动终端设备的主要功能分类。
2. 简述各类移动终端设备的主要功能和特点。
3. 列举典型通信类移动终端设备，并对其性能进行比较分析。
4. 简述 PDA 的产品分类和功能特点。
5. 分析平板电脑的使用优点和缺点。
6. 简述典型移动终端卡的功能特点。

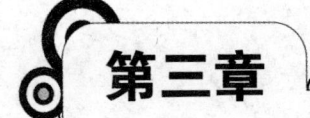

第三章 移动终端的基本架构

学习目的

知识要求 通过本章的学习,掌握:

- 移动终端的硬件和软件架构
- 移动终端硬件结构的组成及功能
- 移动终端软件结构的组成及功能
- 移动终端业务的特点
- 典型移动终端业务的发展

技能要求 通过本章的学习,能够:

- 清楚掌握移动终端的硬件结构和软件系统的构成
- 正确认识移动终端架构中各部分的功能
- 了解移动终端业务的特点和典型业务的发展趋势

学习指导

1. 本章主要介绍了移动终端的硬件结构和软件系统的构成。硬件是移动终端的物质基础,软件是运行于硬件之上的逻辑功能。通过本章的讲解,可以对移动终端的整体结构进行初步的剖析,为今后的深入学习打好基础。

2. 学习方法:掌握基本概念,抓住移动终端硬件和软件的系统构成,从而对移动终端设备性能有深入的认识。能够通过对移动终端业务特征的学习,把握住移动终端业务的未来发展趋势。

3. 建议学时:2学时。

移动终端

 引导案例

王建宙称 TD "只欠终端"

"TD-SCDMA（以下简称 TD）最迫切的问题还是手机终端。"王建宙略微沉思一下，"现在网络已经有很大的改善，大家都看到了，网络覆盖也很快，年底就（覆盖到）238 个城市，（相当于全国）70% 的城市覆盖。可以说，(TD) 万事俱备，只欠终端了！"

2009 年 8 月 31 日，中国移动正式发布 OPhone 平台，同时展示多款 OPhone 终端产品，有 6 个厂家正式推出了样机，分别是联想、LG、多普达、戴尔、海信、飞利浦，其中有 4 款 TD 版产品亮相。

发布会后，中国移动总裁王建宙、中国移动研究院院长黄晓庆接受媒体专访，面对《通信世界》周刊关于 TD 下一步发展难点的提问，王建宙再次强调终端问题，他说："由于缺少手机终端，我们的省级运营商都抱怨，钱都补贴不出去。"

一、OPhone 平台降低 TD 智能手机门槛

OPhone OS 是全球首个由运营商主导研发的智能终端软件平台，能为用户提供端到端的全新移动互联网用户体验，与电脑需要输入网址不同，用户通过 OPhone 能直接获取相应的信息，王建宙说："你要查天气预报就是天气预报，要股票就是股票，要搜索引擎一打开就是，不需要（输入）网址。"

王建宙在发言中谈到，OPhone 平台的推出，还将大幅度降低终端厂商开发 TD-SCDMA 智能手机的门槛，进一步加速 TD 终端的产业化，提升 TD 终端的竞争力，推进 TD 产业链成熟壮大。

在随后的专访中，王建宙特意做了说明，他表示，发布 OPhone 并不影响中国移动的开放性：第一，OPhone 本身是开放的，OPhone 的操作系统是开放的操作系统平台，每一个愿意参与者都可以参与；第二，中国移动既鼓励业界用 OMS 操作系统，也同样允许继续使用其他操作系统。他说，在开放的各种操作系统平台中，中国移动希望通过方便的服务吸引更多的客户来使用 OPhone。特别是 TD 手机非常缺乏能够集成各种应用的操作系统平台。OMS 不仅能够进一步加快智能手机的推广，同时由于是中国移动自己开发智能手机操作系统，可以极大降低成本、提升性能。

二、"好使还要好看"

对于 TD 手机，王建宙强调"除了要好使，还要好看"。他说："我们对手机的要求，原来是三个，现在再加一个。第一是性能，毫无疑问，第二是质量

要求,第三是价格要求,现在看来非常需要加上的要求是外观要漂亮。因为对于前期的 TD 手机,很多厂家把注意力放在完善性能上,认为只要打电话通话好就行了,但是消费者不愿意了,所以我们加一个要素,外观要美观。"他表示,手机正在成为一个时尚消费品,外观很重要,所以如果哪家厂商手机外观不漂亮,哪怕质量再好也不会受欢迎。

王建宙表示中国移动还希望能够开发出家庭终端,比如更实用的家庭网关;同时希望能够开发出一些政府办公用的 TD 终端,"因为这种 TD 产品可以纳入政府采购"。王建宙说,中国移动 2009 年准备了 60 亿元人民币的终端补贴,其中 TD 版 OPhone 将被列入针对 3G 业务的补贴。

"上半年花了一部分,大部分花在下半年。目前,很多省公司反映准备的费用补贴不出去,因为缺乏好的手机终端,符合前面四项要求的很少,但是它是完全可以做得出来的。"他呼吁手机厂商密切配合,加快推出性能好、外观好的手机。

尽管目前 OPhone 价格暂时未定,按照一般智能手机的价格估计,可能是 2000~4000 元,但王建宙表示会努力使智能手机价格降下来,他说:"1000 元是我们的目标!"

三、"A+B"改善 TD 网络

本刊近日对中国移动于上半年实施的 TD 网络质量大会战进行了报道,目前该项目已经达到阶段性目标,在 2009 年 7 月,TD 的接通率和 2G/3G 切换率均达到 96%,掉话率小于 2%。

显然,在实施了一段时间的 TD 网络质量大会战后,王建宙对 TD 网络质量非常自信。他说,网络质量确实改善很快。对于目前正在建设的三期网络的质量提升,他也给予了肯定答复。他介绍道,TD 组网增加了新的频率,原来 TD 覆盖是 B 频段,为 15MHz;现在增加了 A 频段,为 20MHz,容量的增加对 TD 上网质量将有明显改善。在 TD 大会战中,王建宙曾亲自体验督战,在 3~5 月每月发一条短信向网络部门反映网络质量,指出问题所在,并敦促其在短时间内改善网络。

据悉,中国移动 TD 网络质量大会战到 2009 年底的目标是达到接近 2G 水平。

资料来源:黄松飞.王建宙称 TD "只欠终端" 中国移动今年已备 60 亿补贴金[J].通信世界,2009(34).

➡ 问题:

1. 移动终端对于我国 TD 发展具有什么意义?
2. TD 网络对终端手机提出了怎样的要求?

第一节 移动终端的硬件架构

随着移动通信网络的发展,移动终端不只可以用来打电话、发信息,还可以上网,使用多种多样的数据业务,而且多种在计算机领域中应用成熟的技术也出现在了移动终端上。今天的移动终端很多时候已经不仅是一部无线电话,而是集通信、娱乐、办公等多种功能于一体的智能交互性终端设备。移动终端系统可以看做是一种具有无线通信功能的嵌入式计算机系统,它包含支持通用嵌入式计算机系统的必要组件、用来执行通信任务的特别组件和面向应用的高层组件。

一、无线移动终端的硬件结构演进

在无线移动终端的发展过程中,硬件的演进是代表着终端的演进进程。传统手机主要作为语音通信工具,功能比较单一,硬件结构相对简单,且其硬件和软件之间存在着很强的相关性。移动通信高速发展到今天,终端软硬件功能丰富多彩。随着3G的逐渐兴起,数据业务也将占据主导地位,手机作为各种应用和业务的承载平台,因此对其硬件性能要求不断增高。特别是到了4G,数据业务进一步发展,如果4G的多网融合方案得到认可,802.1X 和 802.2X 将成为移动终端的一部分,无线移动终端将是一个多模的智能终端。因此,我们大致可将无线移动终端分为三类,这三类终端代表变化,也代表着终端发展演进的方向。

第一类是以语音为主的手机,也就是我们传统意义上的手机,目前主要面向低端市场。这类手机的硬件都是围绕一个单一的基带处理器搭建的,该处理器执行电信和其他简单的应用任务,目前这些硬件电路的集成度正在逐渐提高,许多芯片厂商已经推出单芯片的解决方案,在此芯片外挂一些诸如天线、键盘、显示屏等电路和器件就可以成为一部简单的手机。硬件结构如图 3-1 所示。

第二类是增值业务手机(见图 3-2),也叫多功能手机(Feature Phone),这是目前需求量最大的手机。这些手机面向特定应用,一个功能强大的基带处理器芯片实现移动终端的主要功能,如果基带处理器不能满足诸如视频处理等功能,可以配套使用一个应用协处理器,它面向特定应用。基带处理器芯片是第一类手机处理器芯片功能的强化,它是手机的核心,协处理器则执行视频处理等需要大量运算的指令。这类手机是传统终端向智能终端过渡时的产物,在

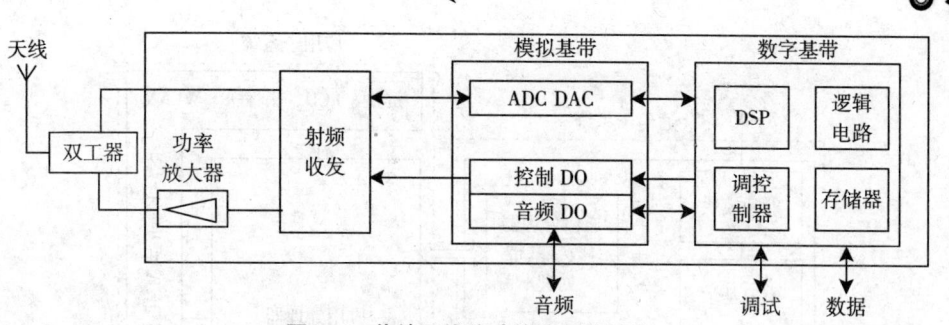

图 3–1 传统无线移动终端硬件结构

其基础上可以开发大量业务和应用，外接多种设备，但这些都是由特定芯片提供，且硬件接口不统一，对应用程序的软件接口也不能统一，开放程度、多任务调度和操作界面等都不够完善。目前这类手机的功能差别很大，实现方案也很不一样。

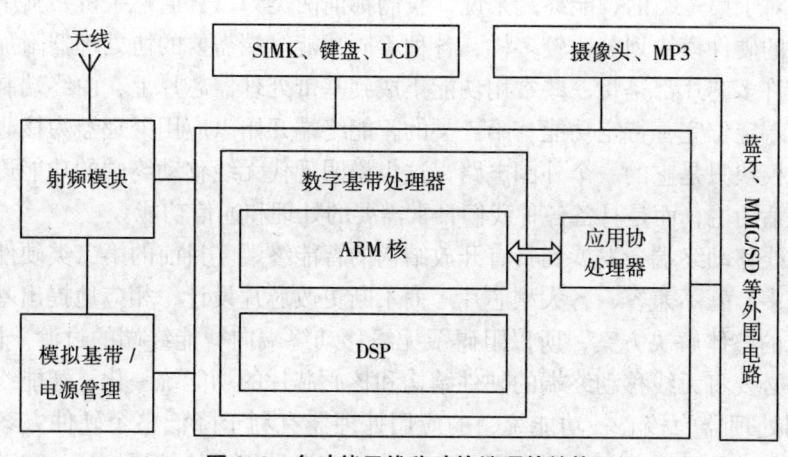

图 3–2 多功能无线移动终端硬件结构

第三类是智能手机（见图 3-3），即高端手机，曾被定义为"拥有操作系统并支持第三方应用的手机"。这类手机中应用处理器成为系统的核心，而 GSM/GPRS 等通信 Modem 则成为实现连接功能的外设之一，此外还有其他通信外设，如 WLAN、蓝牙、USB 等，并且可能提供统一的扩展接口。智能手机通常要采用复杂的嵌入式操作系统如 Pocket PC、Smartphone、Symbian 以及 Linux 等，为上层应用提供统一的、开放的应用接口，这是"移动办公"的理想工具。并且，智能手机多备有较大显示屏（2~2.8 英寸），具有计算和文字处理方面的功能。

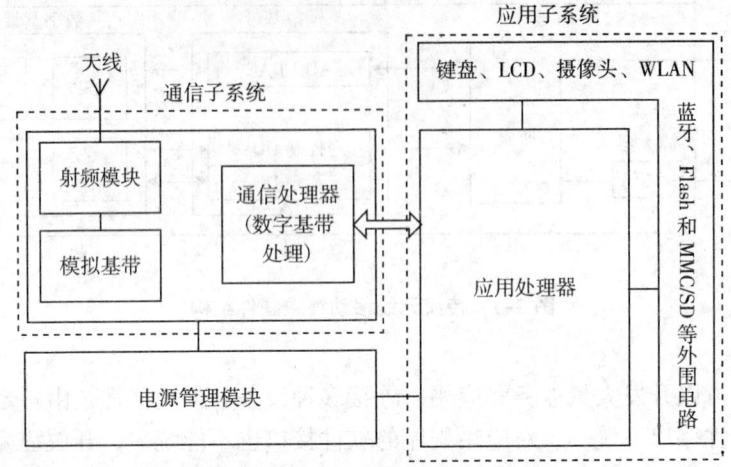

图 3-3 智能无线移动终端硬件结构

相对于第三类的智能终端来说，我们称前两类为（普通）手机，其中第二类手机的硬件模块划分比较多样，各种不同功能终端需要的协处理器附加功能不同，许多芯片都是将一些常用功能集成到基带处理器芯片上，由终端制造商根据终端定位完善特定功能。第三类的智能终端开始以应用处理器为核心，移动通信模块只是它的一个外围电路，这也说明现代无线移动终端的功能逐渐不再以通话为主，而是具备各种我们日常需要的处理和通信功能。

无线移动终端会发展到具有开放结构的智能终端。目前的第二类硬件构架种类繁多，互不兼容，各大型芯片厂商不断更改芯片设计，相应地提出基于自己芯片的整体解决方案，所以阻碍了无线移动终端向智能终端的过渡。因此，我们有必要将无线移动终端的硬件结构和核心芯片的功能统一化，智能终端将以应用处理器为核心，功能统一的应用处理器有利于降低整个硬件方案的成本，而在外部扩展方面也可以考虑在电路板上提供相应的扩展接口。移动终端要像 PC 机一样为最终用户提供多个标准（即插即用）接口可能不太现实，但这些接口可能主要是提供给终端制造商，由他们决定在这些接口上扩展什么。硬件的标准化无疑是终端开放过程中的重要的一步，也是降低成本的最有效途径之一。

二、通信模块

（一）射频模块

收发无线信号的射频模块是所有移动终端进行无线通信的必要组成结构。移动终端的信号，发射时都必须经过无线发信机将信号调制到射频上并通过天线发射出去；而接收时，则需要首先通过射频收信电路将其解调为基带信号再加以处理。不论手机发展到何种地步，这一部分的硬件始终是不可避免的。

发信机是把原始信号加以调制，使之变为功率足够的无线电载波信号设备。因此，其基本的构成部件有调制器、倍频器、锁相环和放大器。通常，话音信号经过预加重后才进入调制电路进行调制。在这之后经过混频、倍频或锁相环、功放，最后通过天线发射出去。在锁相环出现之前，倍频电路是提高发射频率所不可或缺的部件。但锁相环出现后，频率的提高便不再需要倍频，并且利用锁相环还可以实现频率合成，稳定度、频率分辨力也较倍频电路高很多。

在发射末端，功放也是一个很重要的部件。功放有线性和非线性之分，而非线性功放较容易实现。对于恒包络调制，其对功放的线性程度要求不是很高；而像 QPSK 这样的包络有过零点的调制方式，功放的线性度就显得很重要了。并且功放的功率效率和输出功率也在需要考虑的范围之内。非线性功放在功率效率方面较线性功放也有很大的优势，这就要求手机中要尽量利用非线性功放，而对于那些不适合用非线性功放的调制信号，设计的困难便产生了。这在设计过程中需要重点考虑。

收信机能从多种无线电波及干扰中选出所需接收的有用信号，并能将其恢复成原来的低频基带信号。现代收信机几乎都采用了超外差结构。为了达到较好的性能，收信机都采用二次变频的超外差结构。一次变频采用高中频以抑制镜像干扰，二次变频则是将其频率降低到低中频并在此频段进行解调以恢复基带信号。同时，在接收机的前端需要用低噪声的放大器件以降低整个系统的噪声系数。

目前，由于数字技术的应用，一次变频的数字基带平台结构已开始应用。数字基带（DBB）平台以其高可编程性成为无线手机的关键组成。针对不同的手机结构和集成度，DBB 包含一系列完整的可能带有片内集成的混合信号（数模转换器和模数转换器，以及许多的辅助和话音频带转换器）的基带处理功能。用于无线通信的 DBB 结构通常依靠多内核平台，包括可编程数字信号处理器（DSP）和微处理器（MeV）内核以及针对特定无线标准的专用硬件功能模块（加速器和协处理器）和大容量内置存储器。专用硬件通常包括超过目前 DSP 内核为手机集成可提供的一些需要高速和复杂性操作的处理单元，如码片速率处理（如 RAKE 接收机）、蜂窝单元搜索、路径搜索算法、Turbo 译码和快速傅里叶变换。DSP 总是处于 DBB 结构的核心，为元线终端设计的 DSP 提供了多模操作的许多优势，包括 DSP 执行面向控制任务的能力、高速运算能力、快速增加的存储容量和 I/O 带宽（片内存储器和用于片外存储器的接口）、保证 DSP 系统性能的快速中断响应次数和改进的电源管理功能。信道编码和话音编码中的许多功能已经从硬连线的 ASIC 实现完全转变为在 DSP 中执行的软件实现。DSP 的结构优势以及半导体技术的优势使这种趋势继续快速地发展。

这种发展路线已经在新的无线标准中得到印证，如我国部分地区的改进数据速率 GSM 服务（EDGE）业务中，DSP 对信道编码和均衡所需要的计算能力已经远远大于 GSM/GPRS 的要求。高级 DBB 平台得益于诸如 Blackfin 处理器内核，它能够通过提供支持大多数信道均衡算法（如滤波和栅格译码）的指令集而完全通过软件方式来处理这些新的问题。展望 3G 标准，DBB 平台除了需要更加复杂的调制解调功能之外还有新类型业务的驱动，如视频业务。Blackfin 处理器内核的处理能力使其不仅在 SOC 中，而且在软件平台中能够充分利用其创新的体系结构而完全用软件方法实现 TD–SCDMA 的终端设备。

（二）模拟基带

基带（Baseband）是指由发射终端发出的没有经过调制的原始电信号所固有的频带，称为基本频带，简称基带。基带和频带相对应，对基带信号调制后所占用的频率带宽，称为频带。

1. 基带信号

发射终端发出的没有经过调制的原始电信号，其特点是频率较低，信号频谱从零频附近开始，具有低通形式。根据原始电信号的特征，基带信号可分为数字基带信号和模拟基带信号，由发射终端决定。如果一个信号包含了频率达到无穷大的交流成分和可能的直流成分，则这个信号就是基带信号。由于在近距离范围内基带信号的衰减不大，从而使信号内容不会发生变化。因此，在传输距离较近时，计算机网络都采用基带传输方式。如从计算机到监视器、打印机等外设的信号就是基带传输的。大多数的局域网都使用基带传输，如以太网、令牌环网。常见的网络设计标准 10BaseT 使用的就是基带信号。

2. 频带信号（通带信号）

在通信中，由于基带信号具有频率很低的频谱分量，出于抗干扰和提高传输率考虑，一般不宜直接传输，需要把基带信号变换成其频带适合在信道中传输的信号，变换后的信号就是频带信号，主要用于网络电视和有线电视的视频广播。

3. 基带传输

在信道中直接传送基带信号时，称为基带传输。进行基带传输的系统称为基带传输系统。传输介质的整个信道被一个基带信号占用。基带传输不需要调制解调器，设备花费小，具有速率高和误码率低等优点，适合短距离的数据传输，传输距离在 100 米内，在音频市话、计算机网络通信中被广泛采用。如从计算机到监视器、打印机等外设的信号就是基带传输的。大多数的局域网使用基带传输，如以太网、令牌环网。

在有线信道中，直接用电传打字机进行通信时传输的信号就是基带信号。一个企业、工厂，就可以采用这种方式将大量终端连接到主计算机。基带数据传输速率为 0~10Mb/s，更典型的是 1~2.5Mb/s，通常用于传输数字信息。

在信道中直接传送频带信号时，称为频带传输。可以远距离传输。它的缺点是速率低，误码率高。

一般所说的频带传输是数字基带信号经调制变换，成为能在公用电话线上传输的模拟信号，模拟信号经模拟传输媒体传送到接收端后，再还原成原来信号的传输。这种频带传输不仅克服了目前许多长途电话线路不能直接传输基带信号的缺点，而且能够实现多路复用，从而提高了通信线路的利用率。但是频带传输在发送端和接收端都要设置调制解调器，将基带信号变换为通带信号再传输。频带传输的优点是可以利于现有的大量模拟信道（如模拟电话交换网）通信。价格便宜，容易实现。家庭用户拨号上网就属于这一类通信。

宽带传输是相对频带传输而言的宽频带传输。宽带是指比音频带宽更宽的频带，它包括大部分电磁波频谱。使用这种宽频带传输的系统，称为宽带传输系统。其通过借助频带传输，可以将链路容量分解成两个或更多的信道，每个信道可以携带不同的信号，这就是宽带传输。宽带传输中的所有信道都可以同时发送信号。如 CATV、ISDN 等。传输的频带很宽，带宽≥128kbps，宽带是传输模拟信号，数据传输速率范围为 0~400Mb/s，而通常使用的传输速率为 5~10Mb/s。它可以容纳全部广播，并可进行高速数据传输。宽带传输系统多为模拟信号传输系统。

一般来说，宽带传输与基带传输相比有以下优点：
（1）能在一个信道中传输声音、图像和数据信息，使系统具有多种用途。
（2）一条宽带信道能划分为多条逻辑基带信道，实现多路复用，因此信道的容量大大增加。
（3）宽带传输的距离比基带远，因数字基带直接传送数字，传输的速率越高，传输的距离越短。

三、应用模块

移动终端的应用子系统是以应用处理器为核心，同时围绕各种外部扩展设备及接口而构成的，用于实现各种可操作的应用。高端的移动终端具有较高的拓展性和兼容性。

应用处理器的全名叫多媒体应用处理器（Multimedia Application Processor，MAP）。应用处理器是在低功耗 CPU 的基础上扩展音视频功能和专用接口的超大规模集成电路。MAP（应用处理器）是伴随着智能手机而产生的，普通手机只有通话和短信收发功能，称为语音压缩无线收发机更确切一些。

应用处理器的技术核心是一个语音压缩芯片，称为基带处理器。发送时对语音进行压缩，接收时解压缩，传输码率只是未压缩的几十分之一，在相同的带宽下可服务更多的人。智能手机上除通信功能外还增加了数码相机、MP3 播放器、FM 广播接收、视频图像播放等功能，基带处理器已经没有能力处理这些新加的功能。另外，视频、音频（高保真音乐）处理的方法和语音不一样，语音只要能听懂，达到传达信息的目的就行了。视频要求亮丽的彩色图像，动听的立体声伴音，目的使人能得到最大的感官享受。为了实现这些功能，需要另外一个协处理器专门处理这些信号，它就是应用处理器。

未来移动终端的附加应用将不再局限于多媒体应用。WiFi、UWB、A-GPS、蓝牙、红外、3D 游戏、电子支付、安全等应用需求都将大量出现。应用处理器也是随着这些应用而出现的，并且开发单一用途的应用处理器是不合适的，手机的体积决定手机的应用处理器必须对应手机绝大多数的应用。早期的应用处理器通常是相机控制或照相后段信号处理，后来音乐应用、短片拍摄、电视应用接连出现，应用处理器变为多种应用的处理器。应用处理器的需求有五点：

（1）性能，包括多媒体任务处理性能和多任务执行性能。

（2）成本，包括芯片成本，片上内存成本与用量。

（3）功耗，待机功耗和执行任务时功耗。

（4）扩展性，性能动态余量，开发式操作系统和 Java 的支持。

（5）应用开发，硬件软件兼容性、第三方支持，设计工具和支持，服务。

四、电源管理模块

移动终端的电源管理模块是终端设备的能量之源，电源管理模块将终端电池的电源有效分配给系统的不同组件，对于依赖电池电源的移动设备至关重要。在移动终端的硬件架构中，电源管理模块是支持各个模块正常运行，发挥其功能的基础，其管理原理如图 3-4 所示。

五、移动终端硬件结构发展

中国的移动通信开始发展的时间大约是在 1987 年。那时中国移动通信集团公司开始运行 900M 模拟电话业务。当时的手机就是如同砖头大小的所谓的"大哥大"。到 2001 年中国移动彻底停止模拟移动电话业务，在这一过程中模拟移动通信主要是采用模拟和频分多址（FDMA）。因此，手机的硬件多是基于

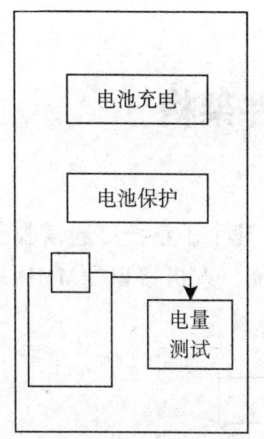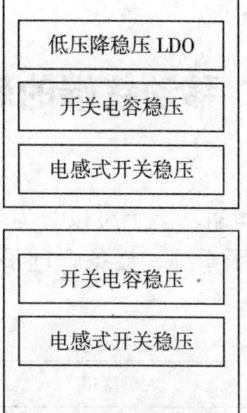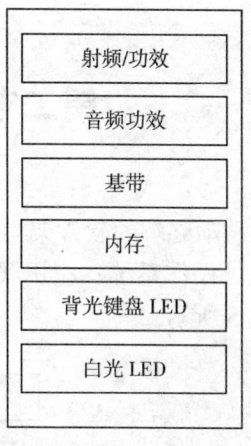

图 3-4　电源管理原理

某些模拟器件，它的核心是一个基带处理器。这样的硬件结构只能支持传统的话音业务，并且保密性差，极易被盗打。围绕着这个基带处理器再加上射频部分和功放，这样一个只支持话音业务的移动终端便可以完成最基本的功能了。

中国的 GSM 数字业务大约可以从 1994 年建立的第一个数字网算起。由于它具有较强的保密性和抗干扰性、音质清晰、通话稳定并具备容量大、资源利用率高、接口开放、功能大等优点，所以发展得很快。GSM 业务可以提供话音和一些简单的数据业务。而随着互联网的发展，数据业务大量增长，因此，便在 GSM 的基础之上又增加一些部件从而形成 2.5G 的 GPRS/EDGE。这一款手机是目前需求量最大的手机，它是面向特定业务的手机。这一款手机也是围绕着一个基带处理器，它是前一代手机的增强型，能完成移动终端的主要功能。

现在的市场上除了以上两种手机类型外，还有第三种手机，那就是被誉为"拥有操作系统并能够支持第三方应用"的智能手机，又叫高端手机。它具有统一的硬件接口，可以支持蓝牙、无线局域网、通用串行接口设备等外设。在这种手机上，嵌入式芯片的应用成为主流，嵌入式操作系统也为上层的应用提供统一的开放接口。这种手机能运行的业务已经从话音和数据扩展到了多媒体音视频，功能更加强大。

随着通信业的发展，底层硬件的结构已经趋于标准化，手机的设计也逐步转入了嵌入式软件的设计。在后面的介绍中，还将介绍嵌入式技术在无线 PDA 上的应用，讨论几种常用的嵌入式操作系统，如 Symbian、Palm os 以及 Linux 操作系统。

第二节 移动终端的软件架构

移动终端的软件架构从逻辑功能上可以分为如下几个子系统：通信服务子系统、操作系统、应用服务子系统、设备管理子系统、人机接口（MMI），如图 3-5 所示。

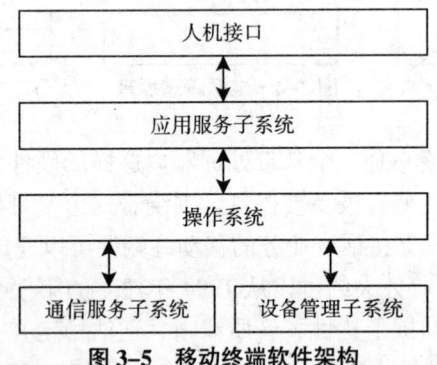

图 3-5 移动终端软件架构

一、通信服务子系统

通信服务子系统：主要完成话音和数据的传输服务，为应用子系统提供可靠的传输服务，其核心是各种制式的通信协议的实现。今后 3G 业务的发展趋势是 2G/3G 长期并存，这也催生了多模终端的发展。

通信服务子系统对实时性和操作性要求比较高，对系统的计算能力要求也较高。随着技术的创新，一些新的无线接入技术也会被纳入 3G 移动终端的功能实现中，如 WiFi、Wimax、蓝牙，包括未来的 UWB、Wibree 等。这些技术的融合，会影响通信服务子系统的实现，有些多模终端的各个部分之间往往是相互影响的，比如 WiFi 和蓝牙，它们都工作于 ISM 频段，相互之间会产生干扰，因此需要对它们的接收和发送时序进行调整，必须在软件实现中加以控制。

通信服务子系统主要包括：

（1）AT 分析程序。AT 命令分析程序在 GSM 和 WCDMA/UMTS 的标准中都进行了详细说明。AT 接口的标准为基本协议堆栈的实现提供了一个基础摘要。AT 分析程序可与协议堆栈一起实施，也可使用专有协议堆栈，或者使用服务访问控制器接口进行独立开发，以支持多协议堆栈的实施。

(2) 服务访问控制器 (SAC)。可提供专有协议堆栈接口。SAC 通过应用子系统内的多个实体提供了一个单独的协议堆栈接入点。服务访问层 (SAL) 和数据链路层 (DL) 用于支持逻辑通信在通信子系统中的发送和接收。

(3) SIM/USIM 管理程序。SIM/USIM 管理程序是一个单独的公共接入点，可用来访问 SIM/USIM 卡中的信息。它通过多个实体访问 SIM/USIM 卡。协议堆栈接口位于协议堆栈模块内部，并且通常是专用的。它还可以通过 SAC 或 AT 分析程序向蜂窝子系统外部输出一整套功能，以支持应用子系统访问 SIM/USIM 数据和功能。对于所有通过 SIM/USIM 卡来进行用户认证和鉴权的蜂窝技术，该模块都是强制性的。如果不需要 SIM/USIM 卡，则协议堆栈中必须含有可提供相同功能的模块。

二、操作系统

操作系统在移动终端软件系统中处于核心地位，提供任务调度、资源管理框架、系统调用、设备管理、子系统管理、运行时环境等功能，统一协调各个软件组件的工作。

三、应用服务子系统

此系统是一个比较庞大的部分，也是容易变化的部分，与业务需求相关，很多应用服务都可以被集成到这个系统中。由于移动种类多样，应用服务实现方式差别很大，终端间的互操作性变得非常重要，OMA 目前主要负责对应用服务协议进行标准化。应用服务子系统提供了通用的编程设计和执行环境，并不依赖于移动终端的底层通信技术。

四、设备管理子系统

目前的移动终端，大部分采用片上系统的方式，在一个芯片中集成支持多种设备，提供大量的外设或外设接口，所有这些设备的操作都归结于设备管理子系统。大部分操作系统都提供了设备驱动程序框架，在其上运行的设备都要基于这个框架来写设备操作代码。有一种分类方法是把设备管理作为操作系统的一个子系统，上层应用通过调用操作系统设备管理框架来间接控制设备。

五、人机接口

随着社会的发展，人们对手机的要求越来越高，良好的通话质量，美观的外形，友好的人机界面，已成为人们追求的目标。因此，手机人机界面的设计和开发无论对用户还是对公司，都日益重要。其主要提供移动台（手机）的全面控制和手机与用户之间的接口，功能包括：用户键盘输入、手机状态和呼叫处理过程显示、SIM 卡和电子簿的管理、PIN 码的控制以及缩位拨号等。

MMI、（Man Machine Interface，人机界面）的体系结构大致可以分为三部分：MMI 逻辑层（MMI logic）、MMI 框架层（MMI Framework，MFW）和应用控制接口（Application Control Interface，ACI）。

ACI 层位于各种通信协议（包括移动通信协议、WAP 通信协议、蓝牙通信协议等）的上面，它以 AT 命令的格式和协议进行通信。

MFW（MMI Framework）起着连接 MMI 和 ACI 的桥梁作用。它大大减少了 MMI 开发的工作量，使代码的编写更加简洁、高效。它以 C 语言库模块的形式为上层提供服务，可以将 MFW 理解为类似于 Tisual C++中的 MFC，它为人机界面的开发定义了一种可扩展的框架模型。它定义和封装了各种基本元素以及元素间交互作用的过程，并提供用户实现应用逻辑的手段。另外，作为程序运行的基础，MFW 还实现了用于动态分配元素对象的内存堆。MFW 中所管理的元素主要包含两类：界面元素和下层设备或服务。

1. 下层设备/服务

网络管理：用于注册、重注册和选网。

呼叫管理：用于呼叫管理、呼叫保持和呼叫中止，亦即多方会话等。

SIM/USIM 卡管理：包括激活 SIM/USIM 卡、PIN 验证、PIN 解锁、PIN 修改、PIN 使能、PIN 失效、SIM/USIM 卡配置、SIM/USIM 卡锁定等。

辅助服务：用于和呼叫无关的辅助服务，比如接收来自网络的通知，发送 USSD 消息等。

电话簿管理：用于管理不同的电话簿，比如 ADN、FDN、SDN、LDN、LRN、BDN 等。

SIM/USIM 卡扩展应用：支持 SIM/USIM 卡的远程控制。

SMS 管理：用于短信息的收发、命令消息、状态消息、小区广播。

2. 界面元素

窗口管理：用于管理输出设备（比如 LCD 显示屏）。

画布管理：用于文字和图案的显示。

键盘管理：用于管理键盘输入。

编辑管理：用于管理编辑功能。

菜单管理：用于管理用户自定义的图标树。

定时器管理：MMI 占用最小系统资源时，提供十进制计数器。

图标管理：用于管理 MMI 特定的位图和动画。

第三节 移动终端业务及特点

一、移动终端业务特点

(一) 新技术的应用推动新业务的发展

随着移动数据业务的增长、通信个人化和宽带化的要求,移动通信正在向第三代发展,预计不久的将来,第三代移动通信系统将在我国全面商用,我国将正式迎来 3G 时代。第三代移动通信系统是以 CDMA 技术为基础的,与第二代相比,第三代移动通信系统具有更高的频谱利用率和速率,这样能够大幅度提升用户对新业务的体验,同时帮助运营商提供更多的、对用户更具有吸引力的业务。

当然,技术的发展是永无止境的,目前被称为"准 4G"的 LTE (Long Term Evolution) 技术正成为业界关注的焦点。LTE 是以 OFDM (Orthogonal Frequency Division Multiplexing,正交频分复用) 技术为基础,并引入了高阶编码调制,Turbo 编码以及 MIMO (Multiple-Input Multiple-Out-put,多入多出) 等技术,这样能够达到下行 100Mb/s,上行 50Mb/s 的传输速率,同时频谱利用率达到 3GPP R6 规划值的 2~4 倍。LTE 能够支持可变带宽 (1.25/2.5/5/10/15/20 MHz),以适应用户业务对于灵活数据传输速率的需求。由于具有更高的传输速率、更低的延迟率和更好的移动性等优势,LTE 能够大幅度提升用户对新业务的体验,同时帮助运营商提供更多的、对用户更具有吸引力的业务。此外,采用 LTE 技术也将使现有移动通信业务的 QoS 提升,稳定性增强,支持更多用户使用。通过部署采用 LTE 技术,那些此前由于网络技术能力限制而只能面向高端市场的业务,如整首音乐下载、视频电话、移动导航、移动游戏等业务将可以逐步向大众用户普及,为更广泛的用户带来更好的业务使用体验。

(二) 多种技术的融合催生新业务

随着数字化生活的普及和通信技术的不断革新,融合已经成为当前通信产业技术发展的主旋律。融合的界限已经从原来的三网融合扩张到语音、数据、视频与移动的四重融合,无论是固定网络,还是移动网络,都面临着传统网络的转型与新网络的建设问题。互联网、广电网在不断突破传统意义上的数据、视频束缚,IP 技术的迅猛发展,彻底让多重播放成为可能。目前,融合正在固定与移动、公众移动网与无线接入、移动与集群、电信与广电、家庭通信与消费电子、互联网与物联网六个领域展开。可以肯定的是，在未来的网络建设中，无论是基于电信网，抑或是计算机网、广电网，融合技术必将大行其道。

同时，未来手机的功能将不再以通话为主，而是具备各种我们日常需要的处理和通信功能。主要业务种类包括基本语音和短信业务、即时通信类、广播媒体类、音乐类、移动浏览类、个人信息管理类、导航类等。目前，手机终端技术已经和电子商务、广播电视、定位等领域内的技术相融合，出现了手机支付、手机电视、位置服务等业务。

目前，融合主要表现在以下四个方面：

（1）技术融合，技术本身就是融合的。各种技术有取代的问题，也有融合的问题。

（2）网络融合，是指语音、数据、视频与移动等不同网络间的统一。

（3）业务的融合，各种各样不同业务之间的融合。特别是如今 P2P 的技术使用户既可以做产业链的供方，也可以做需方；既需要信息，也提供信息，这就是供需之间融合。

（4）组织融合，从组织上来讲，也有一个融合的问题。过去不同的组织，提供着不同的业务，现在融合成的新组织，需要提供不同的业务。

二、典型新业务的发展

（一）位置服务

位置服务即 LBS（Location Based Services），指通过移动终端和网络的配合，确定终端用户的当前地理位置，从而为用户提供与位置相关的服务信息；是利用用户位置信息的一种移动通信与导航融合的增值服务形式。此项业务已不算新颖，早在 20 世纪 90 年代，国外已经开始发展 LBS 各类服务，我国在 2001 年由中国移动推出首例 LBS 服务。在长三角和东部沿海地区应用范围尚可，但中西部应用相对滞后。但韩国、日本作为中国的近邻，在位置服务方面却都发展得较好。日本 KDDI 公司是全球最大的 GPS 业务提供商，在高精度手机导航领域取得了令其他运营商羡慕的成绩；该公司在几乎全系列手机中都内置了 GPS 接收器，为用户提供不同类型的移动导航业务。此业务的应用前景可见一斑。

其主要有三种技术实现手段：

（1）Cell-ID（小区识别），只能达到 100~1000 米的定位精度，即小区覆盖范围的数量级。

（2）OTDOA（Observed Time Difference of Arrival 观测到达时间差）或 AFLT（Advanced Forward-Link Trilateration 高级前向链路三边测量）。

(3) GPS（网络辅助的 GPS）。位置服务可以提供的具体业务同样多种多样，比如：援助服务（如紧急医疗服务、紧急定位等）、基于位置的信息服务（寻找最近的餐饮娱乐信息、黄页查询等）、广告服务（针对某一特定位置区域广播的促销打折或产品广告信息）、基于位置的计费以及追踪服务等。

（二）移动互联网

此项应用说来简单，即把互联网包罗万象的应用转移到手机上。这种想法由来已久，但受制于移动通信网传输速度和操作体验等，一直到高速率的稳定传输在 3G 时代成为可能，移动互联网这一系列的应用才真正体现了其价值。至今为止，大部分手机中的互联网相关应用都是通过 GPRS 来实现的，通过 SGSN 和 GGSN 等实体传到 WAP 网关，再到计算机网络得以实现的。在 3G 时代，将通过 IMS 可靠高效实现这一应用，WCDMA 和 TD-SCDMA 从 R5 之后的逐步全 IP 化演进路线本身就可以显而易见地看到这一应用的美好前景。随着技术的更新，从前就存在的如手机上网、即时通信（IM）等应用将会更快更好开展，从前不可能实现的和未出现的业务也即将出现，如移动搜索，手机作 MODEM 无线高速上网、手机办公、移动音乐下载、移动广告、视频共享、手机即时博客等不胜枚举。移动与互联网的融合还可能引爆另一个被看好的应用：VoIP。

但需要注意的是，客户不关心你用何种形式上网，在客户的需求中，只要能登录到自己所熟悉、所需要的网站，找到自己所需要的东西即可。手机上网和电脑上网应该是互通的。移动互联网的发展，应该是"移动"向互联网介入，基于此手机传统的操作方式必将受到严峻挑战，输入网址与浏览网页的不便、屏幕的窄小都是移动互联网应用的广泛深入开展而面临的致命问题，iPhone 仅凭外观和操作体验即引起手机业地震的案例，应该引起人们更多地思考用户操作体验和手机操作方式上的体验。

（三）近距通信（NFC）

NFC 即 Near Field Communication，近距离无线通信技术。NFC 可以说是电子标签（RFID）的升级或是匹配技术。它可在 10 厘米内进行信号的快速配对传输、读取资料。常见的蓝牙（Bluetooth）也属于一种近距离通信技术，蓝牙的传输距离虽可达 10 厘米，远比 NFC 宽广，却有配对复杂、速度慢等缺点；至于 NFC 则可在 1 秒内快速完成配对，成为手机拿来感应交通票务、小额支付的最佳技术解决方案。

3G 的到来也将成为 NFC 发展的一个有力推手。原因就在于 USIM 卡实现了平台与应用分离的全新技术变革（3G 制式下 SIM 卡改称 USIM 卡），简单来说就是之前在 GSM 网络中，SIM 卡只有非常单一的用途：保护敏感的网络数据并进行鉴权操作；2G时代SIM被定义为一个同一的物理和逻辑实体，并没有平台和应用的区别，在USIM中引入UICC（通用集成电路卡）概念，作为一个物理平台，USIM只是UICC平台上的一个应用，而不是一个物理实体，是驻留在UICC上的纯粹逻辑应用。这就可以很自然地融入更多的非电信类业务功能，将为NFC的应用扫除SIM卡，即用户信息读取方面的障碍。

因感应速度快，可结合交通、金融、个人身份认证等各种应用，被赋予手机应用明日之星的高度期许。试想在不久的将来，人们上下公交车无须带卡，只需用手机在刷卡器前轻轻划过，银行存取钱不用带折、看电影"刷手机"通过运营商付费，甚至工作单位也集成个人信息的NFC读取装置，上下班刷卡变成"刷手机"……不禁慨叹科技改变生活，让我们拭目以待。

（四）可视电话

可视电话可以说并不是一项新技术或新提法，固话领域早在20世纪五六十年代就有人提出可视电话的概念，认为应该利用电话线传输语音的同时传输图像。1964年，美国贝尔实验室正式提出可视电话的相关方案。但由于传统网络和通信技术条件的限制，可视电话一直没有取得实质性进展。直到80年代后期，随着芯片技术、传输技术、数字通信、视频编解码技术和集成电路技术不断发展并日趋成熟，适合商用和民用的可视电话才得以浮出水面，走向人们的视野。与手机集成在一起实现移动通信的可视电话更属首创，这项技术由于其对视频编解码技术、传输带宽和传输速率的要求，在3G时代才得以成为现实。比如目前正在试商用的中国3G标准TD-SCDMA就成功实现了移动可视电话这一创新应用。

目前，由于可视电话的实时性，无论WCDMA或是TD-SCDMA，基本都在电路域（CS域）传输，占用CS域业务信道，且能够支持多种速率视频和音频编码，可以根据网络传输状况的好坏实时调整视频和音频的带宽分配及传输码率。可视电话业务的开展对手机也提出了一定的要求，如：

（1）摄像头设计：可旋转摄像头、双摄像头等。

（2）通信双方视频编解码支持能力一致性（目前大部分是基于H.324M协议）。

（3）处理器能力要求较高。

（4）屏幕色彩表现丰富。

由于此项业务还未大范围铺开运营，对其质疑之声也从未间断，不得不说可视电话这项业务也面临着网络容量堪忧，用户体验与终端关系密切，资费政策敏感，涉及个人隐私等门槛。但一项新技术、新业务的提出对于用户而言一定首先是一件好事，提供了多种选择，至于发展得如何，应用的方式是否受欢

移动终端

迎可以在日后调整，新业务本身还是值得广大消费者期待和参与的。

厦航奏响移动终端"旅客服务"三重曲

2011 年是国内移动 3G 元年，"拼服务"的航空时代已经到来。移动信息技术的投入，可以进一步提升航空企业在服务领域的竞争力。2011 年，厦航加快对移动开发技术的研究，加大移动互联网领域的项目建设力度，于 12 月 20 日上线运行了厦航机上娱乐系统、厦航手机营销服务平台、厦航客舱服务系统。这三款移动产品运行在不同的移动设备上，或面向高端贵宾，或面向广大旅客，或面向机组人员，为厦航的旅客服务工作提供着更强有力的技术支持。

一、别样的云端旅途休闲体验

为给旅客打造别样的云端旅途休闲体验，提高高端旅客的空中美好感受，厦航于 2011 年 12 月 20 日首次在部分航班上推出摩托罗拉最新在全球同步上市的 MOTO 首款 Android3.0 平板便携电脑。

乘坐 MF8101/2 和 MF8107/8 航班的"两舱"旅客，可通过厦航特制便携终端轻松连接并访问厦航舱内娱乐平台，体验厦航定制的系统软件及机上娱乐系统。

机上娱乐系统是一个全新的娱乐商务平台，专用于为头等舱旅客提供娱乐、商务等功能。旅客可以享受包括电影、综艺、音乐、游戏、电子书等多种形式娱乐项目。旅客也可在系统上留言，为厦航各项服务工作提出建议，有助于厦航掌握第一手旅客反馈信息，总结并改进各项服务环节。

二、随时随地享受移动生活

手机营销服务平台是厦航在移动互联网领域的有力创新，作为一款手机客户端，分为 iPhone、Android 和 JAVA 三种版本供广大旅客下载，能满足市面上的绝大部分手机型号。平台像一座桥梁，将厦航与千千万万旅客紧密联系在一起，通过手机平台的各项功能让旅客们能直观感受到"蓝天白鹭"所带来的各种便捷、优质的旅客服务。

通过平台，旅客可以通过客户端直接查询航班并付款购票，增加了厦航对外机票销售的新渠道；实现手机值机、WAP 值机，旅客可通过客户端或手机自带的浏览器进行值机操作，操作成功后，系统会显示二维码图案，旅客在机场安检刷二维码即可通过。目前已开通青岛流亭、上海虹桥两个机场航班动态查询、航旅秘书，旅客可方便地获取航班最新状态、天气以及厦航促销等信息；提供了白鹭卡专区服务，旅客可方便地注册为厦航会员，同时通过专区服务，进一步加强与会员们的互动。

三、以技术提升客舱服务水平

服务是航空公司的核心产品，关注顾客价值，实现服务承诺，是赢得客户、扩大市场的根本手段。客舱服务系统是厦航为进一步提升客舱服务水平、提高乘务组工作效率而推出的提供乘务长在航空过程中通过移动设备进行操作的信息系统，系统作为厦航地空服务信息链中的一环，搭建起了一条信息通道，实现了厦航服务相关的数据流在地面系统与空中岗位的来回交互。

系统主要包括移动客户端和管理后台两个部分，通过中国联通3G网络，客户端可以实时连接厦航服务器，并实现与服务器之间的数据交互。乘务长在客舱内服务过程中，可通过系统准确查询航班信息、高端旅客详情、配餐信息、旅客地面选餐信息等，并以移动设备为载体，为旅客提供头等舱选餐、升舱等客舱服务。

移动客户端在硬件方面采用了三星TAB P1000平板电脑，7寸大小的尺寸使乘务长能够方便地进行单手操作，也适合乘务包的尺寸。移动客户端在软件方面核心功能包括地空交接单、旅客信息、配载布局及座位调整、升舱费用表、配餐信息、航班动态、旅客选餐、手册查询和联系方式。

资料来源：郑少帅，林铁.技术引领革新 移动提升服务 厦航奏响移动终端"旅客服务"三重曲[J].厦门航空，2012（2）.

问题讨论：

1. 浅谈移动终端在航空领域存在哪些新应用？
2. 移动终端的应用可以为航空领域创造什么样的新价值？

本章小结

本章主要介绍移动终端的硬件和软件的系统构成，从移动终端的物理结构和功能的逻辑结构两方面进行了分析，并讲述了每一个子系统的功能特征。通过对终端产品的分析，从而引出对移动终端业务的分析。

通过对本章的学习，要求能够正确认识移动终端的硬件结构和软件系统，能够准确掌握移动终端业务的特点，并对典型业务的发展趋势进行分析。

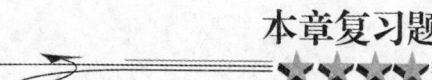

本章复习题

1. 简述移动终端的硬件结构的演进历程。
2. 分析移动终端硬件的主要模块及每部分的功能。
3. 简述移动终端的软件构成。
4. 分析移动终端软件系统的逻辑架构组成和各子系统的功能。
5. 简述移动终端业务的特点。
6. 列举典型移动终端业务的发展。

移动终端

第四章
移动终端操作系统

学习目的

知识要求 通过本章的学习，掌握：
- 移动终端操作系统的基本特点和功能
- 移动终端操作系统的基本运行环境
- 主流操作系统的特点和差异
- 操作系统与运行环境的关系
- 当前移动终端操作系统的市场格局和趋势

技能要求 通过本章的学习，能够：
- 能够根据移动终端的开发需求选择适配的操作系统
- 能够根据不同操作系统的特点配置运行环境
- 能够分析移动终端操作系统的市场特性和规律

学习指导

1. 本章的主要内容包括定义移动终端操作系统的定义、功能和特点；主流操作系统的发展及特点。通过对移动终端操作系统的分析介绍，和操作系统的运行环境，进而展开对操作系统市场的讲解。通过本章的学习，达到对移动终端操作系统的整体认识和掌握，并能够对不同操作系统的性能优势进行比较。

2. 学习方法：掌握基本概念，应用比较学习的方法抓住主流操作系统的特点和差异，并能够对其性能差异进行合理分析，并结合市场趋势进行讨论。

3. 建议学时：4学时。

移动终端

HTC 化蛹成蝶

HTC 从一家代工厂而一跃超越诺基亚成为新霸主,仅仅用了 14 年时间。2011 年 4 月 6 日,HTC 市值达到 338 亿美元,一举超过了通信终端龙头企业诺基亚的 328.4 亿美元和老牌智能手机 RIM 的 285 亿美元,成为新霸主。

在短短十几年的时间里,HTC 不仅从代工生产厂商华丽转身为知名品牌厂商,更是在不到 4 年的时间里梦幻般地实现了市值 30 倍的增长。目前,外界对 HTC 超越诺基亚有两种说法,一种认为是真超越,另外一种认为是假超越。从 HTC 公开的数据报表来看,它的市值确实是超越了诺基亚,另外毛利率也超过了诺基亚。

其实,HTC 能够击败诺基亚,是因为在智能手机上领先诺基亚许多。此外,HTC 的快速崛起,也反映了触摸屏智能手机在欧美成为大众市场产品的增长速度。据 IDC 预测,虽然 2011 年的增长速度将低于 2010 年,但全球智能手机市场仍有望增长 50%。

未来智能手机 PK 的重要指标之一就是安装的系统软件。目前,在手机市场主要有三大软件系统,首先是苹果的 iOS,其次是谷歌的 Android,它基本上可以与 iOS 抗衡了,最后就是看上去已经没落了的 Symbian 以及还未成气候的微软 Windows Phone 7。

而 HTC 则恰好抓住了未来手机制胜的关键因素,它是最早安装 Android 系统的手机生产厂商之一。随着 Android 越来越受到用户的喜爱,HTC 也随之受益匪浅。

开放应用联盟创始人王煜全在其微博上说,HTC 找出自己的最长的板——制造,是与操作系统上最长的板 Android 合作。

在北美市场,HTC Hero 和 HTC Dream 两款手机占据了所有 Android 手机销量的 30%。还可以看到,在 HTC 新推出的多款 Android 手机上,HTC 商城蕴藏着数量丰富的 Android 应用,用户可以从这些找到各种社交游戏、社交网站工具、网络视频等,这些应用吸引着一大批年轻人群。

资料来源:罗尔斯.HTC 化蛹成蝶[J].新经济,2011 (5).

问题:
1. 移动终端的操作系统对移动终端设备具有什么意义?
2. HTC 的化蛹成蝶的优势主要体现在哪些方面?

移动终端

第一节　移动终端操作系统概述

　　移动终端的操作系统是典型的嵌入式系统，是具备特定功能的智能设备。操作系统能够使移动终端设备的各种上层应用程序与底层的硬件设备协同工作，是移动终端的灵魂所在，也是决定整个系统性能与价格的关键性组件。

一、移动终端操作系统

　　操作系统（Operating System，OS）是一种系统软件，能够管理计算机系统的全部软硬件资源；对程序的执行进行控制；方便用户使用硬件提供的计算机功能，更好地发挥硬件的功能。

　　移动终端的操作系统可以理解为应用于便携移动设备的管理与控制系统软件，这里所说的便携移动终端是指体积小、重量轻、集成度高的便携机、智能电话、平板电脑等。其主要功能包括：

　　（1）对硬件的直接监管。

　　（2）对各种计算资源的管理。

　　（3）提供面向应用程序的服务。

　　（4）为移动应用软件提供核心功能和不同接口。

　　移动终端的操作系统是典型的嵌入式系统，是嵌入式操作系统与移动通信技术和人机交互技术相结合的实际应用产物，能有效管理移动终端设备上的不同硬件设备，为终端用户提供一种简单、统一的操作方式；也为终端设备的上层应用软件提供了核心功能和不同的接口。具有以下主要特点：

　　（1）移动性。移动终端在移动过程中可通过所在无线单元与固定网络节点，与其他终端或网络进行连接。因此，移动终端具备无线网络通信接口来适应终端设备的可移动性与灵活特性。

　　（2）网络条件多样性。移动设备在移动过程中所使用的网络往往会随着地理位置的变动而变化，这些网络既可以是高带宽的固定网络，也可以是低带宽的无线广域网。

　　（3）频繁断接性与可靠性低。由于受电源、无线通信费用、网络条件等因素的限制，移动计算机一般不会采用持续联网的工作方式，而是主动或被动地连接、断接。

　　（4）网络通信的非对称性。一般固定服务器节点具有强大的发送设备，移动节点的发送能力较弱。因此，下行链路和上行链路的通信带宽和代价相差较大。

（5）移动终端的电源能力有限。移动终端主要依靠蓄电池供电，而终端设备的便携性和小体积特征限制了电池的物理体积和电容量，节能和小功率也是移动终端操作系统的一个必要特点。

二、移动终端操作系统关键问题

（一）移动设备的局限性与移动性

移动终端不但体积很小，而且总是处于移动状态，这使得设备对操作系统有较高的期望值。首先，操作系统应具备优良的电源管理能力，能够保证在尽量长的时间正常工作；其次，它不能占用过多的资源，支持低功率处理器和有限的存储空间。

与其他操作系统不同，移动操作系统不是通过多线程操作来实现多任务处理的，它采用了事件驱动信息传送的方式，移动终端操作系统必须严格控制资源的分配和使用。在整个系统内实现这一目标的最佳方式是通过服务器控制系统资源，非特权代码要作为服务器的客户端才能访问系统资源。操作系统应最大限度地支持代码的重复利用，而这是一个经常提出但很少能实现的目标。

（二）系统的高可靠性

可靠性是所有移动计算终端必须考虑的问题。虽然操作系统内核及其特权代码只占用很小的空间，但是一个好的操作系统的确有助于开发出性能稳定、运行可靠的应用程序。实现可靠性，依赖于良好的软件工程设计和完善的错误处理方案，良好的软件工程设计可以大大降低错误的数量和严重性，而完善的错误处理方案则可以从运行时的错误中尽快恢复。

一个可靠的操作系统应提供有效的存储空间管理系统，以防止存储空间泄露。资源不用时，应尽快释放，而如果出现了存储空间不足的情况，则应通过高效、简单易用的错误处理方案使其得到正确的处理。分配存储空间的应用程序和系统模块应能从容应对存储空间严重不足的情况，因而在从操作系统到应用程序的设计中，都必须采用防错性程序设计。

（三）建立临时的无线接入

访问远程数据、发送电子邮件或执行同步操作时都需要建立某种形式的连接。移动终端通常采用无线接入的方式，但由于世界各地采用不同的协议、移动时信号的衰减以及覆盖区域有限等因素，无线接入的效果很不稳定。因此，在移动中长时间使用无线接入是非常不明智的，同时无线网络的速度要远远低于同期的有线网络。在开发移动操作系统时必须考虑这一因素，提供众多即使在未建立连接时也可以在本地处理用户数据的应用程序。

建立无线接入要求操作系统真正支持多任务处理、通信中的实时功能和多种通信协议。除了应具备实时功能以保持连接外，操作系统还必须提供必要的机制，以适当的方式处理连接断开的情况，并及时地通知用户。为帮助用户顺利地进行转换和支持一些即将推出的标准，必须将网络协议栈提取出来，确保无论采用哪种协议栈，应用程序的接口都保持一致。

（四）环境的自适应

针对移动环境，多数研究采用自适应技术解决移动网络的动态性问题，并在有限的带宽下保证分布交互的服务质量（QoS）。系统自适应策略是一种折中策略，是对应用完全透明的自适应，可以保证已有应用的兼容性。应用开发不必过多考虑移动环境的特殊性，在移动通信终端操作系统中，保证应用的 QoS 是重要的研究课题。QoS 保证主要有两种机制：

（1）按照协议要求预留网络资源，确保资源对服务请求的可用性，称为硬 QoS。

（2）在应用级通过某些设施增强服务请求 QoS 的能力，称为软 QoS。

移动系统固定地保证 QoS 还不够，而应当支持动态变化，链路类型、设备移动和移动设备资源情况等均对 QoS 影响较大。

（五）良好的开放式平台

面向大众市场的移动通信终端而开发的操作系统必须对第三方开发者开放，包括独立的软件供应商和网络运营商等。这意味着应为第三方开发者提供必要的技术支持。为了缩短面市时间，操作系统开发者应在最短的时间内掌握必要的技术。操作系统应支持所有已知的标准和从多方面获得的标准，只有支持这些标准的操作系统才是开放式的操作系统，也才能吸引更多的开发者。操作系统必须支持一些常用的标准，如国际统一字符编码、POSIX API、JAVA、POP3、IMAP4、SMTP、蓝牙和 WAP 等。

第二节 移动终端的主流操作系统

一、Symbian 操作系统

Symbian OS 是由英国 Symbian 公司推出的面向消费类电子产品的一个实时性、多任务的纯 32 位操作系统，Logo 如图 4-1 所示。

第四章 移动终端操作系统

移动终端

图 4-1 Symbian 的 Logo

早期的 Symbian OS 是由 Psion 公司的一个软件开发团队创建的。在为 Psion 的手持设备开发一系列软件之后，该团队开发了一款面向对象的操作系统，命名为 EPOC（A New Epoch of Personal Convenience），也是 Symbian OS 的原型。由于 EPOC 刚好满足移动设备操作系统的要求，而当时手机行业也正在寻求一款适合于手机的通用操作系统，于是 1998 年 6 月，软件团队成立了自己的公司，这也就标志着 Symbian 的诞生。Symbian OS 专门针对资源匮乏的手持终端设计，其最初版本可以运行在只有 2MB 内存的设备上。它的特征包括文件系统、图形用户界面框架、多媒体支持、TCP/IP 校和库，它们用于实现智能手机上的所有通信功能。Symbian 将代表全球行业标准的 Symbian OS 操作系统，授权给全球手机制造厂商使用，包括摩托罗拉、诺基亚、三星、西门子与索尼爱立信。

（一）Symbian 操作系统的发展

Symbian OS 的发展历程如图 4-2 所示：

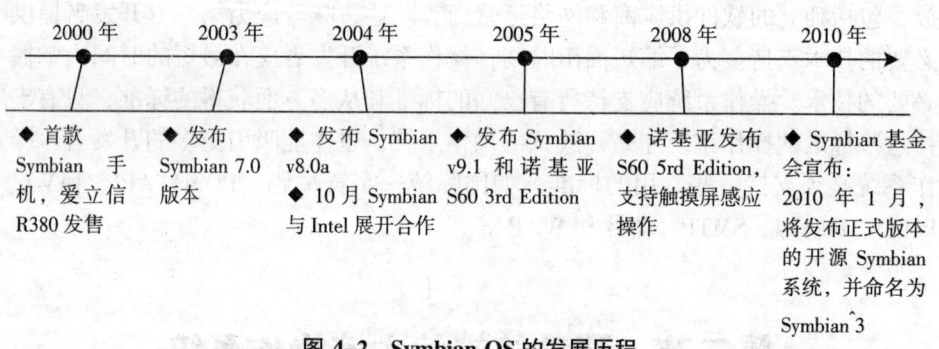

图 4-2 Symbian OS 的发展历程

● 1998 年：Symbian 诞生。

● 2000 年：爱立信推出了首款使用了 Symbian OS v5.1 系统的 R380，不过由于这款手机并不是采用开放式系统，无法安装应用程序。

● 2001 年：全球第一款基于 Symbian 操作系统的 2.5G 手机，诺基亚 7650 发布；第一款采用开放式 Symbian 6.0 操作系统的手机，诺基亚 9210 也面向公众发售。Symbian OS v6.0 在 v5.0 操作系统的基础上增加了 GPRS、WAP1.2 浏览器及蓝牙技术的支持，用户可以运行第三方基于 C++和 J2ME 开发的程序，智能操作系统的特点得以凸显。而 Symbian OS v6.1 相比 Symbian OS v6.0 则主要增加了 USB 功能。

● 2002 年：Symbian OS v7.0 开始支持 3G，将手机智能操作系统首次和 3G 结合了起来。

● 2004 年：发布最新 Symbian OS v8.0。同年 10 月 Symbian 与 Intel 展开合作共同发展以 Symbian OS 以及 Intel Xscale 技术为基础，针对 3G 手机芯片以及软件发展的移动平台。这实际上是 Meamo 的前身，也是现在 Meego 的雏形。

● 2005 年：Symbian OS v9.0 版的发布以及 Symbian S60 3rd Edition 的出现将 Symbian 的用户体验带到了一个全新的高度。

● 2008 年：索尼爱立信正式放弃 UIQ 平台，但是在同年的 11 月诺基亚发布了备受瞩目的 5800，填补了 Symbian 系统在触摸屏方面的空白。

● 2010 年：宣布了 Symbian^3 系统代码部分的完成，并正式发布了首款搭载 Symbian^3 系统的智能手机诺基亚 N8。

● 2011 年：诺基亚宣布正式开放 Symbian 系统源代码。

Symbian 操作系统的发展阶段，出现了三个分支：分别是 Crystal、Pearl 和 Quarz。其中的 Crystal 和 Pearl 主要针对通信器市场，多应用于手机上，是今后智能手机操作系统的主力军。此外，Symbian OS 从 6.0 版本就开始支持外接存储设备，如 MMC、CF 卡等，这让它强大的扩展能力得以更充分的发挥，使存放更多的软件以及各种大容量的多媒体文件成为可能。

（二）Symbian 操作系统的特点

Symbian OS 是一个开放的操作系统。它采用基于静态优先级的抢占式多任务机制且配合时间片轮转，构成简捷、高效的内核，具有模块化的系统结构，提供了良好的扩充空间，支持强大的通信及多媒体功能。Symbian OS 的主要特点如下：

（1）高可靠性。具备高效电源管理机，而且即使在电池耗尽的情况下，也能确保不丢失任何用户数据。由于采用特殊的编程规范，可以及时高效地管理系统内存资源的分配和回收，不会造成内存的泄露。因此，以 Symbian OS 为操作系统的设备可连续运行多年而无须重新启动，这也是对无线信息设备的基本要求。

（2）采用面向对象的设计和编程，程序代码具有很好的可重用性。Symbian OS 支持 C++和 JAVA 两种应用广泛地面向对象编程语言，提供各种常用的 32 位应用程序接口函数，而且具有图形用户界面编程框架，可以方便地创建用户应用程序。系统支持 Unicode，容易实现本地化。

（3）支持多任务、提供多种通信协议并且有一定的实时性，增强了与其他设备的互操作性。支持标准的国际互联网协议（TCP/IP、PPP、Telnet、HTTP）、电子邮件协议（POP3、SMTP、IMAP4）；提供 CPRS、WAP 等标准协议；支持短信息；具有蓝牙协议模块；可以通过电缆或红外与 PC 机相连，进行数据同步和备份。

（4）硬件配置充分考虑了现有无线信息设备的硬件选型和未来需求。以 Symbian OS 为操作系统的设备采用 ARM 系列 RISC 处理器，具有较强的处理能力；利用 ROM 进行永久程序存储，并可通过外加 Flash 存储卡来扩展系统存储量；支持高分辨率彩色显示、触摸屏和触笔输入，具有多媒体功能。

可以看出，Symbian 操作系统在智能移动终端上拥有强大的应用程序以及通信能力，这都要归功于它有一个非常健全的核心——强大的对象导向系统、企业用标准通信传输协议以及完美的 Sun JAVA 语言。Symbian 认为无线通信装置除了要提供声音沟通的功能外，同时也应具有其他种沟通方式，如触笔、键盘等。在硬件设计上，它可以提供许多不同风格的外形，如使用真实或虚拟的键盘；在软件功能上可以容纳许多功能，包括和他人互相分享信息、浏览网页、传输、接收电子信件、传真以及个人生活行程管理等。

（三）Symbian 操作系统的基本架构

（1）内核。内核是 Symbian OS 的中心管理器和仲裁器。内核管理系统内存，调度程序的运行。内核也分配共享的系统资源处理，需要特权访问 CPU 的所有功能。内核可通过动态连接库和设备驱动程序进行扩展。

（2）基本库。基本库提供包括诸如字符串处理、链表、文件 I/O、数据库管理、出错处理和定时器等功能的 API 函数。基本库也提供对内核函数的访问。该库不仅应用程序可以使用，而且操作系统组件也可以使用。

（3）应用程序服务、引擎和协议。应用程序服务，引擎和协议为程序提供对内核应用程序数据、功能和服务的访问。例如，应用程序引擎可以直接处理内置程序的数据，该程序管理日历，安排表和通信簿，以及设置和处理告警，访问 SyncML 和 HTTP 这样的通信功能。

（4）应用程序框架。应用程序框架实现智能手机图形用户界面（CUI）应用程序的基本功能。它包括一个处理 CUI 本身的框架和一个处理非 CUI 相关功能的体系结构框架。

（5）通信体系结构。通信体系结构由 API 函数和实现数据通信的框架组成，它包括蜂窝无线电话的 TCP/IP 通信协议和蓝牙技术、红外线以及 USB 等本地通信手段，还包括消息传递框架，用于支持 SMS、MMS 以及电子邮件消息传送等。

(6) 中间件功能库。对其他 API 函数和上述组件没有涉及的框架来说，均包含在此类别中。它包括多媒体动画和安全等 API。

二、Android 操作系统

Android 操作系统是 Google（谷歌）于 2007 年 11 月 5 日宣布的基于 Linux 平台的开源手机操作系统，中文名为安卓（官方），Logo 如图 4-3 所示。

图 4-3 Android 的 Logo

Android 系统早期是由原名为"Android"的公司开发出来的，谷歌在 2005 年收购"Android.Inc"后，与开放手机联盟（Open Handset Alliance，OHA）合作开发了 Android 移动开发平台，这个联盟由摩托罗拉、高通、宏达和 T-Mobile、中国移动等在内的 30 多家移动通信领域的领军企业组成。Google 与运营商、设备制造商、开发商和其他第三方结成了深层次的合作伙伴关系，希望通过建立标准化、开放式的移动电话软件平台，在移动产业内形成一个开放式的生态系统。Android 作为 Google 企业战略的重要组成部分，将进一步推进"随时随地为每个人提供信息"这一企业目标的实现。目前 Android 操作系统的最新版本为谷歌公司 2011 年 7 月 13 日发布的新版"蜂巢（3.2）"版本。

（一）Android 操作系统的发展

Android 操作系统的诞生与历史事件如图 4-4 所示。

● 2007 年 11 月 5 日，开放手机联盟宣布 Android 操作系统诞生。

● 2008 年 8 月 28 日，谷歌发布 Android Market，允许安装了 Android 系统的手机和平板电脑用户从 Android Market 浏览和下载应用程序，并为用户提供购买或免费试用这些应用程序的服务。

● 2008 年 9 月 23 日，德国 T-Mobile 在纽约正式发布第一款 Android 手机——T-Mobile G1。该款手机为台湾宏达电子（HTC）代工制造，是世界上第一部使用 Android 操作系统的手机，支持 WCDMA/HSPA 网络，理论下载速率 7.2Mb/s，并支持 WiFi。

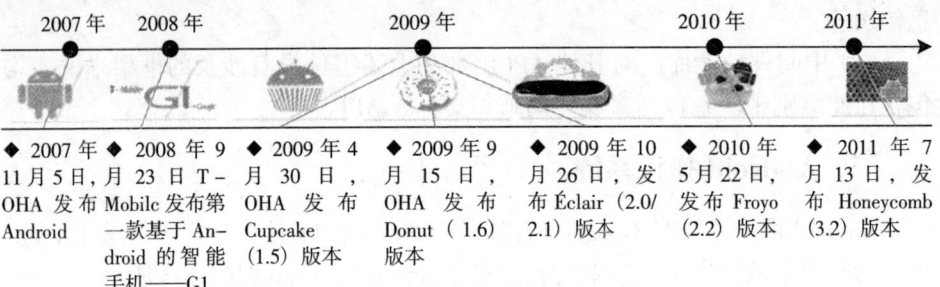

| 2007年11月5日，OHA发布Android | 2008年9月23日，T-Mobile发布第一款基于Android的智能手机——G1 | 2009年4月30日，OHA发布Cupcake（1.5）版本 | 2009年9月15日，OHA发布Donut（1.6）版本 | 2009年10月26日，发布Éclair（2.0/2.1）版本 | 2010年5月22日，发布Froyo（2.2）版本 | 2011年7月13日，发布Honeycomb（3.2）版本 |

图4-4 Android操作系统的发展进程

● 2009年10月26日，正式发布了Éclair（2.0/2.1）版本，能够优化硬件速度，适用更多屏幕以及分辨率选择，大幅度地改良用户界面，支持Exchange活动墙纸。

● 2010年1月，索尼爱立信首款Android机型X10上市。同月7日，Google在其美国总部正式向外界发布了旗下首款合作品牌手机Nexus One（HTC G5），并同时开始对外发售。

● 2010年5月22日，发布Froyo（2.2）版本，可以支持完整的Flash 10.1、v8的Chrome浏览器；新增无线网路/USB共享功能；Android软件自动更新功能；与iTunes及Windows Media进行同步。

● 2010年7月9日，美国NDP集团调查显示，Android系统已占据了美国移动系统市场28%的份额。

● 2011年7月13日，发布Honeycomb（3.2）版本，合作厂商摩托罗拉也在当日发布了针对旗下XOOM平板电脑的升级固件，为用户更新新版系统。该版本操作系统开始支持7英寸设备，并引入了应用显示缩放功能，可以让那些针对手机开发的应用更平滑地显示在平板电脑上。

Android操作系统的版本升级历程中，每个版本所代表的"甜点"的尺寸逐步变大，所适用的屏幕尺寸与分辨率的选择加大，提供的服务接口增多，并且逐步可同时兼容手机和平板电脑等多种移动终端设备。

Android系统在中国的发展主要是针对Android系统的二次开发上，目前以Android系统源码为基础，再深度定制改版而成的操作系统主要有中国移动的Ophone、联想的乐Phone、阿里云手机操作系统等。根据ZDC（互联网消费调研中心）的统计，截至2011年6月，中国智能手机市场Android操作系统手机用户关注比例增长至50.3%，已占据半壁江山，超越诺基亚Symbian系统成为中国智能手机市场上最受用户关注的智能操作系统。

（二）Android 操作系统的特点

1. 开放性

Android 操作系统的优势首先表现其开放性，是一个完全开发、开源的自由式系统。开放的平台允许任何移动终端厂商加入到 Android 联盟中来。显著的开放性可以使其拥有更多的开发者，应用程序也可以并行运行，用户可以方便快捷地获得更多的应用程序。

Android 系统发布不到一年，就有 HTC Sence、MOTO Blur 等众多优秀的自定义 UI 相继面世，这不仅仅丰富了用户体验，同时对于厂商们也是最好宣传自己品牌理念的平台。

Android 开发者拥有更多的自由，可以对地址簿以及基本界面等手机本身的功能进行修补。Android 还将突破手机领域，并拓展到平板电脑以及其他一些尚未被设想出来的产品中。正如"Android 之父"安迪·鲁宾所说，"Android 的前景并不限于一种设备，我们将看到 Android 被用于一些未曾设想的设备"。

2. 丰富的硬件选择

Android 操作系统的开发性，允许任何移动终端厂商加入到 Android 联盟中，催生了一股基于该平台的应用商店热潮。在谷歌一直秉持的"开放性"理念下，众多的厂商涌入 Android 应用商店，开发者所开发的程序可以方便地上传到应用商店并获得用户的认可。Android 的开放性对开发者具有无可比拟的吸引力，从而能够不断丰富"Android Market"上提供的各具功能特色的应用产品。比如摩托罗拉的"智件园"，甚至连亚马逊都推出了针对 Android 设备的应用商店。

3. 不受任何限制的开发商

Android 平台提供给第三方开发商一个十分宽泛、自由的环境。因此不会受到各种条条框框的阻挠，众多新颖别致的软件由此诞生。

但是 Android 对开发商的宽松政策也具有两面性，对血腥、暴力等方面的程序和游戏的有效控制仍有待 Android 解决。

4. 无缝结合的 Google 应用

Android OS 作为谷歌和 OHA 的共同开发的移动终端操作系统，能够与 Google 众多的优秀服务进行无缝结合，如同站在 Google 这个搜索巨人的肩膀上，充分利用 Google 的地图、邮件、搜索等服务，将移动终端和互联网紧密地联系在一起。

（三）Android 操作系统的基本架构

Android 的系统架构和其操作系统一样，采用了分层的架构。从架构看，Android 分为四个层，从高层到低层分别是应用程序层、应用程序框架层、系统运行库层和 Linux 核心层。

1. 应用程序层

Android 会同一系列核心应用程序包一起发布，该应用程序包包括 E-mail 客户端、SMS 短消息程序、日历、地图、浏览器、联系人管理程序等。所有的应用程序都是使用 JAVA 语言编写的。

2. 应用程序框架层

开发人员也可以完全访问核心应用程序所使用的 API 框架。该应用程序的架构设计简化了组件的重用；任何一个应用程序都可以发布它的功能块，并且任何其他的应用程序都可以使用其所发布的功能块（不过得遵循框架的安全性限制）。同样，该应用程序重用机制也使用户可以方便地替换程序组件。

隐藏在每个应用后面的是一系列的服务和系统，其中包括：

（1）丰富而又可扩展的视图（Views），可以用来构建应用程序，它包括列表（Lists）、网格（Grids）、文本框（Text Boxes）、按钮（Buttons），甚至可嵌入的 Web 浏览器。

（2）内容提供器（Content Providers）使得应用程序可以访问另一个应用程序的数据（如联系人数据库），或者共享它们自己的数据。

（3）资源管理器（Resource Manager）提供非代码资源的访问，如本地字符串、图形和布局文件（Layout Files）。

（4）通知管理器（Notification Manager）使得应用程序可以在状态栏中显示自定义提示信息。

（5）活动管理器（Activity Manager）用来管理应用程序生命周期并提供常用的导航回退功能。

3. 系统运行库层

（1）程序库。Android 包含一些 C/C++库，这些程序库能被 Android 系统中不同的组件使用。它们通过 Android 应用程序框架为开发者提供服务。以下是一些核心库：

● 系统 C 库——一个从 BSD 继承来的标准 C 系统函数库（Libc），它是专门为基于 Embedded Linux 的设备定制的。

● 媒体库——基于 PacketVideo OpenCORE，该库支持多种常用的音频、视频格式回放和录制，同时支持静态图像文件。编码格式包括 MPEG4、H.264、MP3、AAC、AMR、JPG、PNG。

● Surface Manager——对显示子系统的管理，并且为多个应用程序提供了 2D 和 3D 图层的无缝融合。

● LibWebCore——一个最新的 Web 浏览器引擎用，支持 Android 浏览器和一个可嵌入的 Web 视图。

● SGL——底层的 2D 图形引擎。

● 3D libraries——基于 OpenGL ES 1.0 APIs 实现，该库可以使用硬件 3D 加速（如果可用）或者使用高度优化的 3D 软加速。

● FreeType——位图（Bitmap）和矢量（Vector）字体显示。

● SQLite——一个对于所有应用程序可用，功能强劲的轻型关系型数据库引擎。

（2）Android 运行库。Android 包括了一个核心库，该核心库提供了 Java 编程语言核心库的大多数功能。

每一个 Android 应用程序都在它自己的进程中运行，都拥有一个独立的 Dalvik 虚拟机实例。Dalvik 被设计成一个设备，可以同时高效地运行多个虚拟系统。Dalvik 虚拟机执行（.dex）的 Dalvik 可执行文件，该格式文件针对小内存使用做了优化。同时，虚拟机是基于寄存器的，所有的类都经由 JAVA 编译器编译，然后通过 SDK 中的"dx"工具转化成.dex 格式由虚拟机执行。

Dalvik 虚拟机依赖于 Linux 内核的一些功能，比如线程机制和底层内存管理机制。

4. Linux 内核层

Android 的核心系统服务依赖于 Linux 2.6 内核，如安全性、内存管理、进程管理、网络协议栈和驱动模型。Linux 2.6 内核也可同时作为硬件和软件栈之间的抽象层。

三、Windows Mobile 操作系统

Windows Mobile 系列操作系统是在微软计算机的 Windows 操作系统上变化而来的，因此，它们的操作界面非常相似，熟悉计算机 Windows 系列操作系统的用户可以很容易学会 Windows Mobile 手机的操作，Logo 如图 4-5 所示。

图 4-5　Windows Mobile 的 Logo

Windows Mobile 家族主要包括掌上计算机（Pocket PC）、智能手机（Smart

Phone)、便携式娱乐中心（Media Center）三种，掌上 Windows 计算机又根据是否有电话模块分为掌上计算机普通版和掌上计算机电话版。

（1）掌上计算机（Pocket PC）主要的特点是以数据处理为中心，继承了以前 PDA 设备的特点，并能方便地处理邮件，Pocket PC 还带有触摸屏以及可选的完整键盘，非常适合商业应用。掌上计算机通常使用 32~128MB 内存，使用 200~600 MHz 的 CPU，能提供流畅的电影播放、幻灯片浏览、文字处理和游戏等。而且，这些能力还在不断提高，在 Windows Mobile 6.0 中，系统支持最高 2GB 的内存。

（2）掌上计算机电话版（Pocket PC Phone）在掌上计算机上增加了手机模块，并安装了拨号应用程序，这样在掌上计算机上能完成所有手机的功能，包括电话、短信、彩信服务。

（3）智能手机主要的特点是以语音为中心，以电话功能为主，提供键盘和操纵杆输入，所有的功能都能优化为单手操作。智能手机能将数据存储在闪存中，内存都在 16~32MB，CPU 相对于掌上计算机也较低，使用 130~200 MB 的 CPU。基于 Windows Mobile 5.0 的智能手机也可以支持触摸屏。智能手机和掌上计算机电话版是典型的 3G 移动终端实例。

（4）便携式娱乐中心主要的特点是以娱乐为中心，配备专门的多媒体设备。有优化的用户界面，但没有触摸屏，通过指定的功能键操作，使用方法和电视操作相似。而且提供视频输出能力，能轻松地与电视、音响等家用电器进行互联。

所有的 Windows Mobile 系列都是以移动消息为中心的，提供了 Microsoft Outlook Mobile 软件，通过这些设备可以轻松地收发邮件、短信以及彩信。对于 Pocket PC 来说，里面还预安装了 Word Mobile、Excel Mobile 及 PowerPoint Mobile，使得用户可以在手机上处理工作。而且 Windows Mobile 设备都支持多媒体，都内置安装了多媒体播放软件 Media Player 以及 Pocket Internet Explorer 浏览器软件。Windows Mobile 是一个开放的手持设备系统平台，程序开发人员可以轻松地在 Windows Mobile 上开发用户应用，用户可以自由地安装或删除 Windows Mobile 上的应用，具备非常好的平台扩展性。

四、Mac OS X 操作系统

（一）Mac OS X 操作系统

Mac OS 是一套运行于苹果 Macintosh 系列电脑上的操作系统，是首个在商用领域成功的图形用户界面，终极版本是 Mac OS 9。

Mac OS X 结合 BSD Unix、OpenStep 和 Mac OS 9 的元素，是一种综合技术

的产物。绚丽多彩的用户界面，具备了如半透明、阴影等视觉效果。这些效果，连同在个人电脑上看到的最清晰图形，都可以利用苹果公司专门为Mac OS X开发的图形技术来获得。

（二）Mac OS X 操作系统的特点

1. 全屏模式

在 Mac OS X 中，所有的应用程序均可在全屏模式下运行。这种用户界面将极大简化电脑的使用，它将使用户获得与 iPhone、iPod Touch 和 iPad 用户相同的体验，能帮助用户更为有效地处理任务。这并不意味着窗口模式将消失，而是表明在未来有可能实现完全的网格计算，iLife 11 的用户界面也表明了这点。

但网格计算也会产生一些问题，用户可能不方便在不同的任务间高效、毫不混淆地进行切换。从今天的演示来看，苹果或许已经找到了一个巧妙的方法——触摸手势任务控制。

2. 任务控制

任务控制整合了 Dock 和控制面板，并可用窗口和全屏模式查看各种应用。

快速启动面板的工作方式与 iPad 完全相同。它以类似于 iPad 的用户界面显示电脑中安装的所有应用程序，并通过 App Store 进行管理。快速启动面板简化了操作，用户可以通过滑动鼠标在多个应用图标界面间切换。与网格计算一样，它的计算体验以任务本身为中心。

3. 快速启动面板

目前取消 Finder 还为时过早，它很有可能将继续存在一段时间。但它最终可能会消失，文件管理将由数据库负责，所有应用可在数据库中分享图片、音乐、文本、PDF 文件及笔记本上存储的其他内容。事实上，如果 Spotlight 速度更快，表现更好，文件夹完全可以被取消。但是某些高端用户可能更喜欢用文件夹树状目录管理应用程序。

4. Mac App Store 应用商店

Mac App Store 的工作方式与 iOS 系统的 App Store 完全相同。它们具有相同的导航栏和管理方式。当用户从该商店购买一个应用后，Mac 电脑会自动将它安装到快速启动面板中，这意味着用户无须对其应用进行管理。对高端用户而言，这可能是件费力不讨好的事情；对于普通用户而言，即使利用 Mac 电脑的拖放系统，安装应用程序仍有可能是一件很困难的事情。

（三）Mac OS X 操作系统的基本架构

Mac OS X 系统架构由内向外可以分为核心层、图像层、应用层和界面层，各层所包含的内容如图 4-6 所示。

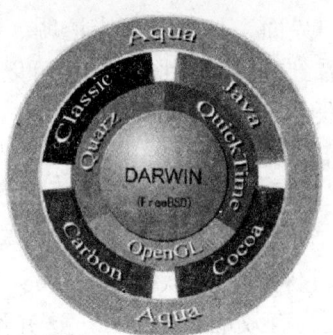

图 4-6　Mac OS X 系统架构

1. 核心层

Mac OS X 的基础是优质的，基于 UNIX 内核的操作系统，通常称为 Darwin。Darwin 是一个开放源码技术，能为用户带来前所未有的稳定性与强大性能，如内存保护、抢先多任务功能、先进的内存管理、对称多处理功能以及即插即用设备支持等。

这些都将使 Mac 机的反应更灵敏、速度更快捷、运行更可靠。因为 Darwin 的设计是高度模块式的，所以可以动态添加如设备驱动程序、网络扩展和新文件系统。

2. 图像层

图像层包含 Quartz、OpenGL 和 QuickTime 这三项技术，它们使 Mac OS X 的图形图像性能远远超出了以往任何一种桌面操作系统。Apple 推出的内置支持 PDF 的 Quartz2D 图像引擎，可以对 PDF 文件迅速进行修改、防失真及合成处理，使用 Mac OS X 任何应用程序均可创建忠实于原创的图形图像。Quartz 同时支持 TrueType、Type 1 及 OpenType 字体，并带有一个包含经典、现代以及趣味字体的字符库。而 OpenGL 可为专业的基于 3D 的应用程序以及业界领先的游戏提供优质的 3D 图形图像性能。同时，为了方便下一代的视频、音频流的应用，Mac OS X 还包含了支持 MPEG-4 视频和 AAC 音频的重要数字媒体技术——QuickTime。

3. 应用层

Cocoa 应用环境专为只在 Mac OS X 系统下运行的应用程序而设计。它能够最充分地利用 Mac OS X 中的各种资源，通过使用 Cocoa 可以创建先进的 Aqua 接口，还可以将 UNIX 和其他操作系统平台的应用程序快速移植到 Mac OS X 系统中，同时保留大多数现存核心代码。

Carbon 应用环境允许开发人员使用最简单的传统 C 语言接口。创建 Mac

OS X 应用程序使用 Carbon，既可以充分利用 Mac OS X 系统的特点、性能和可靠性，又能保持与以前的 Mac OS 系统相兼容。

Classic 应用环境则允许用户在 Mac OS X 系统中运行 Mac OS 以前版本系统中大部分的应用程序。Mac OS X 10 系统集成了 Java 2 标准版，成了开发和布置 JAVA 应用程序的首选系统。在 Mac OS X 10 上开发和配置的 Java 应用程序可以自动利用多个 G4 处理器，无须开发人员做额外工作。

4. 界面层

Mac OS X 拥有一个新用户界面——Aqua。这一突破性的界面可以为专业人士提供强大的个性化工具，同时对于在 Mac 机上进行工作或是娱乐的初级用户也更加直观，易于掌握。Aqua 具备许多帮助用户提高工作效率的功能。其中，Dock 和 Finder 能够帮助用户轻松地管理、驾驭系统，轻易地访问最常用的应用程序、文件夹、最小化的窗口以及系统预置。

五、主流操作系统的比较

本节对当前主流的四种移动终端操作系统的发展、特点和基本架构进行了介绍，其相互之间的特点比较如表 4-1 所示。

表 4-1 主流操作系统比较

	Symbian 3 (Nokia)	Android 2.2 (Google)	Windows Phone 7 (Microsoft)	Mac OS X (苹果)
平台	开放	开放	封闭	封闭
源代码	开放	开放	封闭	封闭
UI	①支持多点触摸 ②多桌面系统：对不同的 Widget 进行分组	①支持多点触摸 ②拥有更多桌面插件，在操作上更加简便和快捷 ③拨号界面按键更大，易于操作	①界面外观简洁 ②支持多点触摸 ③包括一个 Zune 功能，用户操作查找信息更加方便	①用户可自行定义 UI 界面 ②支持程序分类功能 ③Home 键应用
应用	①改进网络模块，支持高质量音视频流媒体 ②支持 HDMI ③QT4.6 应用框架 ④重新架构图形硬件加速，支持高级图层和图片特效	①全新的 JIT 编译器 ②新的 Linux 内核，支持更大 RAM ③增强支持 OpenGL ES 2.0 ④支持无线路由（AP） ⑤支持 Flash 10.1 ⑥修复多点触摸传感器的问题 ⑦激活轨迹球闪光色彩设置 ⑧Android Market	①Office 办公元素 ②Xbox 游戏功能 ③内嵌社交功能 ④整合的 Sharepoint 功能完全能满足企业用户的需求 ⑤专属的网上软件商店——Marketplace	①支持多任务处理 ②统一了多个邮箱的收发件功能 ③iBooks ④更多的企业功能 ⑤Mac App Store 应用商店

移动终端

第三节　移动终端操作系统运行环境

目前，随着人们对移动业务需求的提高和无线通信网络的发展，设备制造商、运营商、网络服务商、内容提供商，尤其是用户都希望找到一种能够定制移动终端业务的解决方案。中间件系统能够帮助人们建造一个可扩展的、可定制的设备，从而为第三方的提供商和开发人员提供支持。

一、操作系统与运行环境

运行环境（也称作中间件软件）：中间件是一种独立的系统软件或服务程序，分布式应用软件借助中间件在不同的技术之间共享资源，中间件位于客户机服务器的操作系统之上，管理计算资源和网络通信。

1. 运行环境与操作系统的联系——承载关系

运行环境是基于操作系统/核心软件之上的一个软件，同一个运行环境（如JAVA）需要通过适配不同的操作系统/核心软件，才能向应用提供统一的核心功能和接口。运行环境所能提供的核心功能都是操作系统/核心软件所具备的，如图4-7所示。

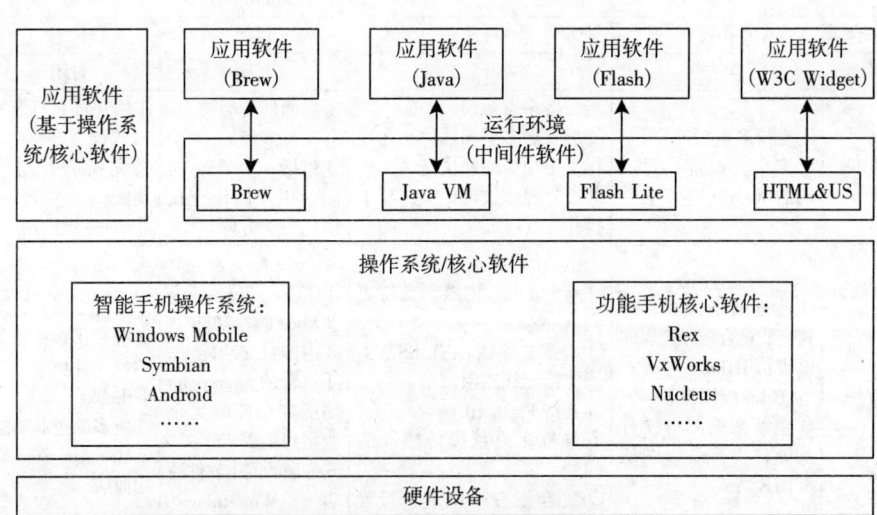

图4-7　操作系统与核心软件

2. 操作系统与运行环境的区别

运行环境所能提供的核心功能和接口是操作系统/核心软件所能提供的子集。核心功能和接口具有统一性：

（1）运行在不同操作系统之上的同一个运行环境为应用软件提供的功能和接口是统一的。同一个运行环境为应用开发提供统一、标准的开发接口，有效实现应用的一次开发，并在不同操作系统上运行。

（2）不同的操作系统为应用软件提供的功能和接口是不同的。

二、操作系统与运行环境的开发差异

1. 基于运行环境上的开发优势

（1）跨平台性：基于运行环境开发的应用软件能在各种不同类型的手机操作系统/平台上顺畅运行。

（2）可复用性：应用软件在同一运行环境上一次开发，可在不同手机操作系统/平台上运行。但要针对不同类型（如触摸和键盘手机）的手机进行适量的适配。

2. 基于运行环境上的开发

（1）局限于运行环境与底层能力接口的适配，无法执行复杂的运算和操作。

（2）执行效率没有直接运行在操作系统/核心软件之上高效。

基于操作系统与运行环境上的开发特点如表4-2所示。

表4-2 基于操作系统与运行环境上的软件开发特点

开发类型	选择因素
运行环境上开发	①运行环境提供的接口足以满足大部分应用软件的功能需求 ②只需要通过运行环境调用通用核心功能的应用软件 ③对UI展现要求较高，但对功能实现要求较低的应用软件
操作系统上开发	①应用软件需要，但运行环境无法提供相应核心功能接口 ②需要运行效率高的应用软件 ③需要调用手机底层软件或硬件能力的应用软件

三、中间件技术的发展趋势分析

中间件是伴随着网络应用的发展而逐渐成长起来的技术体系。最初的中间件发展驱动力是需要有一个公共的标准的应用开发平台来屏蔽不同操作系统之间的环境和API差异，也就是所谓操作系统与应用程序之间"中间"的这一层叫中间件。但随着网络应用的需求，解决不同系统之间的网络通信、安全、事务的性能、传输的可靠性、语义的解析、数据和应用的整合这些问题，变成中间件的更重要的驱动因素。因此，相继出现了解决网络应用的交易中间件、消息中间件、集成中间件等各种功能性的中间件技术和产品。现在，中间件已经成为网络应用系统开发、集成、部署、运行和管理必不可少的工具。由于中间件技术涉及网络应用的各个层面，涵盖从基础通信、数据访问到应用集成等众多的环节，因此，中间件技术呈现出多样化的发展特点。

传统中间件在支持相对封闭、静态、稳定、易控的企业网络环境中的企业计算和信息资源共享方面取得了巨大成功，但在新时期以开放、动态、多变的互联网（Internet）为代表的网络技术冲击下，还是显露出了它的固有局限性，如功能较为专一化，产品和技术之间存在着较大的异构性，跨互联网的集成和协同工作能力不足，僵化的基础设施缺乏随需应变能力等，在互联网计算带来的巨大挑战面前显得力不从心，时代要求新的技术变革。

中间件技术的发展方向，将聚焦于消除信息孤岛，推动无边界信息流，支撑开放、动态、多变的互联网环境中的复杂应用系统，实现对分布于互联网之上的各种自治信息资源（计算资源、数据资源、服务资源、软件资源）的简单、标准、快速、灵活、可信、高效能及低成本的集成、协同和综合利用，提高组织的IT基础设施的业务敏捷性，降低总体运维成本，促进IT与业务之间的匹配。中间件技术正在呈现出业务化、服务化、一体化和虚拟化等诸多新的重要发展趋势。

第四节　移动终端操作系统的市场

移动商务时代的来临，直接促进了搭载智能操作系统、具有强大扩展性的智能手机、平板电脑等移动终端产业的蓬勃发展。来自美国最大的风险投资机构 KPCB 的数据显示，全球智能手机出货量正在以远高于台式电脑、笔记本电脑出货量的速度快速增长，该机构预计 2011 年全球智能手机出货量将达到 4.13 亿部，超过台式电脑与笔记本电脑出货量的总和。

搭载 Android 操作系统的智能手机目前已经成为市场上最炙手可热的智能产品。来自美国市场研究机构 Gartner 的数据显示，Android 操作系统所占的市场份额从 2008 年的 0.5% 急剧增长到 2010 年的 22.7%，先后超过微软的 Windows Mobile 及苹果的 iOS，仅落后于诺基亚 Symbian。如图 4-8 所示。

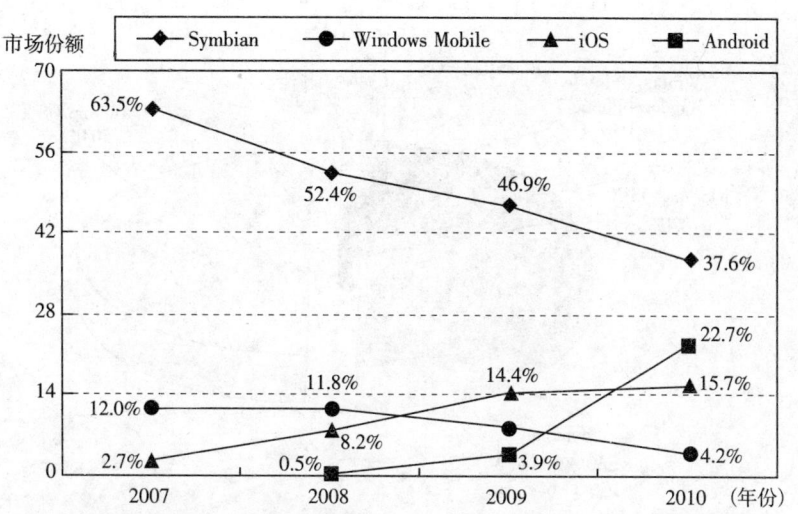

图 4-8　2007~2010 年全球智能手机市场主要操作系统所占市场份额走势
资料来源：互联网消费调研中心（ZDC），2011.06.

　　开放的源代码和零成本已经让 Android 在全世界范围内受到青睐并迅速获得了主要手机厂商和数百万软件开发者的支持，Gartner 估计，2011 年 Android 系统的市场份额超过 Symbian，从而成为全球第一大智能手机操作系统。

　　ZDC 统计数据同样显示出了 Android 智能手机市场快速的增长速度。2010 年上半年，在中国智能手机市场上，Android 堪称成长最快的一朵奇葩。2011 年 1 月，中国智能手机市场搭载 Android 操作系统的智能手机产品数量仅为 141 款，同年 6 月这一数据已经达到 223 款，增长了 82 款，涨幅达 58.2%。

　　2011 年 7 月，中国智能手机市场在 Android 阵营主导品牌 HTC、三星、摩托罗拉众多产品价格下调的影响下，Android 系统智能手机的用户关注热度再度上升，达到 50.0%，独占半壁江山。诺基亚 Symbian S60/Symbian^3 系统关注度则保持在三成左右。其他系统产品关注度均相对较低，在 10% 以下。如图 4-9 所示。

　　随着技术和科技的日新月异，移动终端操作系统不断更新，形成了群雄割据的局面。而近几年，以开放为主要表现的 Android OS 快速成长并占据半个操作系统市场，显示出开放系统开始被更多的用户和厂商所关注和使用，也是未来移动终端操作系统的一个发展趋势。

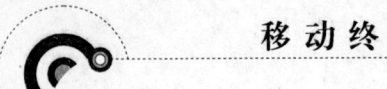

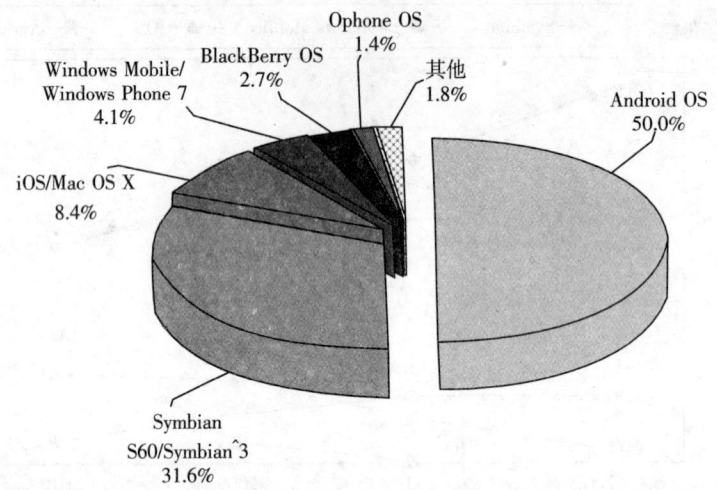

图4-9　2011年7月中国智能手机市场不同操作系统产品关注比例分布
资料来源：互联网消费调研中心（ZDC），2011-08。

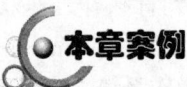

Windows8 杀入移动终端必胜的六大理由

2011年9月14日，传说中的Windows8在微软Build Conference大会上亮相。

一、Windows的品牌号召力

目前，各种不同版本的Windows在全球数十亿台PC运转着，在品牌号召力上，任何竞争对手恐怕都望尘莫及。事实上，目前包括三星、戴尔、惠普、宏碁等在内的企业都在计划将Windows8导入PC、平板电脑，甚至智能手机及智能电视上。当然，对于微软来说，这么多年来对这种众星捧月的待遇似乎也习以为常了。

二、前所未有的投入及妥协

作为微软的里程碑式产品，Windows8寄托了微软在移动终端市场的深切期望。相比2008年Windows7所动用的25个开发团队及逾千名程序员，Windows8增加了整整10个开发团队，豪华阵容和巨额预算应该衬得上微软的身价。新的团队组合主攻应用程序及设备兼容性、用户体验以及交互界面改良等，而上述三要素则恰好是当前移动终端领域最为核心的技术战略要地。此外，为了Windows8，微软第一次向ARM低头。

三、来得早不如来得巧

业界有评论称Windows8来得太晚。但是，在笔者看来，微软此刻推出Windows8生逢其时。我们看看吧，诺基亚彻底放弃MeeGo，惠普则宣布放弃Web OS，RIM被收购的传闻四起，移动终端操作系统格局初见端倪，iOS、Android双雄争霸正酣，双方专利大战一触即发。此刻，Windows8的推出对于迷惘及恐惧的开发者来说可谓雨后甘霖；对于大众消费者来说，Windows8也是一个值得期待的第三者。

四、四屏合一

众所周知，微软现在仍牢牢占据PC市场，Windows占领了我们桌面的电脑显示屏；在电视屏上，Xbox360已经成为电视游戏市场三强之一。其余的两个屏幕，一个是平板屏幕，一个是手机屏幕，正等待Windows8的占领。不难看出，未来微软可以利用Windows8构架一个由显示屏、电视屏、手机屏和平板屏构成的庞大的四屏战局。事实上，笔者以为，微软的最大优势就是其操作系统的集成性，Windows8最终必将打通这四个终端底层。

五、巨大的企业级应用需求

黑莓PlayBook、思科Cius试图在企业级市场挑战iPhone、iPad，但是因为各种原因无功而返。当Windows8到来之时，情况会发生翻天覆地的变化，企业主会发现，企业之前基于Windows开发的应用程序可以轻松转移到Windows8，同时，企业雇员对于Windows8的使用障碍也近似于零。不难想象，巨大的企业级应用将成为Windows8在移动终端市场的重大利基。

六、所向披靡的专利利器

为了给Windows8铺路，微软申请了Charms和多项触控技术专利。2011年9月28日，微软宣布与三星达成交叉授权协议。协议规定，三星将为售出的每部Android智能手机和平板电脑向微软支付授权费。越来越多的Android设备厂商将和微软在移动终端领域展开合作。

资料来源：李易. Windows8杀入移动终端必胜的六大理由 [J]. 中国经济和信息化, 2011（10）.

问题讨论：

1. 谈谈Windows8的特点。
2. 思考移动终端操作系统的市场格局和发展趋势。

本章小结

本章主要介绍了移动终端设备的灵魂——操作系统。通过对Symbian OS、

Android OS 等主流操作系统的发展、特点和基本架构的介绍，对移动终端操作系统进行了初步的讲解。通过对四类主流操作系统的比较和运行环境的介绍，进一步分析了当前终端操作系统的市场格局和发展趋势。

通过对本章的学习，要求能够正确认识移动终端操作系统对终端设备和移动商务的影响作用，能够准确掌握各类主流操作系统的基本特点和操作系统的市场格局。

1. 简述移动终端操作系统的基本功能。
2. 列举当前主流的移动终端操作系统和特点。
3. 简述操作系统与运行环境的联系与区别。
4. 简述操作系统与运行环境下的开发差异。
5. 分析移动终端操作系统当前的市场格局和成因，并探讨移动终端操作系统的需求和未来发展方向。

第五章

移动终端关键硬件

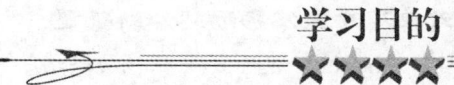

知识要求 通过本章的学习，掌握：

- 移动终端的主要硬件组成
- 移动终端主要硬件的基本知识和性能参数
- 移动终端的主要芯片种类和每类芯片的特点
- 移动终端的主要性能参数以及触摸屏的基础知识
- 移动终端的主要存储卡类型和特点
- 各类移动终端的接口功能

技能要求 通过本章的学习，能够：

- 清楚掌握移动终端各个关键硬件的功能和特性
- 正确分析每种关键硬件的分类方式
- 了解移动终端的硬件组成

1. 本章主要介绍了移动终端的关键硬件，包括芯片、屏幕、电池、存储卡和端口。每一个关键硬件都是移动终端设备的必要组成部分并具有特定的功能。芯片是移动终端的核心，屏幕是移动终端与用户沟通的重要显示部件，电池是移动终端运行的能量基础，存储卡为移动终端的数据和软件提供存放空间，各类接口则是移动终端与各类外部设备进行连接必要渠道。通过本章的学习，对移动终端的硬件结构进行一次细致全面的解剖认识，并掌握各个硬件设

移动终端

备如何共同实现移动终端的功能。

2. 学习方法：掌握基本概念，抓住移动终端各个硬件的特征和功能特点，从而对移动终端的硬件构成和功能实现有深入的认识。能够通过对移动终端每个组件的认识学习和技术发展，把握移动终端设备的运行方式。

3. 建议学时：4学时。

 引导案例

Marvell：全球制式单芯片激发移动终端新机遇

2011年9月初，美满电子科技（Marvell）发布了其在移动终端芯片领域的最新突破性技术——Marvell PXA 1800系列单芯片LTE"全球制式"通信处理器。这款可应用到多种高性能、低功耗的互联设备中（智能手机、平板电脑、笔记本电脑、汽车电子、机顶盒和电视等）的单芯片最大特点是整合了最新FDD LTE、TD-LTE、HSPA+、WCDMA、TD-SCDMA及EDGE等多个标准，可在全球范围内实现最高的数据传输速率。

这一款"全球制式"通信处理器的推出，是Marvell推动行业革新的又一重大突破。作为TD-SCDMA技术的领导厂商，Marvell已经向中国这一全球最大的移动通信市场交付了一系列高性价比、先进的智能电子设备，包括智能手机、平板电脑和无线路由器。

一、面向LTE提升芯片灵活度

在LTE的演进趋势下，移动网络基础架构会大量扩展，以满足不断增长的视频流媒体和数据流量的需求，Marvell创新的LTE技术除了支持"全球制式"，其可支持的下行速率也已经到达150Mb/s。此外，Marvell LTE还支持Release 9波束成形等功能，极大地增强了终端感知无线信号和接收能力。据悉，在无线频段上，Marvell LTE技术除了支持TD-LTE/FDD-LTE配置，还具备以及SISO（单发单收）和MIMO（多发多收）等先进技术，这些都为满足全球日益增长的移动数据市场需求提供了极大灵活性。

Marvell全球副总裁Ivan Lee称，"在LTE项目上，Marvell已经开发好多年，在TD-LTE方面，Marvell和其他公司做法不太一样的是，首款LTE方案就不是单模产品，而是同时支持TDD和FDD两种制式，同时也兼顾了对TD-SCDMA、WCDMA的支持。Marvell之所以可以做到支持全球模式，是因为从2G到3G再到演进中的4G，Marvell在技术上都有多年的积累"。

在芯片成熟度直接关系移动互联产业发展速度的当前，"全球制式"芯片解决方案以非常低的实施成本提供了超高的技术性能和非常大的灵活度。Marvell

联合创始人戴伟立女士表示,"全球制式"通信处理器的广泛部署,将减轻当前3G网络的压力,而且将为全球20多亿新用户的潜在市场带来前所未有的服务。

二、加速TD产业发展

此前,Marvell在近期的主打产品单芯片中集成了先进的R8 WCDMA HSPA+(下行42Mb/s)和R8 TD-SCDMA HSPA+(下行8.4Mb/s)技术,以确保消费者在任何一个地方,无论使用何种设备,都能以非常高的速度获得其需要的数据。

Marvell在TD智能手机芯片、单芯片上的一系列创新,直接推动了TD产业链的进一步成熟。进军TD产业之前,Marvell于2005年收购了UT斯达康的芯片设计部门,2006年收购了Intel的Xscale手机芯片业务。2009年,Marvell成功推出TD业内首款单芯片解决方案PXA920。PXA920的家族产品PXA918和PXA920H都极大地丰富了TD单芯片阵营,满足了从低端到中高端不同的市场需求和产品定位,对TD智能机产品的多样化起到了举足轻重的作用,并极大地推动了TD终端智能化和大众化。TD技术的频谱效率优势,也是Marvell看中TD产业发展的另一大考虑。同时,在手机功耗上,TD制式也显现出比WCDMA更明显的优势。

三、发挥产业链影响力

在TD单芯片方案受到了国内外众多知名手机厂商的青睐的同时,Marvell积极利用自己在国际市场的影响力,说服多家国际手机品牌加盟TD阵营,进而陆续有数十家国内外知名手机品牌厂商选择与Marvell合作。

正是看重Marvell对国际知名厂商的带动作用,中国移动在Marvell加入中国TD市场后就给予了高度的重视和极大的支持。中国移动研究院院长黄晓庆对Marvell单芯片解决方案给予了非常高的评价。他表示:"Marvell率先推出了TD多核单芯片,实现了TD终端和芯片性能的有力提升,有助于大量推广TD智能终端和实现千元OPhone。Marvell对TD终端和芯片产业做出的贡献非常值得肯定。"

Marvell联合创始人戴伟立女士表示:"我期待着,在不久的未来,消费者将可以带他们漫游到任何地方,选择任意的设备,无间断地访问所有数据业务、应用甚至全球性的云服务。Marvell的全球工程师团队完成了这项开创性的工作,令我深感自豪;同时,我也为我们的客户将利用这一功能多样、价格实惠的新技术开发大量令人期待的应用而感到无比激动。"

资料来源:鲁义轩. Marvell:全球制成单芯片激发移动终端新机遇[J]. 通信世界,2011(3).

移动终端

问题：
1. 终端芯片技术对移动终端有什么意义？
2. 硬件芯片如何能为整个移动终端产业创造价值？

第一节　移动终端芯片

一、基本知识

芯片，亦指 IC，是在硅板上集合多种电子元器件实现某种特定功能的电路模块。集成的电子元器件可承担运算和存储的功能，是众多电子设备的重要组成部分。

移动终端芯片是移动终端设备的重要组成部分，更是移动终端应用功能实现的核心器件。如果把终端设备的处理器比喻为整体设备系统的心脏，那么主板上的芯片组就是整个身体躯干。现代移动终端设备是集通信、计算和存储等多种功能于一身的，同时配有 CPU、显卡、内存和硬盘等，这些都集成在一枚小小的芯片之上。

（一）ARM 架构

1. ARM 芯片概述

ARM 公司自 1990 年正式成立以来，在 32 位 RISC（Reduced Instruction Set Computer）CPU 开发领域不断取得突破，其结构已经从 V3 发展到 V6。由于 ARM 公司自成立以来，一直以 IP（Intelligence Property）提供者的身份向各大半导体制造商出售知识产权，而自己从不介入芯片的生产销售，加上其设计的芯核具有功耗低、成本低等显著优点，因此获得众多的半导体厂家和整机厂商的大力支持，在 32 位嵌入式应用领域获得了巨大的成功，目前已经占有 75% 以上的 32 位 RISC 嵌入式产品市场，在低功耗、低成本的嵌入式应用领域确立了市场领导地位。现在设计、生产 ARM 芯片的国际大公司已经超过 50 多家，国内中兴通讯和华为通讯等公司也已经购买 ARM 公司的芯核，用于通信专用芯片的设计。

目前非常流行的 ARM 芯核有 ARM7TDMI、StrongARM ARM720T、ARM9TDMI、ARM922T、ARM940T、RM946T、ARM966T、ARM10TDMI 等。自 V5 以后，ARM 公司提供 Piccolo DSP 的芯核给芯片设计者，用于设计 ARM+DSP 的 SOC（System On Chip）结构的芯片。此外，ARM 芯片还获得了

许多实时操作系统（Real Time Operating System）供应商的支持，比较知名的有：Windows CE、Linux、pSOS、VxWorks Mucleus、EPOC、uCOS、BeOS 等。随着国内嵌入式应用领域的发展，ARM 芯片必然会获得广泛的重视和应用。但是，由于 ARM 芯片有多达十几种的芯核结构，70 多家芯片生产厂家，以及千变万化的内部功能配置组合，给开发人员在选择方案时带来了一定的困难。所以，对 ARM 芯片做一对比研究是十分必要的。

2. 多芯核结构 ARM 芯片的选择

为了增强多任务处理能力、数学运算能力、多媒体以及网络处理能力，某些供应商提供的 ARM 芯片内置多个芯核，目前常见的有 ARM+DSP、ARM+FPGA、ARM+ARM 等结构。

（1）多 ARM 芯核。为了增强多任务处理能力和多媒体处理能力，某些 ARM 芯片内置多个 ARM 芯核。例如 Portal player 公司的 PP5002 内部集成了两个 ARM7TDMI 芯核，可以应用于便携式 MP3 播放器的编码器或解码器。从科胜讯公司（Conexant）分离出去的专门致力于高速通信芯片设计生产的 MinSpeed 公司就在其多款高速通信芯片中集成了 2~4 个 ARM7TDMI 内核。

（2）ARM 芯核+DSP 芯核。为了增强数学运算功能和多媒体处理功能，许多供应商在其 ARM 芯片内增加了 DSP 协处理器。通常加入的 DSP 芯核有 ARM 公司的 Piccolo DSP 芯核、OAK 公司 16 位定点 DSP 芯核、TI 的 TMS320C5000 系列 DSP 芯核、Motorola 的 56K DSP 芯核等。

（3）ARM 芯核+FPGA。为了提高系统硬件的在线升级能力，某些公司在 ARM 芯片内部集成了 FPGA。

（二）Intel X86 架构

1. X86 芯片概述

X86 架构于 1978 年推出的 Intel 8086 中央处理器中首度出现，它是从 Intel 8008 处理器中发展而来的，而 8008 则是发展自 Intel 4004。8086 在三年后为 IBM PC 所选用，之后 X86 便成为个人计算机的标准平台，成为历来最成功的 CPU 架构。

其他公司也有制造 X86 架构的处理器，计有 Cyrix（现被 VIA 所收购）、NEC 集团、IBM、IDT 以及 Transmeta。Intel 以外最成功的制造商是 AMD，其早先产品 Athlon 系列处理器的市场份额仅次于 Intel Pentium。

8086 是 16 位处理器，直到 1985 年 32 位的 80386 的开发，这个架构都维持是 16 位。接着一系列的处理器标示了 32 位架构的细微改进，推出了数种的扩充，直到 2003 年，AMD 对于这个架构发展了 64 位的扩充，并命名为 AMD64。后来 Intel 也推出了与之兼容的处理器，并命名为 Intel 64。两者一般被统称为 X86-64 或 X64，开创了 X86 的 64 位时代。

值得注意的是，Intel 早在 20 世纪 90 年代就与 HP 合作提出了一种用在安腾系列处理器中的独立的 64 位架构，这种架构被称为 IA-64。IA-64 是一种崭新的系统，与 X86 架构完全没有相似性，不应该把它与 X86-64 或 X64 弄混。

2. X86 的设计

X86 架构是重要的可变指令长度的 CISC（Complex Instruction Set Computer，复杂指令集计算机）。字组（Word，4 字节）长度的存储器访问允许不对齐存储器地址，字组是以低位字节在前的顺序储存在存储器中。向前兼容性一直都是在 X86 架构的发展背后一股驱动力量（设计的需要决定了这项因素，却常常导致批评，尤其是来自对手处理器的拥护者和理论界，他们对于一个被广泛认为是落后设计的架构的持续成功感到不解）。但在较新的微架构中，X86 处理器会把 X86 指令转换为更像 RISC 的微指令再予执行，从而获得可与 RISC 比拟的超标量性能，而仍然保持向前兼容。X86 架构的处理器一共有四种执行模式，分别是真实模式、保护模式、系统管理模式以及虚拟 V86 模式。

3. X86 的不足

（1）可变的指令长度。X86 指令的长度是不定的，而且有几种不同的格式，结果造成 X86 CPU 的解码工作非常复杂，为了提高 CPU 的工作频率，不得不延长 CPU 中的流水线，而过长的流水线在分支预测出错的情况下，又会带来 CPU 工作停滞时间较长的弊端。

（2）寄存器的贫乏。X86 指令集架构只有 8 个通用寄存器，而且实际只能使用 6 个。这种情况同现代的超标量 CPU 极不适应，虽然工程师们采用寄存器重命名的技术来弥补这个缺陷，但造成了 CPU 过于复杂，流水线过长的局面。

（3）内存访问。X86 指令可访问内存地址，而现代 RISC CPU 则使用 LOAD/STORE 模式，只有 LOAD 和 STORE 指令才能从内存中读取数据到寄存器，所有其他指令只对寄存器中的操作数计算。在目前 CPU 的速度是内存速度的 5 倍或 5 倍以上的情况下，后一种工作模式才是正途。

（4）浮点堆栈。X87 FPU 是目前最慢的 FPU，主要的原因之一就在于 X87 指令使用一个操作数堆栈。如果没有足够多的寄存器进行计算，你就不得不使用堆栈来存放数据，这会浪费大量的时间来使用 FXCH 指令（即把正确的数据放到堆栈的顶部）。

（5）芯片变大。所有用于提高 X86 CPU 性能的方法，如寄存器重命名、巨大的缓冲器、乱序执行、分支预测、X86 指令转化等，都使 CPU 的芯片面积变得更大，也限制了工作频率的进一步提高，而额外集成的这些晶体管只是为了解决 X86 指令的问题。

二、移动终端芯片的发展趋势

（1）芯片工艺小尺度化。根据摩尔定律，每18个月工艺尺寸减少一半，现在进度要慢一点，基本上周期为两年。到2015年，32nm、28nm的半导体工艺已成熟，且22nm工艺开始使用，由于线路变短，延时减少，工作主频增加，省电工艺的手机芯片可以工作在1.5~2GHz，与目前笔记本电脑工作的主频差不多。

（2）调制高阶化。随着射频芯片技术的提高，EVM值将越来越小，可以做到1%以下，以满足调制技术不断增强的需求。现在使用16QAM、64QAM，下一步将使用256QAM调制，使频谱效率进一步提高。

（3）多处理器化。终端应用功能与日俱增，处理能力越来越强，多核处理器的分布式处理SOC设计成了芯片设计的主流，一个芯片包括多个DSP或多个CPU，以及它们的组合，使芯片处理能力增强，系统升级容易。

（4）多媒体化。终端媒体信息多样化，对媒体的快速处理和存储显示能力要求更高，特别是快速流媒体的处理和存储显示更是如此。显示像素尺寸变小，要求实现终端电视、电影实时远程高分辨率播放，3D图形加速器普遍使用，本地三维游戏及网络游戏成为必备功能。

（5）数模混合化。模拟电路工艺尺寸越来越小，45nm、40nm工艺的模拟芯片技术已成熟，模拟数字混合电路单晶片设计将普遍使用，射频、基带和应用处理器将合并为单晶元芯片，功耗、体积将大大减小。

（6）多传感器化。为了降低成本，多种传感器都将集成在终端芯片上（射频、基带和应用处理器成为单芯片），终端软件可以快速获取信息，进行本地识别和控制，或进行远端处理控制，实现协同感知，泛在聚合。

（7）多电源域化。工艺尺寸变小，漏电流增加，采用传统开关时钟方式解决不了待机功耗问题，必须采用多电源域设计，即将不工作的模块电路电源断开，以减少漏电流。模块实时省电控制是增加待机时间的主要方法之一。

（8）多硬件加速器化。移动宽带传输对处理器实时性要求很高，DSP和CPU难以满足要求，迫使对实时性要求很高的功能电路进行硬化，达到处理要求。对于LTE及4G技术，芯片物理层数据处理主要靠硬件加速器完成。

（9）多模多频段化。通信网络不断发展，出现的制式不断增加，接入网种类变多，频段数增加。作为用户终端，必须能在多模式、多频段下工作，满足各种应用场景的需求。因此，移动终端变得越来越复杂，且芯片技术的要求越来越高，成为移动通信发展的"瓶颈"。

（10）显示高清化。由于处理器处理能力增强，终端芯片对低像素视频图像处理显示向普清、高清视频方向发展，普清、高清电视功能在手机上出现，即使在终端屏幕像素不够的情况下，也可以外接电视机或投影仪进行显示。

第二节　移动终端屏幕

一、基本知识

移动终端的屏幕设备是用户在使用终端产品时的重要的用户窗口。最早的移动终端屏幕仅作为显示器之用，显示驱动器和显示器的动态范围决定了终端屏幕能够显示给用户的画面质量和信息量。随着触摸屏幕技术的开发，终端屏幕则逐步从单一的显示输出设备发展成了输入与输出相兼容的移动终端的关键硬件。触摸屏在手机中的应用，最早可追溯到1999年摩托罗拉的A6188，该机型将手写技术引入了手机领域，并意味着手机集成PDA的智能化功能也初现端倪。

（一）屏幕的色彩

屏幕的色彩指的是屏幕颜色实质上即为色阶的概念。色阶（又叫色深）是表示色彩亮度强弱的指数标准，也就是通常所说的色彩指数。通常用2的幂指数来表示，单位为bit。bit数越高，色深值便越高，色阶层次也越丰富，表5-1说明了1~24b的演进过程。通常超过24b色深的东西一般不易被人眼识别，所以目前屏幕的色阶指数从低到高可分三个层次：

（1）最低单色；

（2）256色、4096色、65536色；

（3）目前最高的为1600万色。

其中 $256=2^8$，即8位彩色；依次类推 $65536=2^{16}$，即通常所说的16位真彩色，18位真彩色则是指 $262144=2^{18}$。

表5-1　屏幕色数演进

色阶	色彩数
1	2（黑和白）
2	4（灰度）
4	16（灰度）
8	256
16	65536
24	16777216

一般而言，65536色已基本可满足我们肉眼的识别需求。现在市面上普遍见到的一般有三种颜色质量：256色、4096色和64K（即65536色）甚至更高的1600万色。不同颜色质量的显示效果不同。显示分成三类：普通文字、简单图像（类似卡通这样的图像，主要是选单图表和绘制的待机画面）和照片图像。随着屏幕支持的色素越多，所需要的光滤波器也越多，背景光也会越强，因此所消耗的能量也会随之增加。

（二）屏幕的分辨率

屏幕的分辨率是指屏幕上所能显示的像素的多少，是测评一个终端屏幕能够显示的信息量的多少和精细程度的一个重要的性能指标。如果把一个屏幕想象成一个大型的棋盘，分辨率所表示的就是所有经线和纬线交叉点的数目，分辨率越高，像素的密度也越大，对于显示的图像和画面的细节也会更为清晰细致。如图5-1所示是对不同分辨率下的屏幕显示效果的比较。

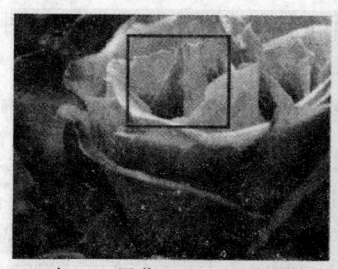

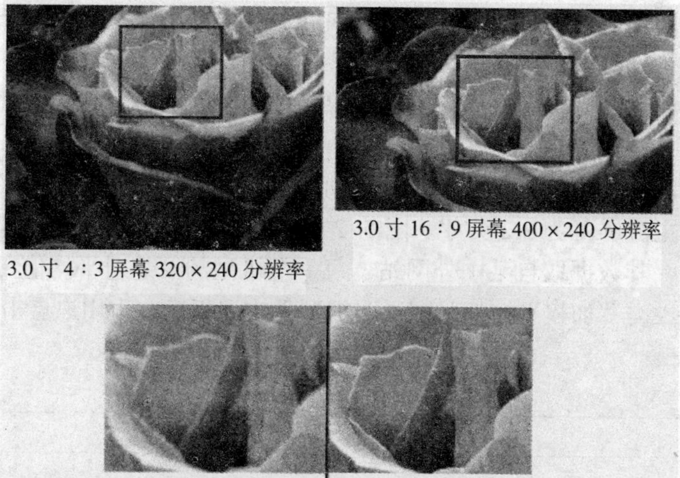

3.0寸4∶3屏幕320×240分辨率　　3.0寸16∶9屏幕400×240分辨率

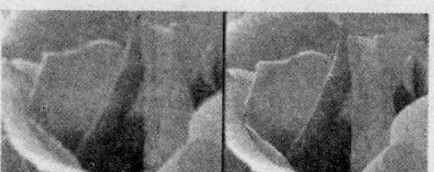

320×240分辨率的屏幕图像稍显模糊，色彩不细腻　400×240分辨率的屏幕图像相对清晰，色彩细腻

图5-1　屏幕分辨率的比较

我们常用的手机屏幕采用的是同笔记本一样的液晶屏，液晶屏幕的分辨率都是固定的，每一个点就是一个像素。而且手机分辨率并不是指屏幕大小，也可以说和屏幕本身的大小没有关系。当下的手机屏幕分辨率规格大致分为QVGA、HVGA、VGA、WVGA四种，因此许多终端应用软件也相继推出了各个分辨率的对应版本。

（1）QVGA（Quarter VGA）：240×320像素。QVGA是当下智能手机最常用的分辨率级别。240×320像素的意思就是，手机屏幕横向每行有240个像素点，纵向每列有 320 个像素点，乘起来就是 320×240=76800 个像素点。早期的智能手机也大都采用这一显示级别的屏幕。

(2) HVGA（Half-size VGA）：480×320 像素。HVGA 的宽高比为 3:2。一直都很热销的 iPhone 和"黑莓"的 Bold 9000，还有全球第一款 Android 系统手机谷歌 G1 都采用了这一显示级别的屏幕。

(3) VGA（Video Graphics Array）：640×480 像素。VGA 是早期 IBM 提出的电脑显示标准，但现在已经应用于手机产品的显示上。其分辨率为 640×480 像素，宽高比为 5:4。昔日的 HTC 机皇 Diamond 采用的就是 VGA 分辨率。

(4) WVGA（Wide VGA）。WVGA 是 VGA 的宽屏模式，分辨率更是达到了 800×480 像素和 854×480 像素两种，HTC 后来生产的 Diamond 2 和 Touch HD 就是 WVGA 的代表作。

（三）屏幕的尺寸

屏幕的尺寸是指屏幕的物理尺寸，即实际的大小尺寸。值得注意的是，屏幕的尺寸大小只能决定用户的使用界面的大小，却不能决定显示图像的大小和清晰程度，分辨率较低的手机，增加屏幕尺寸是没有多大意义的。但是屏幕尺寸的大小却能够显示高分辨率的应用效果，因此大屏幕仍然是当前的主流发展趋势。

以移动手机终端为例，目前非触屏手机主流尺寸维持在 2.6~2.8 英寸；触屏手机的主流屏幕为 3.2 英寸。图 5-2 显示了蔡鑫对手机屏幕尺寸发展历程的统计分析，其数据取自某国外网站，每一个机型的"绝对平均值"说明其市场份额，第二类"加权平均值"则说明机型受欢迎程度（由用户点击衡量）。

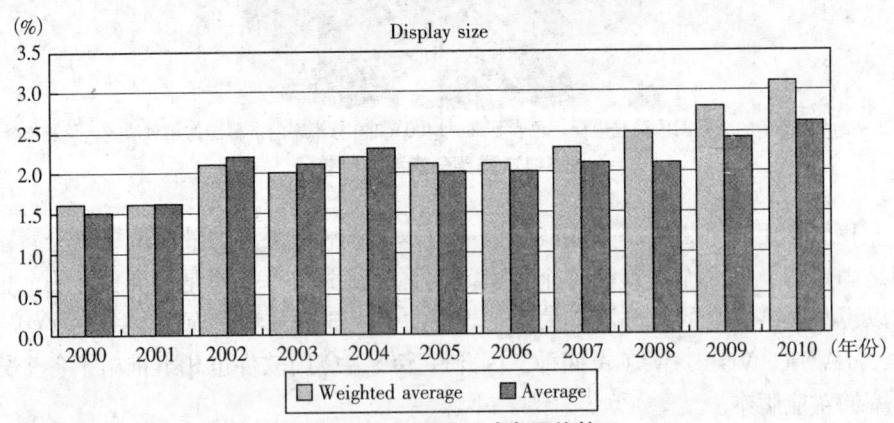

图 5-2　手机屏尺寸发展趋势

资料来源：蔡鑫. 你绝对没看过手机外形及尺寸进化历程 [M]. 中国手机网, http://www.cnmo.com/articlecontent.php?id=65934.

（四）屏幕的材质

随着当前移动终端从黑白屏到彩屏的发展，移动业务的丰富，用户界面的人性化与可定制等方面需求的增加，对终端屏幕材质的选择和使用显得越来越重要。移动终端的彩色屏幕因为LCD品质和研发技术不同而有所差异，其种类大致有STN、TFT、TFD、UFB、OLED和ASV几种。不同的屏幕材质所能提供的屏幕性能也各有特点。

1. STN 屏幕

STN（Super Twisted Nematic）屏幕，又称为超扭曲向列型液晶显示屏幕。在传统单色液晶显示器上加入了彩色滤光片，并将单色显示矩阵中的每一像素分成三个像素，分别通过彩色滤光片显示红、绿、蓝三原色，以此达到显示彩色的作用，颜色以淡绿色和橘色为主。STN屏幕属于反射式LCD，它的好处是功耗小，但在比较暗的环境中清晰度较差。

STN也是我们接触得最多的材质类型，目前主要有CSTN和DSTN之分，它属于被动矩阵式LCD器件，所以功耗小、省电，但反应时间较慢，为200毫秒。CSTN一般采用传送式照明方式，必须使用外光源照明，称为背光，照明光源要安装在LCD的背后。

【代表机型】：诺基亚6610i、西门子C62等。

2. TFT 屏幕

TFT（Thin Film Transistor）即薄膜场效应晶体管，是指液晶显示器上的每一液晶像素点都是由集成在其后的薄膜晶体管来驱动，从而可以做到高速度、高亮度、高对比度显示屏幕信息，属于有源矩阵液晶显示器中的一种。

TFT属于有源矩阵液晶显示器，在技术上采用了"主动式矩阵"的方式来驱动，方法是利用薄膜技术所做成的电晶体电极，利用扫描的方法"主动拉"控制任意一个显示点的开与关，光源照射时先通过下偏光板向上透出，借助液晶分子传导光线，通过遮光和透光来达到显示的目的。一般TFT的反应时间比较快，约80毫秒，而且可视角度大，一般可达到130度，主要运用高端产品。

TFT液晶为每个像素都设有一个半导体开关，每个像素都可以通过点脉冲直接控制，因而每个节点都相对独立，并可以连续控制，不仅提高了显示屏的反应速度，同时可以精确控制显示色阶，所以TFT液晶的色彩更真。TFT液晶显示屏的特点是亮度好、对比度高、层次感强、颜色鲜艳，但也存在着比较耗电和成本较高的不足。TFT液晶技术加快了手机彩屏的发展。新一代的彩屏手机中，很多手机都支持65536色显示，有的甚至支持16万色显示，这时TFT的高对比度，色彩丰富的优势就非常重要了。

【代表机型】：诺基亚7200（65K色）、索尼爱立信K700C（65K色）、夏新

DF9（26万色）、NEC N600（26万色）等。

3. TFD 屏幕

TFD（Thin Film Diode）屏幕，又称为薄膜二极管半透式液晶显示屏。TFD技术由精工和爱普生公司开发出来，专门用在手机屏幕上。TFD的显示原理在于它为LCD上每一个像素都配备了一颗单独的二极管作为控制源，由于这样的单独控制设计，使每个像素之间不会互相影响，因此在TFD的画面上能够显现无残影的动态画面和鲜艳的色彩。它是TFT和STN的折中，比STN的亮度和色彩饱和度更好，也比TFT省电。最大特点是无论在关闭背光（反射模式）或打开背光（透射模式）条件下都能提供高画质、易观看的显示，并具有低功耗、高画质、高反应速度等优点。

【代表机型】：三星V208（65K色）、索尼爱立信Z608（65K色）、LG8280（26万色）、联想G900（26万色）等。

4. UFB 屏幕

UFB（Ultra Fine & Bright）是三星公司2002年3月发布的一款手机用新型液晶显示器件，具有超薄、高亮度的特点。在设计上，UFB采用了特别的光栅设计，可减少像素间距，以获得更佳的图像质量，可显示65536种色彩，达到128×160的分辨率。UFB液晶显示屏的对比度是STN液晶显示屏的两倍，在65536色时，亮度与TFT显示屏不相上下，而耗电量比TFT显示屏少，并且售价与STN显示屏差不多，可说是集合这两种现有产品的优点于一身。

【代表机型】：三星X608（65K色）、LG 810（65K色）等。

5. OLED 屏幕

OLED（Organic Light Emitting Display）即有机发光显示器，在手机LCD上属于新型产品，被称誉为"梦幻显示器"。OLED显示技术与传统的LCD显示方式不同，无须背光灯，采用非常薄的有机材料涂层和玻璃基板，当有电流通过时，这些有机材料就会发光。而且OLED显示屏幕可以做得更轻更薄，可视角度更大，并且能够显著地节省耗电量。目前在OLED的二大技术体系中，低分子OLED技术为日本掌握，而高分子的PLED（LG手机的所谓OEL就是这个体系的产品）的技术及专利则由英国的科技公司CDT掌握，两者相比PLED产品的彩色化上仍有一定困难。

不过，虽然将来技术更优秀的OLED可能会取代TFT等LCD，但有机发光显示技术还存在着使用寿命短、屏幕大型化难等缺陷。

【代表机型】：三星SCH-X339、LG CU8180等。

6. ASV 液晶面板技术

ASV（Advanced Super View）技术是SHARP在液晶面板生产技术上又一突

破，这个技术主要应用在 SHARP 高端市场定位的液晶显示器上。这个技术主要是通过缩小液晶面板上颗粒之间的间距，增大液晶颗粒上的光圈，整体调整液晶颗粒的排布，因此全面提高了液晶屏幕的可视角度、液晶颗粒的反应时间、色彩对比度和屏幕亮度。在同样屏幕面积的对比下，采用了 ASV 技术的屏幕相比普通没有采用 ASV 技术的液晶显示器参数和效果上都有一个本质的提升，与市面上同一屏幕大小级别的相比，无论是在参数上还是在效果上都明显占优。

【代表机型】：T1520、T1620、T1820 等。

STN 是早期彩屏的主要器件，最初只能显示 256 色，虽然经过技术改造可以显示 4096 色甚至 65536 色，不过现在一般的 STN 仍然是 256 色的，优点是：价格低、能耗小。TFT 的亮度好、对比度高、层次感强、颜色鲜艳。缺点是：比较耗电、成本较高。UFB 是专门为移动电话和 PDA 设计的显示屏，优点是：超薄、高亮度。可以显示 65536 色，分辨率可以达到 128×160 的分辨率。UFB 显示屏采用的是特别的光栅设计，可以缩小像素间距，获得更佳的图片质量。UFB 结合了 STN 和 TFT 的优点：耗电比 TFT 少，价格和 STN 差不多。

二、移动终端的触摸屏技术

移动终端屏幕的发展与触摸屏技术的结合使触摸屏成为当前终端屏幕的一个重要发展趋势，屏幕也从单一的显示输出设备发展成了兼备输入功能的硬件设备。触摸屏作为一种简单、方便、自然的终端输入设备，受到越来越多消费者的喜爱。它具有坚固耐用、响应速度快、节省空间、易于交流等许多优点。

触控屏（Touch Panel）又称为触控面板，是可接收触头等输入信号的感应式液晶显示装置，当接触了屏幕上的图形按钮时，屏幕上的触觉反馈系统可根据预先编程的程序驱动各种连接装置，可用以取代机械式的按钮面板，并借由液晶显示画面制造出生动的影音效果。触摸屏技术在终端中的应用与发展，大大降低了数字键盘的成本，有效地增大了用户的可视空间，提高了用户的使用感受，使得终端屏幕向专业化、多媒体化、立体化和大屏幕化等趋势发展。2010 年，全球触摸屏模块的出货量达到 8 亿片，产值约 60 亿美元。2010 年，全球使用触摸屏手机是 5.3 亿台，渗透率占整体手机市场的 33.4%。

从技术原理来区别触摸屏，主要可分为 4 个基本种类：电容式触摸屏、电阻式触摸屏、表面声波式触摸屏、红外线式触摸屏。目前市面上的触摸屏主要是电阻式和电容式触摸屏，电容式触摸屏尽管透明度较好，但易受到干扰，屏幕易磨损，因此用得较多的触摸屏仍是电阻式。

（一）电容式触摸屏

电容式触摸屏的构造主要是在玻璃屏幕上镀一层透明的薄膜体层，再在导体层外加上一块保护玻璃，双玻璃设计能彻底保护导体层及感应器。

电容式触摸屏是一块四层复合玻璃屏，玻璃屏的内表面和夹层各涂有一层氧化铟锡（ITO）（镀膜导电玻璃），最外层是一薄层硅土玻璃保护层，ITO涂层作为工作面，四个角上引出四个电极，内层ITO为屏蔽层，以保证良好的工作环境。当手指触摸在金属层上时，由于人体电场、用户和触摸屏表面形成一个耦合电容，对于高频电流来说，电容是直接导体，于是手指从接触点吸走一个很小的电流。这个电流分别从触摸屏四角上的电极中流出并且流经这四个电极的电流与手指到四角的距离成正比，控制器通过对这四个电流比例的精确计算，得出触摸点的位置信息。电容式触摸屏轻轻一摸就可以被系统识别到，而我们常见的电阻式触摸屏则需要"压"下去才能够被系统感知。如图5-3所示。

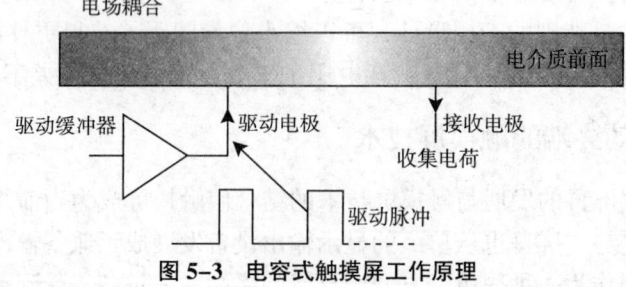

图 5-3　电容式触摸屏工作原理

1. 电容式触摸屏的优点

出色的信噪比、触摸屏表明的高精度、支持多点触摸等。

2. 电容式触摸屏的主要缺点

主要是漂移。当环境温度、湿度、环境电场发生改变时，都会引起电容式触摸屏的漂移，造成工作不准确。

（二）电阻式触摸屏

电阻式触摸屏是一种传感器，它将矩形区域中触摸点（X，Y）的物理位置转换为代表X坐标和Y坐标的电压。很多LCD模块都采用了电阻式触摸屏，这种屏幕可以用4线、5线、7线或8线来产生屏幕偏置电压，同时读回触摸点的电压。电阻式触摸屏基本上是薄膜加玻璃的结构，薄膜和玻璃相邻的一面上均涂有ITO（纳米铟锡金属氧化物）涂层，ITO具有很好的导电性和透明性。当触摸操作时，薄膜下层的ITO会接触到玻璃上层的ITO，经由感应器传出相应的电信号，经过转换电路送到处理器，通过运算转化为屏幕上的X、Y值而完成点选的动作，并呈现在屏幕上。如图5-4所示。

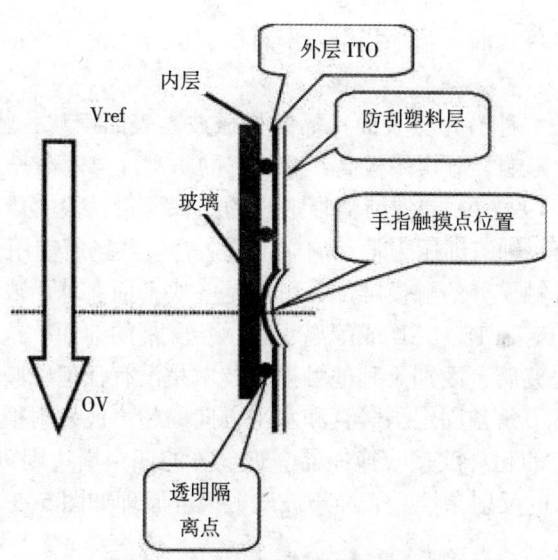

图 5-4 电阻式触摸屏的工作原理

按照触摸屏上的感应线数量,电阻式触摸屏可再分为三大类：4线、5线和8线。4线触摸屏的条形电极安装在两个不同的电阻层（X+、X-在同一层,Y+、Y-在另一个电阻层),被广泛用于低端消费电子产品。5线触摸屏只在底层上有圆形电极（X+、X-、Y+和Y-)。顶层用于在触摸过程中测量电压,电压梯度只施加在底层上。8线触摸屏的工作原理与4线触摸屏相似。只是给每一条线增加一个参考电压线,所以最后的总线数达到8条。新增的4条线分别用于给原来的4条线提供参考电压。5线和8线触摸屏主要用于昂贵的高端医疗设备和重要的工业控制器。

1. 电阻式触摸屏的优点

屏和控制系统都比较便宜,反应灵敏度也很好；电阻是一种对外界完全隔离的工作环境,不怕灰尘和水汽,能适应各种恶劣的环境；它可以用任何物体来触摸,稳定性能较好。

2. 电阻式触摸屏的缺点

电阻式触摸屏的外层薄膜容易被划伤导致触摸屏不可用；多层结构会导致很大的光损失；对于手持设备通常需要加大背光源来弥补透光性不好的问题,但这样也会增加电池的消耗。

（三）表面声波式触摸屏

表面声波式触摸屏是利用声波可以在刚体表面传播的特性设计而成,由触摸屏、声波发生器、反射器和声波接收器组成,其中声波发生器能发送一种高频声波，跨越屏幕表面，当手指触及屏幕时，触点上的声波即被阻止，由此确定坐标位置。

表面声波是一种沿介质表面传播的机械波。表面声波式触摸屏不受温度、湿度等环境因素影响，分辨率极高，有极好的防刮性，寿命长（5000万次无故障）；透光率高（92%），能保持清晰透亮的图像质量；没有漂移，只需安装时一次校正；有第三轴（即压力轴）响应，最适合公共场所使用。

表面声波式触摸屏的触摸屏部分可以是一块平面、球面或是柱面的玻璃平板，安装在CRT、LED、LCD或等离子显示器屏幕的前面。这块玻璃平板只是一块纯粹的强化玻璃，区别于其他触摸屏技术是没有任何贴膜和覆盖层。玻璃屏的左上角和右下角各固定了竖直和水平方向的超声波发射换能器，右上角则固定了两个相应的超声波接收换能器。玻璃屏的四个周边则刻有45°角由疏到密间隔非常精密的反射条纹。表面声波式触摸屏原理如图5-5所示。

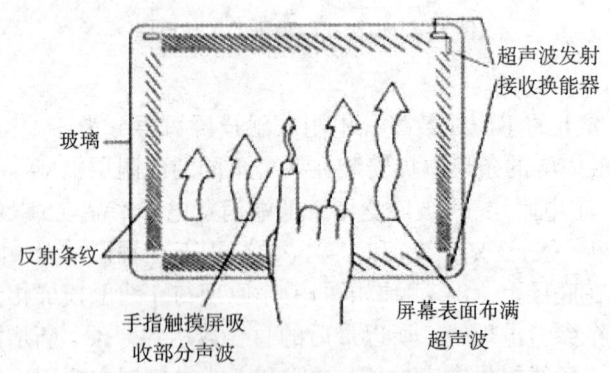

图5-5 表面声波式触摸屏工作原理

1. 表面声波式触摸屏的优点

（1）光学性能最好。清晰度和透光率最高，反光最少，无色彩失真，这是因为声波屏屏体为纯玻璃，不像电阻屏有多层复合膜，也不像电容屏更是镀了一层膜在表面，透光性更差。

（2）防刮擦、抗野蛮使用。声波屏表面即使划伤，只要不是很深，一样能正常工作，电阻屏就没办法做到这一点，用刀片一划即坏。

（3）不怕电磁干扰、无漂移。声波是机械振动，不受电磁信号影响，不像电容屏，易受电场或磁场影响而产生漂移。

（4）分辨率高，响应速度快。

（5）使用寿命长，单点触摸达5000万次。

（6）成本较低。因为国内已完全掌握了该技术，并且每个方向只用一对换能器，大大降低了成本。尤其10英寸以上的触摸屏，声波屏具有显著的成本优势，而且尺寸越大优势越大。

2. 表面声波式触摸屏的缺点

触摸屏表面易受灰尘和水滴、油污等影响，阻塞触摸屏表面的导波槽，使波不能正常发射，或使波形改变而控制器无法正常识别，从而影响触摸屏的正常使用。用户需严格注意环境卫生，必须经常擦抹屏的表面以保持屏面的光洁，并定期作一次全面彻底擦除。

（四）红外线式触摸屏

红外线式触摸屏由装在触摸屏外框上的红外线发射与接收感测元件构成，在屏幕表面上形成红外线探测网，任何触摸物体可改变触点上的红外线而实现触摸屏操作。

红外线式触摸屏原理很简单，只是在显示器上加上光点距架框，无须在屏幕表面加上涂层或接驳控制器。光点距架框的四边排列了红外线发射管及接收管，在屏幕表面形成一个红外线网。以手指触摸屏幕某一点，便会挡住经过该位置的横竖两条红外线，计算机便可即时算出触摸点位置。

1. 红外线式触摸屏的优点

不受电流、电压和静电干扰，适宜某些恶劣的环境条件。价格低廉、安装方便、不需要卡或其他任何控制器，可以用在各档次的终端机上。

2. 红外线式触摸屏的缺点

由于没有电容充放电过程，反应速度比电容式快，但分辨率较低。

第三节 移动终端电池

随着移动商务产业的快速发展和应用业务的不断创新，作为移动商务产业与用户连接纽带的移动终端产品的功能和业务趋于智能化、个性化和多功能化。移动终端的动力源泉——电池，其电容量、体积与重量、供电功率等技术水平成为影响移动终端产品的性能和应用的关键硬件技术。

一、基本知识

（一）移动终端电池的容量

移动终端的电池容量是决定移动终端电池性能的一个重要指标，电池容量的大小决定了电池可为终端设备运作所提供动力的多少，也是影响终端设备持续工作能力的重要因素。因此，提高电池的容量是电池技术发展的一个主要方向和追求目标。

1. 电池容量的单位

电池的容量是指在一定的条件下（放电率、温度、终止电压等）电池放出的电量，常用计量单位为"MAH（毫安时）"。在衡量大容量电池如铅蓄电池时，为了方便起见，一般用"Ah"来表示，中文名记为安时。

1Ah=1000mAh

【例】当电池的额定电容为1300mAh时，如果以0.1C（C为电池容量，即130mA）的电流给电池放电，那么在理想状态下该电池可以持续工作10小时（1300mAh/130mA=10h）；如果放电电流为1300mA，那供电时间就只有1小时左右（实际工作时间因电池的实际容量的个别差异而有一些差别）。

2. 实标容量（真实容量）

电池的真实容量是指严格按照MAH的定义采用精密的测量仪器测量出来的真真正正的容量。一般大型的公司都会在电池的包装上印刷真实的容量，如诺基亚原装电池、三星原装电池、摩托罗拉原装电池、索尼爱立信原装电池可以说是100%实标的；此外国内比较出名的电池生产商标称的电池容量可信度也是比较高的，如飞毛腿电池、知己电池、海陆通电池、超力通电池等都会把电池真实的容量标在电池包装上，很少夸大其容量。

电池的容量受电池体积及当前技术影响，就我们人类现在掌握的电池生产技术，能够生产1200mAh的手机电池就算是超高容量的了，如果有电池标的容量超过1200mAh，那么就是存在虚标的了（当然体积比较大的电池另当别论）。手机电池的实际容量C：

$$C = 充满电后的放电时间 \times \frac{放电电流}{1.2}$$

（二）影响电池容量的两点因素

1. 电池胶壳的体积决定电池的最大容量

电池其实科技含量并不高，它是由无数个正负离子堆积而成的。也就是说，电池胶壳有多大体积，电池就能做多大容量。目前标准胶壳容量在800~1150mAh，如果容量标在1150~1400mAh，说明其胶壳比较大，从外观都是一眼可以看出来的。不过可以放心的是目前诺基亚、飞毛腿、潼思等原装品牌电池都是实标电池容量的。如果大家想查查自己电池的容量是不是虚标，可以量下电池的三围（长、宽、高），去潼思电池的免费容量查询系统查询此电池体积的最大容量，如果超过了这个值，一般都是虚标的。

2. 电芯的好坏决定电池的好坏

电芯是一块电池的灵魂。一块好电芯能较长时间稳定储存并释放满容量电子。而差电芯是很难长时间持续稳定地储存和释放电子的。所以电芯能决定电池的好坏。

目前的电芯种类：一种是普通电芯，市场上运用最为广泛，在市场上分为进口电芯、A品电芯、B品电芯和C品电芯。进口电芯，多为日本进口电芯，质量是最好的。不过国内品牌电池很少用。A品电芯算是比较好的电芯，每个电芯厂制造出来的A品电芯质量都良莠不齐。例如，像潼思电池都采用比亚迪电芯，比一般A品电芯市场价要高几元，不过质量确实不错。而有的电芯厂生产出来的A品电芯质量却跟B品差不多。B品是比较一般的电芯，价格当然也比较便宜。C品电芯是最差的电芯，此电芯的来源一般都是通过废旧电池回收处获得。另一种是高容量电芯，可以在同体积胶壳的条件下，利用压缩电子，储存并释放更多的电子。目前国内品牌电池还尚未运用这种电芯。

二、移动终端电池的分类

终端的电池按材质的不同分为三大类：镍镉电池、镍氢电池（MH-Ni）和锂离子电池。镍镉电池作为黑白时代的初期产品已伴随黑白机一起退出了终端电池市场；镍氢电池需求使用不多，市场份额已萎缩到10%以下。随着摄像终端、音乐终端、游戏终端、多媒体终端等多功能彩屏终端的普及，锂离子电池取代镍镉电池和镍氢电池广泛应用于终端中，成为终端电池市场的绝对主角。锂电池能成为终端电池市场的主流主要是因其具有高能量密度、高电容量、小型轻量和外型多变的优势。

随着移动应用业务日趋发展，CPU、显示屏、存储器、外设接口等硬件配置及软件配置的不断提高，终端耗电正以每年30%的速度增加，加上3G牌照已经发放，将出现功能更加强大的3G终端，也就意味着耗电量也要大很多，如果电池技术没有突破，许多3G终端业务都将失去应用基础。因此，电池技术发展已经成为移动通信技术发展的最大"瓶颈"之一。

目前，新一代的聚合物锂离子电池也正逐步显现出优势。为迎接即将到来的终端3G时代，国内外各种新型终端电池如燃料电池、太阳能电池等产品都已在积极开发之中。但无论是成本还是技术的成熟度，燃料电池终端离商用还有一定的距离。

（一）镍镉电池

镍镉电池（Ni-Cd）是最早应用于手机、超科等设备的电池，它具有良好的大电流放电特性、耐放电能力强、维护简单，充电时反应相反。

镍镉电池最致命的缺点是，在充放电过程中如果处理不当，会出现严重的"记忆效应"，使得服务寿命大大缩短。所谓"记忆效应"就是电池在充电前，电池的电量没有被完全放尽，久而久之将会引起电池容量的降低，在电池充放电的过程中（放电较为明显），会在电池极板上产生些许的小气泡，日积月累这些气泡减少了电池极板的面积也就间接影响了电池的容量。当然，我们可以通过掌握合理的充放电方法来减轻"记忆效应"。此外，镉是有毒的，因而镍镉电池不利于生态环境的保护。众多的缺点使得镍镉电池已基本被淘汰出数码设备电池的应用范围。

（二）镍—氢电池

镍氢电池主要由镍和稀土组成，因其不含易污染的金属，亦称环保电池。1968 年，美国 Reilly 首先发现 Mg2N 合金吸氢材料，到 1969 年，荷兰 Van Vucht 1. H. N 发现 LnNis 储氢合金，1974 年美国又发表了 TiFe 储氢报告。然而，由于当时所做成的 MH-Ni 电池电容量衰减，实用价值太小。一直到了 1984 年，荷兰菲利浦公司以 LaNi2. 5 Co2. 5 储氢合金制备出实用 MH-Ni 电池才又一次掀起开发镍氢电池新热潮。

在镍—氢电池的制造上，主要分为两大类。最常见的是 AB5 一类，A 是稀土元素的混合物（或者）再加上钛（Ti）；B 则是镍（Ni）、钴（Co）、锰（Mn）、（或者）还有铝（Al）。而一些高容量电池的"含多种成分"的电极则主要由 AB2 构成，这里的 A 则是钛（Ti）或者钒（V），B 则是锆（Zr）或镍（Ni），再加上一些铬（Cr）、钴（Co）、铁（Fe）和（或）锰（Mn）。所有这些化合物扮演的都是相同的角色——可逆地形成金属氢化物。电池充电时，氢氧化钾（KOH）电解液中的氢离子（H^+）会被释放出来，由这些化合物将它吸收，避免形成氢气（H_2），以保持电池内部的压力和体积。当电池放电时，这些氢离子便会经由相反的过程而回到原来的地方。

MH-Ni 电池的特点：首先是比能量高，是 Ni-Cd 电池的 1.5~2 倍，其电量储备比 Ni-Cd 电池多 30% ~50%，待机时间和通话时间因此而延长了 30%。其次工作电压为 1.2~1.3V，和 Ni-Cd 电池可以互换。可以快速充放电，耐过充、过放，性能优良，且无记忆效应。

（三）锂离子电池

锂离子电池（Li-ion Batteries）是由锂电池发展而来的。所以在介绍 Li-ion 之前，先介绍锂电池。举例来讲以前照相机里用的钮扣式电池就属于锂电池。钮扣电池的正极材料是二氧化银或亚硫酰氯，负极是锂。电池组装完成后即有电压，不需充电。这种电池循环性能不好，在充放电循环过程中，容易形成组织晶，造成电池内部短路，所以一般情况下这种电池是禁止充电的。后来，日本索尼公司发明了以碳材料为负极，以含锂的化合物作正极，在充放电过程中，没有金属锂存在，只有锂离子，这就是锂离子电池。当对电池进行充电时，电池的正极上有锂离子生成，生成的锂离子经过电解液运动到负极。而作为负极的碳呈层状结构，它有很多微孔，达到负极的锂离子就嵌入到碳层的微孔中，嵌入的锂离子越多，充电容量越高。同样当对电池进行放电时（即我们使用电池的过程），嵌在负极碳层中的锂离子脱出，又运动回正极。回正极的锂离子越多，放电容量越高。我们通常所说的电池容量指的就是放电容量。在Li-ion的充放电过程中，锂离子处于从正极→负极→正极的运动状态。锂离子电池就像一把摇椅，摇椅的两端为电池的两极，而锂离子就像运动员一样在摇椅上来回奔跑，所以锂离子电池又叫摇椅式电池。

1. 锂离子电池的优点

（1）电压高，单体电池的工作电压高达 3.6~3.9V，是 Ni-Cd、镍氢电池的 3 倍。

（2）比能量大，目前能达到的实际比能量为 100~125Wh/kg 和 240~300 Wh/L（2 倍于 Ni-Cd，1.5 倍于镍氢电池），未来随着技术发展，比能量可高达 150Wh/kg 和 400Wh/L。

（3）循环寿命长，一般均可达到 500 次以上，甚至 1000 次以上。

（4）安全性能好，无公害，无记忆效应。作为 Li-ion 电池前身的钮电池，因金属锂易形成结晶发生短路缩减了其应用领域 Li-ion 电池中不含镍、铅、镉等对环境有污染的元素；Ni-Cd 电池存在的一大弊病为"记忆效应"，严重束缚电池的使用，但 Li-ion 电池根本不存在这方面的问题。

（5）自放电小，室温下充满电的 Li-ion 电池储存 1 个月后的自放电率为 10%左右，大大低于 Ni-Cd 电池的 25%~30%，镍氢电池的放电率为 30%~35%。

（6）可快速充放电。

（7）工作温度范围高，工作温度为-25~45°C，随着电解质和正极的改进，期望能扩宽到-40~70°C。

2. 锂离子电池的缺点

（1）衰老，锂离子电池的容量会缓慢衰退，与使用次数无关，而与温度有关。

（2）回收率高。过充电时，过量嵌入的锂离子会永久固定于晶格中，无法再释放，可导致电池寿命短。

（3）需要设计保护电路，防止过充、过放、过载、过热。

Ni-Cd 电池、Ni-H 电池、Li-ion 电池三种电池性能比较见表 5-2。

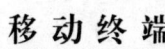

表 5-2 电池的性能比较

技术参数	Ni-Cd 电池	Ni-H 电池	Li-ion 电池
自放电率（%，月）	25~30	30~35	2~5
充放电次数	300~800	500	1000
充电方式	充电器-DV 控制方式	PICK CUT 控制方式	定电流、定电压方式
记忆效应	大	小	无
电压/V	1.2	1.2	3.6
充电速率	1C	1C	0.5~1C
使用温度寿命/℃	-20~40	-20~50	0~60

三、移动终端电池的功耗与管理

移动终端电池技术的研究，一方面表现在增加电池容量，另一方面则是对电池功耗的控制。随着终端业务的丰富，语音业务到视频业务的增加，单一通信到丰富多彩的移动商务功能，这些都将加大对电池能量的消耗。CPU、显示器、存储器、外设接口等硬件配置和软件配置的不断提高，使得终端设备的耗电正以每年 30% 的速度增加，因此终端设备电池的功耗技术成为移动通信终端技术发展的一大"瓶颈"。

（一）电池功耗的解决方案

1. 提高电能的转化效率

随着对电源管理要求的不断提高，手持设备中的电源变换从以往的线性电源逐渐走向开关式电源。但并非开关电源可以代替线性电源，二者都有各自的优势和劣势，适用于不同的场合。

（1）线性电源（LDO）：LDO 具有成本低、封装小、外围器件少和噪声小的特点。在输出电流较小时，LDO 的成本只有开关电源的几分之一。LDO 的封装形式有 SOT23、SC70、QFN、WCSP 晶圆级芯片封装等，非常适合在手持设备中使用。对于固定电压输出的使用场合，外围只需 2~3 个很小的电容即可构成整个方案。超低的输出电压噪声是 LDO 最大的优势，TI 的 TPS793285 输出电压的纹波不到 35μVrms，又有极高的信噪抑制比，非常适合用作对噪声敏感的 RF 和音频电路的供电电路。同时在线性电源中因没有开关时大的电流变化所引发的电磁干扰（EM！），所以便于设计。LDO 的缺点是低效率，只能用于降压的场合。LDO 的效率取决于输出电压与输入电压之比 $\eta = Vout/Vin$。在输入电压为 3.6V（单节锂电池）的情况下，输出电压为 3V 时，效率为 90.9%。而在输出电压为 1.5V 时效率则下降为 41.7%。这样低的效率在输出电流较大时，不仅会浪费很多电能，而且会造成芯片发热，影响系统稳定性。

(2）开关式电源分为电容开关式电源和电感式开关电源。电感式开关电源是利用电感作为主要的储能元件，为负载提供持续不断的电流。通过不同的拓扑结构，这种电源可以完成降压、升压和电压反转的功能。电感式开关电源具有非常高的转换效率。在产品工作时，主要的电能损耗包括：内置或外置MOSFET 的导通损耗、动态损耗、静态损耗等。在电流负载较大时，这些损耗都相对较小，所以电感式开关电源可以达到 95%的效率。但是在负载较小时，这些损耗就会相对较大影响效率。这时一般通过两种方式降低导通损耗和动态损耗：一是 PWM 模式，开关频率不变，调节占空比；二是 PFM 模式，占空比相对固定，调节开关频率。电感式开关电源的缺点在于电源的整体面积较大，输出电压的纹波较大。

电荷泵是利用电容作为储能元件，其内部的开关管阵列控制着电容的充放电。为了减少由于开关造成的 EMI 和电压纹波，很多 IC 中采用双电荷泵的结构。电荷泵同样可以完成升压、降压和反转电压的功能。由于电荷泵内部机构的关系，当输出电压与出入电压成一定倍数关系时，最高的效率可达 90%以上。但是效率会随着两者之间的比例关系而变化，有时效率也可低至 70%以下，所以设计者应尽量利用电荷泵的最佳转换工作条件。由于储能电容的限制，输出电压一般不超过输入电压的 3 倍，而输出电流不超过 300mA。电荷泵特性介于 LDO 和电感式开关电源之间，具有较高的效率和相对简单的外围电路设计，EMI 和纹波的特性居中，但是有输出电压和输出电流的限制。

2. 提高电能的使用效率

在手机中，减少能量的浪费，将尽量多的可用电能用于实际需要的地方，这是省电的关键。

信号处理系统，是手机的核心部分，也是一个主要的手机电能消耗源。一般来说，可采用以下两种方法提高它的效率。

（1）分区管理。在处理某项任务时将不需要的功能单元关掉，比如在进行内部计算时，将与外部通信的接口关断或使其进入睡眠状态。为了达到这一目的，手机中的信号处理器往往涉及多个内部时钟控制着不同功能单元的工作状态。另外，为不同功能块供电的电源电路是可以切断的。

（2）改变信号处理器的工作频率和工作电压。目前绝大多数的信号处理器是用 CMOS 工艺制造的。在 CMOS 电路中，最大的一项功率损耗是驱动 MOS-FET 栅极所引起的损耗。功率损耗与频率和输入电压即 IC 的电源电压的二次方成正比。所以针对不同的运算和任务，把频率和电源电压降低到合适的值，可以有效地减少功率损耗。

音频功率放大器是手机中又一能量消耗大户，输出功率可达 750mW，对于带有免提功能的手机可达 2W。如何提高放大器的效率也是关键,其传统的技术采用 AB 类线性放大器,其效率随输出功率变化。只有 70% 的使用 D 类功率放大器,利用 PWM 的方式,可使效率提高到 85%~90%。

在电压调整上,一个更为先进的方法是让它具有完全的自适应性。自适应电压调整(Adaptive Voltage Scaling,AVS)是通过反馈机制将电源电压调整到给定工作负载(处理量)所需的最小值。这种方式可进一步减少功耗,但需要将部分电源管理电路置入主处理器。AVS 技术有效地将处理器与电源、转换器连接成闭环系统,通过总线动态地调节供电电压,同时调节自身的频率。成功实现 AVS 的关键,是在基带芯片中集成部分系统电源管理电路,即内置 AVS 控制器,这一模块包含专门的电路和算法,用来确定给定处理量下的最优电压,通过向 AVS 电源的参考端输入馈送误差信号,可以生成最优的 VDD,从而减少了电能损耗。随着技术的进步,AVS 在延长 3G 手机的电池寿命、满足性能要求方面必将发挥重要作用。

(二)移动终端电池的发展趋势

移动终端的电池目前普遍仍为锂离子电池,随着向大容量、轻薄、环保的方向发展,使用太阳能模组的手机开始出现。终端电池的发展历程和未来趋势如图 5-6 所示。

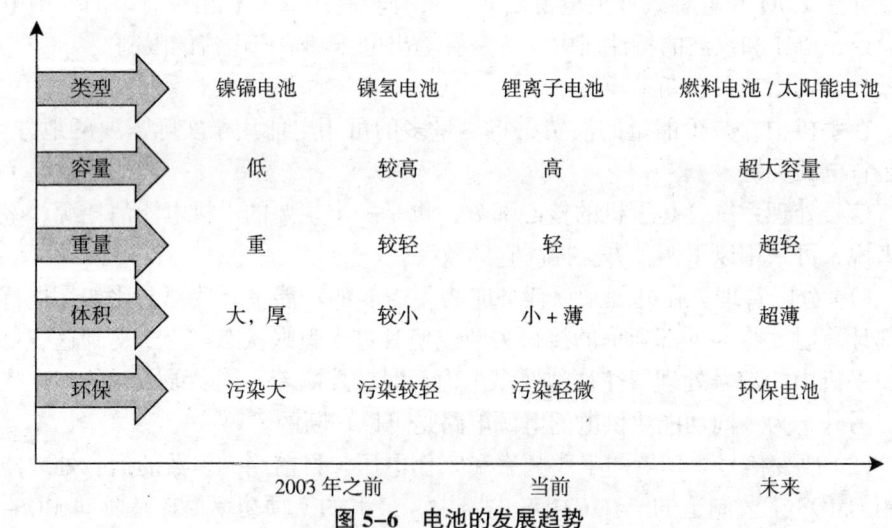

图 5-6 电池的发展趋势

通过图 5-6 可以看出,未来终端电池的发展趋势将趋于更为环保、大容量的燃料电池(FuelCell)和太阳能电池。燃料电池是一种将存在于燃料与氧化剂中的化学能直接转化为电能的发电装置。燃料和空气分别送进燃料电池,电

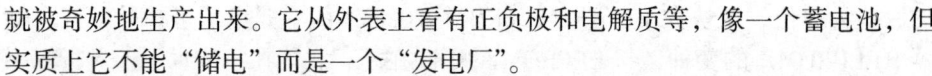

就被奇妙地生产出来。它从外表上看有正负极和电解质等,像一个蓄电池,但实质上它不能"储电"而是一个"发电厂"。

1. 合适的体积尺寸

要将燃料电池小型化、使之与现有充电电池形状相同并提供相同的性能,还需要较长的一段时间。此外,前期工程成本也是导致早期市场价格过高的问题。

2. 合理成本

燃料电池制造商必须提供足够低的价位,以便与传统的锂离子电池竞争。其他一些问题还包括如何封装、向燃料电池供给燃料以及燃料运输与存放中的安全问题等。

3. 研制先进的燃料电池制造技术

(1)高性能的电催化剂。高性能的直接甲醇燃料电池的研究与开发是未来的方向。电催化剂具有加速电化学电极反应和抑制副反应的作用,它能提高DMFC能量输出效率,降低电池成本。电催化剂分为阳极催化剂和阴极催化剂两类,直接甲醇燃料电池的阳极催化剂多使用铅(Pt),由于甲醇阳极氧化过程中产生的中间物CO在催化剂Pt表面上的强吸附与积累,导致催化剂中毒失活,DMFC功率下降,影响其实际应用。因此,寻找新型电催化剂,较少或避免催化剂中毒,是目前DMFC研究的重点。

(2)高性能的燃料电池膜降低了甲醇在膜间的渗透以及优化直接甲醇燃料的工作条件,都会提高甲醇燃料电池的整体性能。

(3)先进的优化理论。应利用先进的燃料电池理论,对微型燃料电池进行优化配置。

第四节　移动终端存储

一、基本知识

移动终端的存储设备为终端设备保存数据和安装程序提供存储空间,存储设备的空间大小和性能决定了可保存的数据容量和读写速度。

(一)闪存

闪存(Flash Memory)是一种长寿命的非易失性(在断电情况下仍能保持所存储的数据信息)的存储器,数据删除不是以单个的字节为单位而是以固定的区块为单位，区块大小一般为256KB到20MB。闪存是电子可擦除只读存储器（EEPROM）的变种，与EEPROM的不同在于，它能在字节水平上进行删除和重写而不是整个芯片擦写，这样闪存就比EEPROM的更新速度快。

闪存卡（Flash Card）是利用闪存（Flash Memory）技术达到存储电子信息的存储器，一般应用在数码相机、掌上电脑、MP3等小型数码产品中，样子小巧，犹如一张卡片，所以称为闪存卡。根据不同的生产厂商和不同的应用，闪存卡大概有Smart Media（SM卡）、Compact Flash（CF卡）、Multi Media Card（MMC卡）、Secure Digital（SD卡）、Memory Stick（记忆棒）、XD-Picture Card（XD卡）和微硬盘（MICRODRIVE）这些闪存卡虽然外观、规格不同，但是技术原理都是相同的。

（二）闪存的技术与特点

NOR型与NAND型闪存的区别很大。NOR型闪存更像内存，有独立的地址线和数据线，但价格比较贵，容量比较小；而NAND型更像硬盘，地址线和数据线是共用的I/O线，类似硬盘的所有信息都通过一条硬盘线传送，而且NAND型与NOR型闪存相比，成本要低一些，而容量大得多。因此，NOR型闪存比较适合频繁随机读写的场合，通常用于存储程序代码并直接在闪存内运行，手机就是使用NOR型闪存的大户，所以手机的"内存"容量通常不大；NAND型闪存主要用来存储资料，我们常用的闪存产品，如闪存盘、数码存储卡都是用NAND型闪存。

闪存的速度其实很有限，它本身操作速度、频率就比内存低得多，而且NAND型闪存类似硬盘的操作方式效率也比内存的直接访问方式慢得多。因此，不要以为闪存盘的性能"瓶颈"是在接口，甚至想当然地认为闪存盘采用USB2.0接口之后会获得巨大的性能提升。

NAND型闪存的操作方式效率低，这和它的架构设计和接口设计有关，它操作起来确实挺像硬盘（其实NAND型闪存在设计之初确实考虑了与硬盘的兼容性），它的性能特点也很像硬盘：小数据块操作速度很慢，而大数据块速度就很快，这种差异远比其他存储介质大得多。

二、TF卡和SD卡

TF卡和SD卡都属于闪存卡的一种，是利用闪存（Flash Memory）技术实现存储电子信息的存储器。TF卡是一种超小型卡，体积大小为11mm×15mm×1mm，如图5-7所示，是目前体积最小的存储卡。TF卡可利用适配器转换为SD卡，在使用SD作为存储介质的设备上使用。

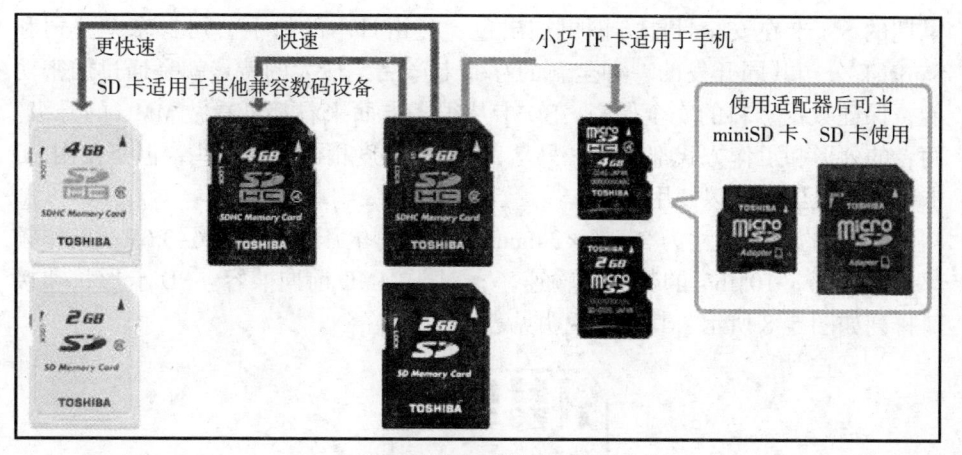

图 5-7　TF 卡和 SD 卡

（一）TF 卡

TF 卡，又称 T-Flash（TransFlash）卡，由摩托罗拉和 SanDisk 公司共同研发，在 2004 年投入市场。TransFlash 卡可以用来储存个人数据，例如数字照片、MP3、游戏及用于手机的应用和个人数据等，还内设置版权保护管理系统，让下载的音乐、影像及游戏受保护；新型 TransFlash 还备有加密功能，保护个人数据、财政记录及健康医疗文件。同时小巧的体积，也为终端制造商在设计便携式移动终端产品时，无须顾虑产品的体积问题，同时 TF 卡还具有一项弹性运用的优点，可以让供货商在交货前随时按客户不同需求做替换，这个优点是嵌入式闪存所没有的。

MicroSD 卡是一种极细小的快闪存储器卡，其格式源自 SanDisk 创造，原本这种记忆卡称为 T-Flash，即后改称为 TransFlash；而重新命名为 MicroSD 是因为被 SD 协会（SDA）采立。另一些被 SDA 采立的记忆卡包括 MiniSD 和 SD 卡。

TF 卡最早主要应用于移动电话，随着其体积的微小化和储存容量的不断提升，现在已经可使用于 GPS 设备、便携式音乐播放器和一些快闪存储器盘中。目前 MicroSD 卡提供的存储容量主要有：128MB、256MB、512MB、1G、2G、4G、8G、16G 和 32G。

TF 卡的微小在便携式终端设备上的使用优势，相对也造成了与主流台式机、笔记本电脑的连接不方便，在没有直接 TF 卡插槽的情况下，需要通过 SD 式读卡器读写数据。

（二）SD 卡

Secure Digital 存储卡简称 SD 卡，从字面理解就是安全卡，它比 CF 卡以及早期的 SM 卡在安全性能方面更加出色，是由日本的松下公司、东芝公司和 SanDisk 公司共同开发的一种全新的存储卡产品，最大的特点就是通过加密功能，保证数据资料的安全保密。SD 卡从很多方面来看都可看做 MMC 的升级。两者的外形和工作方式都相同，只是 MMC 的厚度稍微要薄一些，但是使用 SD 卡设备的机器都可以使用 MMC。

SD 卡的外形尺寸为 32mm×24mm×2.1mm，电压范围为 1.6~3.6V；工作频率为 25MHz；10Mb/s 的数据传输速率；对于 MMC 前向兼容。SD 卡形状和接口排列如图 5-8 所示，其触点说明见表 5-3。

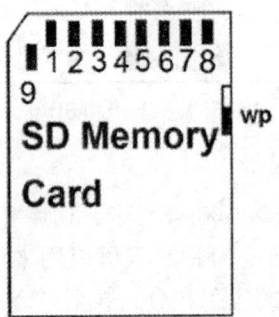

图 5-8 SD 卡形状和接口

表 5-3 SD 卡触点说明

引脚	SD 模式			SPI 模式		
	名称	类型	描述	名称	类型	描述
1	CD/DAT3[2]	I/O/PP[3]	卡检测/数据线［3］	CS	I	卡选
2	CMD	PP	指令/响应	DI	I	数据输入
3	V_{SS1}	S	电源电压地	V_{SS}	S	电源电压地
4	V_{DD}	S	电源电压	V_{DD}	S	电源电压
5	CLK	I	时钟	SCLK	I	时钟
6	V_{SS2}	S	电源电压地	V_{SS2}	S	电源电压地
7	DAT0	I/O/PP	数据线［0］	DO	O/PP	数据输出
8	DAT1	I/O/PP	数据线［1］	RSV		
9	DAT2	I/O/PP	数据线［2］	RSV		

三、多媒体卡（Multimedia Card，MMC）

MMC 卡是西门子公司和首推 CF 的 SanDisk 于 1997 年推出。1998 年 1 月，14 家公司联合成立了 MMC 协会（Multi Media Card Association），现在已经有超过 84 个成员。MMC 的发展目标主要是针对数码影像、音乐、手机、PDA、电子书、玩具等产品。MMC 也是把存储单元和控制器一同做到了卡上，智能的控制器使得 MMC 保证了兼容性和灵活性。

（一）MMC 特性

电压范围为 2.0~3.6V；0~25MHz 的时钟速率；10Mb/s 的读写速率；读卡片过程中将卡移动，不会对内容产生影响；具有存储区域的错误纠正、卡片检测、内建的写保护机制、卡片的密码保护、版权保护机制。

（二）引脚和存储

MMC 的尺寸只有 24mm×32mm×2.1mm，重为 1.5 克。7 个引脚的排列如图 5-9 所示，其触点说明见表 5-4。

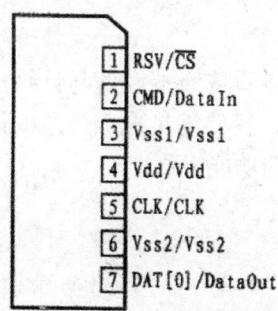

图 5-9　MMC 卡的引脚排列

表 5-4　MMC 卡的触点说明

引脚	名称	类型	描述
1	RSV	NC	保留
2	CMD	I/O/PP/OD	指令/响应
3	V_{SS1}	S	电源电压地
4	V_{DD}	S	电源电压
5	CLK	I	时钟
6	V_{SS2}	S	电源电压地
7	DAT^2	I/O/PP	数据

MMC 的 6 个存储器是 OCR、CID、CSD、RCA、DSR 和 SCR，它们只能通过相应的命令被访问。OCR、CID、CSD、SCR 携带了卡片的特殊信息，RCA、DSR 是存储配置参数的配置存储器。

（1）OCR：32 位的状态存储器，存储了卡片的电压 VDD 的状态。

（2）CID：128 位的标识存储器，存储了卡片的标识信息。每张 SD 卡片都有唯一的标识号。

(3) CSD：128 位的存储器，可以提供如何获取卡片内容的信息。描述了数据格式、纠错类型、最大数据获取时间、数据传输速率等。

(4) RCA：16 位存储器，存储相关的卡片地址。

(5) DSR：驱动进程存储器，用于提高增强工作状态（取决于总线宽度、传输速率、卡片数量）下的总线性能。

(6) SCR：64 位的配置存储器，提供了 SD 卡片的配置信息。

第五节　移动终端接口

移动终端的接口部件可以看成终端设备与计算机、网络和其他设备进行连接的桥梁。接口是一套规范，只要满足这个规范的设备，我们就可以把它们组装到一起，从而实现该设备的功能。

一、计算机接口

1. USB 接口

用来连接 PC，或连接 U 盘和带 USB 接口的其他外设等。鼠标、摄像头、U 盘都是使用 USB 接口的设备，如果想要使用它们就必须连接在 USB 接口上，这些设备的接口必须遵守 USB 接口的规范才能通过 USB 接口来使用。

2. MD 设备接口

指的是 MD（Mini Disc）产品具有的输入输出的接口。首先作为 MD 产品，耳机的输出接口自然是必须有的。除了基本的耳机输出接口之外，录放型产品还应该具有线路输入的接口，这样才能够把 MD 和其他播放设备相连接，把播放的音频输入 MD 并且将其录制到 MD 片上。而目前的 NetMD 产品还应具有 USB 接口，这样才能够和电脑相连接，从而能够进行文件的传输。有的产品还具有麦克风的接口，可以把外部的声音通过 MD 录制下来。

3. 软件接口

在.NET、JAVA 等编程语言中，接口同样是一种规范和标准。它们可以约束类的行为，如一个类如果实现 IComparable 接口，就必须实现 CompareTo（　　）方法。虽然，接口种类丰富能够扩大产品的功能，但是在实际的应用中还应按需进行选购。

二、视频接口

1. 射频

天线和模拟闭路连接电视机就是采用射频（RF）接口。作为最常见的视频连接方式，它可同时传输模拟视频以及音频信号。RF 接口传输的是视频和音频混合编码后的信号，显示设备的电路将混合编码信号进行一系列分离、解码，再输出成像。由于需要进行视频、音频混合编码，信号会互相干扰，所以它的画质输出质量是所有接口中最差的。有线电视和卫星电视接收设备也常用 RF 连接，但这种情况下，它们传输的是数字信号。

2. 复合视频

复合视频没有包含音频信号，复合视频（Composite）通常采用黄色的 RCA（莲花插座）接头。"复合"的含义是同一信道中传输亮度和色度信号的模拟信号，但电视机如果不能很好地分离这两种信号，就会出现虚影。

3. S 端子

S 端子（S-Video）连接采用 Y/C（亮度/色度）分离式输出，使用四芯线传送信号，接口为四针接口。接口中，两针接地，另外两针分别传输亮度和色度信号。因为分别传送亮度和色度信号，S 端子效果要好于复合视频。不过 S 端子的抗干扰能力较弱，所以 S 端子线的长度最好不要超过 7 米。

4. 色差

色差（Component）通常标记为 Y/Pb/Pr，用红、绿、蓝三种颜色来标注每条线缆和接口。绿色线缆（Y），传输亮度信号。蓝色和红色线缆（Pb 和 Pr）传输的是颜色差别信号。色差的效果要好于 S 端子，因此不少 DVD 以及高清播放设备上都采用该接口。如果使用优质的线材和接口，即使采用 10 米长的线缆，色差线也能传输优秀的画面。

5. VGA

VGA（Video Graphics Array）还有一个名称叫 D-Sub。VGA 接口共有 15 针，分成 3 排，每排 5 个孔，是显卡上应用最为广泛的接口类型，绝大多数显卡都带有此种接口。它传输红、绿、蓝模拟信号以及同步信号（水平和垂直信号）。使用 VGA 连接设备，线缆长度最好不要超过 10 米，而且要注意接头是否安装牢固，否则可能引起图像中出现虚影。

6. DVI

DVI（Digital Visual Interface）接口与 VGA 都是电脑中最常用的接口，与 VGA 不同的是，DVI 可以传输数字信号，不用再经过数模转换，所以画面质量非常高。目前，很多高清电视上也提供了 DVI 接口。需要注意的是，DVI 接有多种规范，常见的是 DVI-D（Digital）和 DVI-I（Intergrated）。DVI-D 只能传输数字信号，大家可以用它来连接显卡和平板电视。DVI-I 则可以在 DVI-D 和 VGA 间相互转换。

7. HDMI

HDMI（High Definition Multimedia Interface）接口是最近才出现的接口，它同 DVI 一样是传输全数字信号的。不同的是 HDMI 接口不仅能传输高清数字视频信号，还可以同时传输高质量的音频信号。同时，功能跟射频接口相同，不过由于采用了全数字化的信号传输，不会像射频接口那样出现画质不佳的情况。对于没有 HDMI 接口的用户，可以用适配器将 HDMI 接口转换为 DVI 接口，但是这样就失去了音频信号。高质量的 HDMI 线材，即使长达 20 米，也能保证优质的画面。

8. IEEE 1394

IEEE 1394 也称为火线或 iLink，它能够传输数字视频和音频及机器控制信号，具有较高的带宽，且十分稳定。通常它主要用来连接数码摄像机、DVD 录像机等设备。IEEE 1394 接口有两种类型：6 针的六角形接口和 4 针的小型四角形接口。6 针的六角形接口可向所连接的设备供电，而 4 针的四角形接口则不能。

9. BNC

BNC 接口（同轴电缆卡环形接口）主要用于连接高端家庭影院产品以及专业视频设备。BNC 电缆有 5 个连接头，分别接收红、绿、蓝水平同步和垂直同步信号。BNC 接头可以让视频信号互相间干扰减少，可达到最佳信号响应效果。此外，由于 BNC 接口的特殊设计，连接非常紧，不必担心接口松动而产生接触不良。

三、音频接口

1. RCA 模拟音频

RCA 接头就是常说的莲花头，利用 RCA 线缆传输模拟信号是目前最普遍的音频连接方式。每一根 RCA 线缆负责传输一个声道的音频信号，所以立体声信号，需要使用一对线缆。对于多声道系统，就要根据实际的声道数量配以相同数量的线缆。立体声 RCA 音频接口，一般将右声道用红色标注，左声道则用蓝色或者白色标注。

2. S/PDIF

S/PDIF（Sony/Philips Digital Interface，索尼和菲利浦数字接口）是由索尼公司与菲利浦公司联合制定的一种数字音频输出接口。该接口广泛应用在 CD

播放机、声卡及家用电器等设备上，能改善 CD 的音质，给我们更纯正的听觉效果。该接口传输的是数字信号，所以不会像模拟信号那样受到干扰而降低音频质量。需要注意的是，S/PDIF 接口是一种标准，同轴数字接口和光线接口都属于 S/PDIF 接口的范畴。

3. 数字同轴

数字同轴（Digital Coaxial）是利用 S/PDIF 接口输出数字音频的接口。同轴线缆有两个同心导体，导体和屏蔽层共用同一轴心。同轴线缆是由绝缘材料隔离的铜线导体，阻抗为 75 欧姆，在里层绝缘材料的外部是另一层环形导体及其绝缘体，整个电缆由聚氯乙烯或特氟纶材料的护套包住。同轴线缆的优点是阻抗稳定，传输带宽高，保证了音频的质量。虽然同轴数字线缆的标准接头为 BNC 接头，但市面上的同轴数字线材多采用 RCA 接头。

4. 光纤

光纤（Optical）以光脉冲的形式来传输数字信号，其材质以玻璃或有机玻璃为主。光纤同样采用 S/PDIF 接口输出，其带宽高，信号衰减小，常常用于连接 DVD 播放器和 AV 功放，支持 PCM 数字音频信号、Dolby 以及 DTS 音频信号。

5. XLR 接口

与 RCA 模拟音频线缆直接传输声音的方式完全不同，平衡模拟音频（Balanced Analog Audio）接口使用两个通道分别传送信号相同而相位相反的信号。接收端设备将这两组信号相减，干扰信号就被抵消掉，从而获得高质量的模拟信号。平衡模拟音频通常采用 XLR 接口和大三芯接口。XLR 俗称卡侬头，有三针插头和锁定装置组成。由于采用了锁定装置，XLR 连接相当牢靠。大三芯接口则采用直径为 6.35mm 的插头，其优点是耐磨损，适合反复插拔。平衡模拟音频连接主要出现在高级模拟音响器材或专业音频设备上。

本章案例

从"拇指文化"到"食指文化"的新转变

12 月 14 日，中国移动首次面向全球开发者举办的国际性盛会——"2011 年中国移动全球开发者大会"在广州召开。全球开发者会聚羊城，纵论"移动互联时代"的天下大势。

移动互联的大潮正向我们袭来。传统键盘式手机的拇指操作，也变为触屏机的食指触控，智能手机正在引领着这场文化的转变。紧抓移动互联发展契机，加快文化体制改革，也成为中央政府关注的焦点。11 月 13 日，中共中央

移动终端

政治局常委李长春同志在视察中国移动南方基地时就表示,媒体特别是新媒体的发展要高度重视占领先进的移动互联网网络文化高地。通俗地说,"我们要从听手机,更要向看手机、用手机、玩手机转变"。

一、"短信时代"到"移动互联时代"的转变

2007年,iPhone的诞生可谓是标志性事件。率先采用了触屏技术,iPhone结束了"短信时代",开启了新的"移动互联时代"。这也意味着人类从"拇指文化"迈进"食指文化"。

在"短信时代",中国移动创造了令人称奇的"拇指文化"。数据显示,中国的短信市场呈现爆炸式增长:2001年是190亿条、2002年是900亿条、2003年则突破2200亿条,到2010年,全国各类短信发送量达到8317亿条,中国移动2009年日均发送短信息达到18.66亿条,短信业务收入达到535.57亿元。

对于国人为何热衷于发短信,中国移动方面形象地解释为:"除了中国移动的短信收费一毛钱一条、堪称世界最低之外,中国历史文化深厚,国人很善于用文字来表达自己的喜怒哀乐,并且汉字的表现力极强。"

二、"移动互联时代"正在走来

随着3G网络的完善,传统的短信息生存空间日益受到移动互联网的挤压。2011年1月,工信部发布的《2010年全国电信业统计公报》数据显示,虽然与2009年相比,2010年移动短信量增加了527亿条,但6.7%的增幅创下了历史新低。通信专家预测,在未来两年内,短信数量将降低20%……

与此同时,以iPhone为代表的智能手机和iPad为代表的平板电脑的无线上网与触摸屏技术文化正在风起云涌。只要用指尖轻轻点击显示屏,就可以轻松地打电话、发信息、打开网页、玩游戏、下载和播放音乐、手机购物……

触屏摆脱了键盘和鼠标,代表着"食指文化"的到来。根据艾瑞咨询统计数据显示,2011年第三季度,中国移动互联网市场规模达108.3亿元,同比增长154.6%,环比增长38.9%,增速较上个季度增长了18%。

三、开放时代迎接移动互联网新高潮

"移动互联时代",将引发第三次信息化浪潮。随着用户需求个性化和多样化,以开放的平台让更多开发者参与非常重要。对于移动运营商而言,至关重要的是引入更多第三方开发者,打造全程体验,吸引和黏住更多的用户。

2009年,中国移动推出了在线商店"移动MM"(Mobile Market),销售各类手机应用(包括游戏、软件、主题)。中国移动方面表示:"希望'移动MM'能成为像沃尔玛、国美、苏宁这样的大卖场,开发者按照相关规则进入并销售自己的作品,用户可以根据需要随意挑选。"中国移动副总裁李正茂也表示:

"目前，移动 MM 已经有 5000 多家合作企业，超过 200 万个开发者，内容涉及数字音乐、数字媒体、数字出版和发行、网络动漫、网络文化等十多个行业。预计 2013 年产业价值将超过 1000 亿。"

资料来源：小兰. 从 "拇指文化" 到 "食指文化" 的转变 [N]. 羊城晚报，2011-12-13.

问题讨论：

1. 谈谈移动终端屏幕的演进。
2. 思考移动终端屏幕技术革新对移动终端产品及移动业务的发展有什么意义？

本章小结

本章主要介绍了移动终端设备主要组成部件，即移动终端的关键硬件。移动终端的硬件是共同组装成移动终端设备的物理基础，每一个硬件都具有不同的性能，而不同的种类和不同的产品，从而也构成了移动终端的多样性。通过对每一个关键硬件的分析，从其功能、分类、性能都进行了详细讲解。而每个硬件的选取和性能最终都将影响或决定移动终端的性能指标和运行效能。

通过对本章的学习，要求能够正确剖析一个移动终端的硬件组成，并通过其硬件分析整机的性能。

本章复习题

1. 简述移动终端芯片的种类和每类芯片的特点。
2. 简述移动终端屏幕性能参数。
3. 简述移动终端电池的种类和每类电池的供电性能。
4. 简述常见的移动终端存储卡的特点。
5. 简述主要的移动终端接口功能。

第六章

移动终端关键软件

学习目的

知识要求 通过本章的学习，掌握：

- 移动终端中间件的概念
- 移动终端浏览器的基本功能
- 移动终端用户界面的设计原则
- 典型移动终端软件商店的特点

技能要求 通过本章的学习，能够：

- 清楚掌握移动终端关键软件的功能和特性
- 正确认识每种移动终端关键软件的作用
- 了解移动终端的软件技术并能够正确把握当前的技术发展方向

学习指导

1. 本章的主要内容包括对移动终端的中间件、浏览器、用户界面和软件应用商店的介绍，通过每类软件的分类、功能、特性进行讲解，从而说明当前移动终端产品功能的丰富和未来的发展。本书的第五章和第六章分别介绍了移动终端的关键硬件和软件，两者相辅相成，缺一不可。移动终端的硬件只能提供一个实现其操作和功能物理基础，而移动终端的处理功能和操作则需要由软件系统来实现。即再高性能的硬件配置如果没有相应的软件运行其上，则无法实现任何功能，而一套高端的软件也需要一套相应的硬件来作为运行条件。

2. 学习方法：掌握基本概念，抓住移动终端每种关键软件的特征和功能特

移动终端

点,从而深入了解对移动终端可提供的操作和服务认识。通过对每个软件的学习,最后能够将其进行组合,对移动终端的功能进行整体的认识和分析。

3. 建议学时：4学时。

 引导案例

黑莓应变力：结盟合作，掘金软件应用市场

智能手机厂商面临的一个挑战是，消费者对于智能手机功能的期望一直在快速变化。智能手机厂商们用尽浑身解数吸引开发者为自家手机开发应用程序。

移动应用市场目前仍相对较小，但增势不可小觑。市场研究机构 Juniper Research 估计，到 2014 年移动应用程序销售额有可能达到 250 亿美元，而 2008 年这一数据仅为 70 亿美元。

尽管 RIM 在手机电邮方面开创了行业先例，但在建立领先的手机软件生态系统方面却只是追随者。分析师库斯克表示："苹果模式和 Android 模式各执牛耳，RIM 想要保持竞争力并非易事。"

苹果既生产硬件也开发软件。一款装备齐全的 iPhone 机型售价低至 99 美元，同时苹果还提供了下载平台，多达 10 万种应用软件可供下载。相比之下，针对 Android 手机的应用软件约有 1 万种，针对 RIM 生产的新款黑莓的应用软件约有 3000 种，运行微软 Windows Mobile 软件的手机的应用软件为几百种，Palm 的 Pre 和即将发布的 Pixi 应用软件就更少了。

针对黑莓应用软件数量少的缺点，RIM 也在积极寻求解决方法。

RIM 有着庞大的企业应用开发者社区，但直到最近才采取其擅长的"结盟合作"策略来吸引更多开发者。

这一挑战落在了 RIM 商务、营销及联盟副总裁杰夫·迈克道威尔肩上。尽管他负责的部门只为公司贡献了极少的收入，但 RIM 联席 CEO 贝尔斯利和拉扎迪斯却极为关注。迈克道威尔说，"我每天至少与拉扎迪斯会谈 1 次，与贝尔斯利则通常是 4 次。只要贝尔斯利在办公室，我随时可以进去讨论问题。"

迈克道威尔负责黑莓联盟项目，RIM 通过该项目向黑莓的 1700 位合作伙伴提供全心全意的 RIM 研发团队服务、专业技术知识和营销推广支持。2008 年秋季，RIM 在硅谷举行了首届开发者大会，RIM 在大会上向开发者提供了新产品的研发计划、一对一的指导以及与该公司著名工程师交谈的机会。

2009 年 4 月，RIM 发布了应用软件下载中心——黑莓应用程序世界。RIM 向开发者提供 80%的软件销售分成，相比之下，苹果向开发者提供的销售份额为 70%。迈克道威尔解释称："我们的目的是帮助开发者赚钱，此举引人注目，

RIM 也能从中受益。"

2009 年 11 月，RIM 召集黑莓应用程序的开发人员在旧金山开会，并公布了一系列旨在能轻松开发黑莓应用程序的新技术。

最重要的是，RIM 公司将开放自己用于传送邮件的服务器网络，允许应用程序向黑莓用户发送信息或警告。任何使用黑莓系统的公司可以向自己的用户发送消息，包括体育赛事的结果、股价信息等，可以通过应用程序或者小窗口显示在手机屏幕上。该系统也支持应用程序直接向另外一台运行着同样程序的黑莓手机发送消息。这种对等的通信方式很适合群体网络和游戏。

RIM 还推出了旨在方便开发者编写程序的新特点。例如，有些新工具允许在游戏中使用三维图片，还有些新的编程工具旨在加速黑莓应用程序的开发。

RIM 公司还希望让那些为黑莓手机开发应用程序的生意变得利润丰厚，软件的编程系统也让一些广告网络商方便地向程序中加入广告。开发者可以在软件中内置一些额外的内容获取利润，最终这些费用将反映在手机账单上。

贝尔斯利说："这就是关于盈利的一切，软件开发者不需要成为少数成功的幸运儿，而是要能提供富于变化的应用程序。"

RIM 知道，他们需要的不仅仅是世人的瞩目。他们面临的挑战是如何满足新消费者市场瞬息万变的喜好。

资料来源：陈力，何焘. 黑莓应变力：巩固后院，对抗巨头围攻 [J]. 商界评论，2010（3）.

问题：
1. 移动终端软件对移动终端产品有什么意义？
2. 移动软件的盈利模式是什么？

第一节　移动终端中间件

终端软件平台主要包括操作系统、中间件、应用平台和应用层软件。移动互联网的发展对软件平台开放性的要求越来越高，开放与开源已经成为面向移动互联网的终端软件平台的发展趋势。开放是指终端软件平台的 API 接口、SDK 工具等开放；开源是指终端软件的源代码开放。移动互联网各产业巨头都致力于以开放、开源的新型操作系统为核心，打造一个从操作系统到中间件、应用平台的平台体系，广泛吸引第三方参与业务开发形成开发者社区，构建一个以自己为中心的移动互联网产业生态环境。

一、基本概念

中间件在操作系统、网络和数据库上层，应用软件的下层，总的作用是为处于自己上层的应用软件提供运行与开发的环境，帮助用户灵活、高效地开发和集成复杂的应用软件，如图 6-1 所示。在众多关于中间件的定义中，比较普遍被接受的是 IDC（Internet Data Center）表述的。

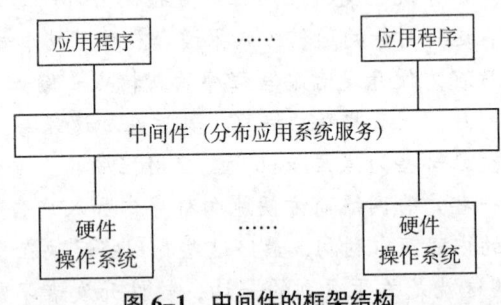

图 6-1　中间件的框架结构

中间件是一种独立的系统软件或服务程序，分布式应用软件借助这种软件在不同的技术之间共享资源，中间件位于客户机服务器的操作系统之上，管理计算资源和网络通信。

移动应用中间件是基于互联网络、通信科技、嵌入式操作系统和中间件技术的发展和融合而出现的新兴移动平台，是固网应用系统向移动终端无缝延伸、互联网业务与移动互联网完美交融的核心支撑技术。移动应用中间件为使包括手机、掌上电脑、电话、家电、汽车等在内的广大终端具有增值应用能力带来了颠覆性的驱动力量。它使广大移动终端拥有与计算机一致的高效业务处理能力，而且有着传统计算机所不具备的移动计算能力，为人们的工作、娱乐、生活带来了更加多样化的信息处理选择，全面提升移动终端价值，创造更多的移动终端增值应用。

二、常用中间件的比较

中间件所包括的范围十分广泛，针对不同的应用需求涌现出多种各具特色的中间件产品。但至今，中间件还没有一个比较精确的定义，因此，在不同的角度或不同的层次上，对中间件的分类也会有所不同。由于中间件需要屏蔽分布环境中异构的操作系统和网络协议，它必须能够提供分布环境下的通信服务，我们将这种通信服务称为平台。基于目的和实现机制的不同，我们将平台分为以下主要几类：

（一）远程过程调用（Remote Procedure Call，RPC）

远程过程调用是一种广泛使用的分布式应用程序处理方法。一个应用程序使用 RPC 来"远程"执行一个位于不同地址空间里的过程，并且从效果上看和执行本地调用相同。

事实上，一个 RPC 应用分为两个部分：Server 和 Client。Server 提供一个或多个远程过程；Client 向 Server 发出远程调用。Server 和 Client 既可以位于同一台计算机，也可以位于不同的计算机，甚至运行在不同的操作系统之上。它们通过网络进行通信。相应的 Stub 运行支持提供数据转换和通信服务，从而屏蔽不同的操作系统和网络协议。在这里，与 RPC 通信是同步的，采用线程可以进行异步调用。

在 RPC 模型中，Client 和 Server 只要具备了相应的 RPC 接口，并且具有 RPC 运行支持，就可以完成相应的互操作，而不必限制于特定的 Server。因此，RPC 为 Client/Server 分布式计算提供了有力的支持。同时，远程过程调用 RPC 所提供的是基于过程的服务访问，Client 与 Server 进行直接连接，没有中间机构来处理请求，因此也具有一定的局限性。比如，RPC 通常需要一些网络细节以定位 Server；在 Client 发出请求的同时，要求 Server 必须是活动的等。

（二）对象请求代理（Object Request Broker，ORB）

随着对象技术与分布式计算技术的发展，两者相互结合，形成了分布对象计算，并发展为当今软件技术的主流方向。1990 年底，对象管理集团 OMG 首次推出对象管理结构 OMA（ObjECt Management Architecture），ORB 是这个模型的核心组件。

ORB 是对象总线，它在 CORBA 规范中处于核心地位，定义异构环境下对象透明地发送请求和接收响应的基本机制，是建立对象之间 Client/Server 关系的中间件。ORB 使得对象可以透明地向其他对象发出请求或接受其他对象的响应，这些对象可以位于本地也可以位于远程机器。ORB 拦截请求调用，并负责找到可以实现请求的对象、传送参数、调用相应的方法、返回结果等。Client 对象并不知道同 Server 对象通信、激活或存储 Server 对象的机制，也不必知道 Server 对象位于何处、它是用何种语言实现的、使用什么操作系统或其他不属于对象接口的系统成分。其中，Client 和 Server 角色只是用来协调对象之间的相互作用。根据相应的场合，ORB 上的对象可以是 Client，也可以是 Server，甚至兼有两者。当对象发出一个请求时，它是处于 Client 角色；当它在接受请求时，它就处于 Server 角色。大部分的对象都是既扮演 Client 角色又扮演 Server 角色。另外，由于 ORB 负责对象请求的传送和 Server 的管理，Client 和

Server 之间并不直接连接，因此，与 RPC 所支持的单纯的 Client/Server 结构相比，ORB 可以支持更加复杂的结构。

（三）面向消息的中间件（Message Oriented Middleware，MOM）

消息中间件是利用高效可靠的消息传递机制进行与平台无关的数据交流，并基于数据通信来进行分布式系统的集成。通过提供消息传递和消息排队模型，它可在分布环境下扩展进程间的通信，并支持多通信协议、语言、应用程序、硬件和软件平台。

MOM 作为一种基本的中间件，其基本功能就是使分布应用的通信变得更容易。虽然，MOM 支持同步和异步两种方式的消息传递，但它更趋向于使用队列进行异步消息传递。MOM 将消息从一个应用发送到另一个应用，使用队列来作为一个过渡。客户消息被送到一个队列，并被一直保存在队列中，直到服务应用将这些消息取走。这种系统的优点就在于当客户应用在发送消息时，服务应用并不需要运行。实际上，服务应用可以在任何时候取走这些消息。

此外，由于可以从队列中以任意顺序取走消息。所以，MOM 就可更方便地使用优先级或均衡负载的机制来获取消息。MOM 也可以提供一定级别的容错能力，这种容错能力一般是使用持久的队列，这种队列允许在系统崩溃时，重新恢复队列中的消息。

（四）交易中间件（Transaction Middleware，TM）

交易中间件是在分布、异构环境下提供保证交易完整性和数据完整性的一种环境平台。在分布式事务处理系统中要处理大量事务，常常在系统中要同时做上万笔事务。在联机事务处理系统（OLTP）中，每笔事务常常要多台服务器上的程序顺序地协调完成，一旦中间发生某种故障时，不但要完成恢复工作，而且要自动切换系统，达到系统永不停机，实现高可靠性运行；同时要使大量事务在多台应用服务器能实时并发运行，并进行负载平衡地调度，实现昂贵的可靠性和大型计算机系统同等的功能，为了实现这个目标，要求系统具有监视和调度整个系统的功能。根据 X/OPEN 的 DTP（Distributed Transaction Processing）模型规定，一个分布式交易处理系统应由事务处理、通信处理以及资源管理三部分组成。

第二节　移动终端浏览器

一、基本概念

浏览器（Browser）是万维网（Web）服务的客户端浏览程序。可向万维网（Web）服务器发送各种请求，并对从服务器发来的超文本信息和各种多媒体数据格式进行解释、显示和播放。

移动终端的浏览器是用户接收和发送移动网络服务和信息的重要窗口和软件工具，是互联网/移动互联网服务商争夺移动互联网网络入口的焦点。

完整的终端浏览器的功能主要有两部分：渲染和呈现。如图6-2所示，渲染引擎（俗称内核）是浏览器服务的核心，主要用于对网站服务器上的文件进行排版解读并使其能够正确地在终端屏幕上进行展现；呈现界面是浏览器服务商对内核进行包装之后，直接与用户接触的界面，主要的作用是为用户提供交互操作，调用内核相应功能等。

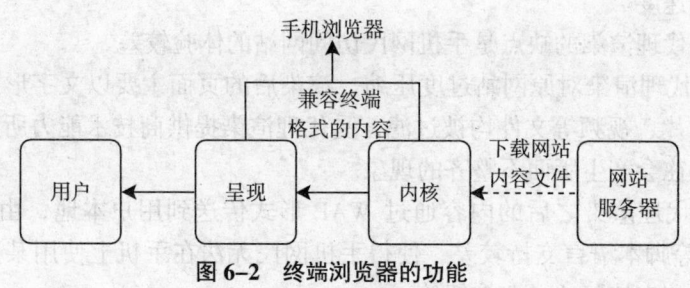

图6-2　终端浏览器的功能

（一）渲染方式

终端浏览器的渲染方式更为丰富。渲染引擎是浏览器的核心，负担着将服务器文件解释给终端的责任，渲染过程对计算能力有一定的要求。一般来说，PC浏览器的渲染引擎均集成在浏览器中，即将网站内容文件下载至本地并进行渲染。手机终端对WAP网站支持较好，但在WAP网站向Web网站融合的过程中，很大一部分手机由于处理能力较差，本地渲染浏览器无法在本地完成Web网页渲染的工作，比如MTK平台的手机、部分塞班手机等。为了满足这部分手机网民访问Web网站的需求，手机浏览器提供商引入了C/S模式的代理渲染，即Web网站的渲染工作由服务器完成，服务器再将压缩后的网站内容通过WAP网站的形式传送到用户手机并通过客户端进行展示，如图6-3所示。

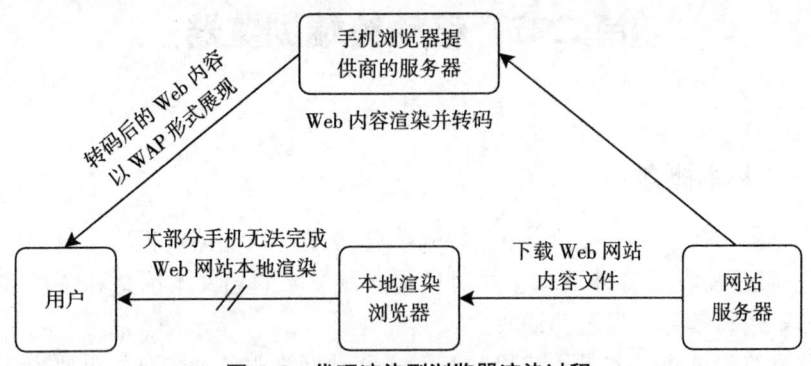

图6-3 代理渲染型浏览器渲染过程

代理渲染模式契合了中国手机网民用户的上网需求，得到了快速发展。一方面，代理渲染模式极大地降低了浏览器对手机终端处理能力的要求，只要安装了代理渲染型浏览器，手机网民便能够通过手机访问Web网站；另一方面，经代理渲染并压缩之后，原本需要消耗数MB以上流量的Web网站可被压缩至几十KB，最大限度地降低了手机网民无限流量的消耗，并大大提升了网站内容传输的速度。

不过代理渲染的缺点是手机网民访问网站的体验较差。

（1）代理渲染对原网站过度压缩，渲染后的页面主要以文字形式呈现，原网站的图片、视频等文件均被过滤，受代理渲染提供商技术能力所限，渲染后的页面往往会产生版面不整齐的现象。

（2）代理渲染之后的内容通过WAP形式传送到用户本地，由于WAP协议对JS等脚本语言支持较差，使得手机网民无法在手机上使用某些互动的功能，比如"支持"、"+1"按钮等。

（二）浏览器与终端的适配

终端浏览器对终端适配难度高，提升了企业的开发及运营成本。PC领域，Windows平台几乎占据垄断的市场份额，除了不同版本的Windows操作系统以外，浏览器提供商并无太多平台兼容性方面的顾虑。而手机浏览器提供商不仅面临多个平台的选择，还面临不同平台下不同UI方式以及分辨率适配的困难。

1. 手机平台适配

目前主流的智能移动终端平台有iOS、Android、Windows Mobile等，在不同平台之间适配浏览器产品的工作量与重新开发一款产品的工作量基本相当，无疑浏览器厂商开发成本将大大提升。

移动终端

2. 不同的 UI 方式适配

与 PC 机标准的键盘鼠标交互方式不同，移动终端的交互方式除了键盘以外，还有触摸屏交互，甚至部分机型还有轨迹球等，都需要进行一一适配。

3. 屏幕的分辨率适配

PC 屏幕分辨率由系统制定，比较统一，只有 1280×768、1024×768 等几种，与 PC 不同的是，移动终端设备的种类丰富，分辨率没有统一的标准，除主流分辨率 800×480、640×480、480×320、320×240 以外，终端厂商还可自由定制分辨率。不够统一的分辨率在一定程度上增加了浏览器厂商的适配成本。

二、典型终端浏览器

（一）Apple 公司的 Safari 浏览器

Safari 浏览器是 Apple 计算机的最新作业系统 Mac OS X 中的浏览器，使用了 KDE 的 KHTML 作为浏览器的运算核心。Safari 在 2003 年 1 月 7 日首度发行测试版，并成为 Mac OS X v10.3 与之后的默认浏览器，也是 iPhone 与 iPod Touch 的指定浏览器。Windows 版本的首个测试版在 2007 年 6 月 11 日推出，支持 Windows XP 与 Windows Vista，在 2008 年 3 月 18 日推出正式版。如图 6-4 所示。

图 6-4 Safari 浏览器界面

1. 卓越的性能

在任何平台上，Safari 都是最快的网页浏览器。

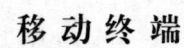

2. 典雅的用户界面

Safari 简洁的外观可以使用户将注意力集中在网页上而不是浏览器上。

3. 私人浏览

Safari 可提供私人浏览，保护使用者在线活动的私密性。只需启动私人浏览，Safari 将会不存储用户的 Google 搜索、Cookies，以及访问网站的历史记录、下载记录或在线填写的表单等信息。

如果在没有开启私人浏览的状态下一直在网上浏览，只需使用隐私重置清空缓存以及 Safari 中的个人浏览、表单和搜索历史记录。

4. 可调整的文本区域

Safari 可以调整任何网站上的文本区域，仅仅用鼠标拖住文本区域的一角。重新调整文字区域，整个网页也将自动调整来留出空间。为用户阅读时的字体大小和选择阅读提供便捷和简单操作。

5. 自动填表

Safari 的 FormsAutoFill 可以使用地址簿或者先前完成表格的信息帮助使用者填写在线表格，包括名字、街道地址、城市、邮编、邮件和其他信息。Safari 也可以提供自动输入账户名和密码的选项——所有信息均以安全、加密的格式存储。

6. SnapBack

Safari 中的 SnapBack 可以通过点击图标返回到结果页面，甚至滚动回到上次浏览页面的具体位置。SnapBack 同样适用于地址栏。输入地址，点击书签或者点击邮件连接或其他软件，Safari 创建 SnapBack 起点。当 SnapBack 图标出现在地址栏中，点击连接阅读文章，然后点击其他链接。

7. 标签浏览

利用 Safari 中的标签浏览，用户可以在一个窗口中打开多个网页并在它们之间进行切换。拖放标签重新排列它们的顺序，在一个新的浏览器窗口中打开某个标签，或者将当前所有的窗口合并到一个标签窗口中。Safari 会根据用户打开的页面数量，调整每一个标签的大小。同时用户可以以一组标签设置一个书签，或者恢复到上一次关闭或退出 Safari 时打开的标签。

8. 易用的书签

Safari 让管理书签变得前所未有的轻松。首次打开 Safari 时，它即从你使用过的浏览器中导入所有书签。如果在使用过程中想导入书签，只需选择 File 菜单上的 ImportBookmarks 即可。使用创新的 Bonjour 技术，Safari 能够在本地网络上自动识别并显示通过服务器连接的各种设备，例如，打印机、路由器和摄像头等。

9. 内置 RSS

Safari 中内置的 RSS（Really Simple Syndication）阅读器能够通知用户，哪些新的文章或者博客帖子已被加入用户的列表。当打开支持 RSS 的网页，Safari 将在地址栏中显示一个 RSS 图标，点击该图标，并浏览简单的 RSS 文件。

10. 安全性

Apple 的开发工程师从设计 Safari 的第一天起就将安全性置于首位。对初级使用者，Safari 使用加密来确保其信息安全性。当浏览一个安全的网站时，Safari 浏览器的右上角会出现一个锁的图标。如果想要了解更多网站安全性的相关信息，点击锁形图标，Safari 会显示网站安全性证书的详细信息。Safari 支持 SSL 版本 2 和 SSL 版本 3，也支持传输层安全（TLS），即下一代的互联网安全性标准。Safari 采用这些技术，提供一条安全、加密的通道，防止用户的信息遭到在线窃取。Safari 还可以使用标准验证，比如，Kerberos 单一登录和 X.509 个人认证，或者 NTLMv2 专属协议登录安全网站。Safari 还支持各种代理协议——这些服务有助于通过防火墙控制网络数据的输入输出；协议包括 AutomaticProxy 配置、FTPProxy、WebProxy（HTTP）、SecureWebProxy（HTTPS）、StreamingProxy（RTSP）、SOCKSProxy 和 GopherProxy。

11. 图片和字体

得益于 Apple 明智的字体渲染技术，Safari 在所有地方都令文本美观而易于阅读。Safari 让字体显得更平滑，不但容易辨认，而且忠实于字体的原本式样。凭借 Safari3.1 内嵌的 CSS3 网络字体，现在网页设计师可以超越网络安全字体的限制，他们可以选择任何所需要的字体，创建出符合标准技术的令人惊叹的全新网站。GraphicsandFonts.Safari 可自动识别使用个性化字体的网站，并在需要时将其下载使用。

（二）UC 浏览器

UC 浏览器（原名 UCWEB，已于 2009 年 5 月正式更名为 UC 浏览器）是一款把"互联网装入口袋"的主流手机浏览器，由优视科技（原名优视动景）公司研制开发，兼备 Cmnet、Cmwap 等联网方式，速度快而稳定，具有视频播放、网站导航、搜索、下载、个人数据管理等功能，助您畅游网络世界。

UC 浏览器的特点在于：

（1）页面排版能根据手机屏幕优化，可以自定义手机的数字键、*键、#键作为快捷键，便于操作。

（2）支持"论坛模式"（让你访问页面清爽的论坛）和"页面缩放"功能。

（3）带有邮箱功能，可以直接访问很多种邮箱。

（4）支持 RSS 订阅，支持 UC 桌面和播放器插件。

(5) 提供免费的网络硬盘，可直接将文件保存至网盘。

UC 浏览器能运行在 Symbian、Android、iPhone、Windows Mobile、Windows CE、Blackberry、中国移动 OMS（Ophone）、Java、Brew、MTK 等主流手机平台的 100 多个著名手机品牌、近 2000 款手机终端上。优视科技亦是中国第一家在手机浏览器领域拥有核心技术及完整知识产权的公司。

(三) Opera 浏览器

Opera 目前有两款手机浏览器：Opera Mini 和 Opera Mobile。

Opera Mobile 是由 Opera Software ASA 开发的，用于在智能手机和个人数字助理上浏览网页的网络浏览器。可以运行于 Windows Mobile、S60 和 UIQ 等系统。Opera Mobile 可提供与 PC 相同的全页面浏览体验，用户可自行选择是否开启 Opera Turbo 功能以压缩页面节省流量。Opera Mobile 对网络和手机硬件要求较高，是针对智能手机的高端产品。如图 6-5 所示。

图 6-5　Opera Mobile 浏览器界面

Opera Mini 目前也已实现全页面浏览，且与 PC 浏览器统一用户界面和功能（下载管理、快速拨号、密码管理），可实现与 PC 浏览器书签、笔记同步。随着 3G 网络的发展、上网资费的下调和智能手机的发展，手机浏览器与 PC 浏览器相同的浏览体验将成为用户的选择，网络融合将成为趋势。Opera 率先推出全页面浏览功能的手机浏览器将帮助其获得市场先机。

Opera 浏览器的产品特点：

(1) 支持 Web 全页面浏览。

(2) Mobile10 版本开始设置 Opera Turbo 加速功能，服务器压缩技术压缩率最高达70%。

第三节 移动终端UI

UI即User Interface（用户界面）的简称。UI设计则是指对软件的人—机交互、操作逻辑、界面美观的整体设计。好的UI设计不仅是让软件变得有个性、有品位，还要让软件的操作变得舒适、简单、自由，充分体现软件的定位和特点。

一、UI设计的一致性原则

1. 设计目标一致

软件中往往存在多个组成部分（组件、元素），不同组成部分之间的交互设计目标需要一致。例如，如果以电脑操作初级用户作为目标用户，以简化界面逻辑为设计目标，那么该目标需要贯彻软件（软件包）整体，而不是局部。

2. 元素外观一致

交互元素的外观往往影响用户的交互效果。同一个（类）软件采用一致风格的外观，对于保持用户焦点、改进交互效果有很大帮助。遗憾的是，如何确认元素外观一直没有特别统一的衡量方法，因此需要对目标用户进行调查取得反馈。

3. 交互行为一致

在交互模型中，不同类型的元素用户触发其对应的行为事件后，其交互行为需要一致。例如，所有需要用户确认操作的对话框都至少包含确认和放弃两个按钮。

对于交互行为一致性原则比较极端的理念是相同类型的交互元素所引起的行为事件相同。但是我们可以看到这个理念虽然在大部分情况下正确，但是的确有相反的例子证明，若不按照这个理念设计，会更加简化用户操作流程。

二、UI设计的可用性原则

1. 可理解

软件要为用户使用，用户必须可以理解软件各元素对应的功能。如果不能为用户所理解，那么需要提供一种非破坏性的途径，使得用户可以通过对该元素的操作，理解其对应的功能。例如删除操作元素，用户可以点击删除操作按钮，提示用户如何删除操作或者是否确认删除操作，用户可以更加详细地理解该元素对应的功能，同时可以取消该操作。

2. 可达到

用户是交互的中心，交互元素对应用户需要的功能。因此交互元素必须可以被用户控制。用户可以用诸如键盘、鼠标之类的交互设备通过移动和触发已有的交互元素达到其他在此之前不可见或者不可交互的交互元素。需要注意的是，交互的次数会影响可达到的效果。当一个功能被深深隐藏（一般来说超过4层），那么用户达到该元素的概率就大大降低了。

可达到的效果也同界面设计有关。过于复杂的界面会影响可达到的效果。

3. 可控制

软件的交互流程，用户可以控制。控制功能的执行流程，用户可以控制。如果确实无法提供用户控制，则用能被目标用户理解的方式提示用户。

第四节　软件应用商店

一、基本概念

手机软件商店，又叫手机应用商店，是 2009 年由 Apple 公司提出的概念。应用商店诞生的初衷，是让智能手机用户在手机上完成更多的工作和娱乐。在 2009 年底，手机软件商店的概念迅速风靡起来，各大手机厂商开始搭建自己的应用商店，来提升自身手机产品的卖点和吸引力。手机软件商店里的内容涵盖了手机软件、手机游戏、手机图片、手机主题、手机铃声、手机视频等几类。

二、典型软件应用商店

（一）App Store

App Store 即 Application Store，通常理解为应用商店。App Store 是一个由苹果公司为 iPhone 和 iPod Touch、iPad 以及 Mac 创建的服务，允许用户从 iTunes Store 或 Mac App Store 浏览和下载一些为了 iPhone SDK 或 Mac 开发的应用程序。用户可以购买或免费试用，让该应用程序直接下载到 iPhone 或 iPod Touch、iPad、Mac。其中包含游戏、日历、使用工具、图库、书籍等多种实用软件，如图 6-6 所示。

移动终端

图 6-6　App Store 应用

App Store 大致来说有三种：

第一种是系统级的 App Store，像 Android Market、Apple App Store、Adobe Marketplace、Chrome Web Store 等都属于这种类型的，系统级的 App Store 明显的特点就是它们都有一个自身的操作系统或者开发平台做支撑，这个是非常特别的资源，Apple 公司有自己的 iOS、Cocoa 语言以及 iPhone 等产品做支撑；Chrome App Store 有 Chrome 浏览器及 Chrome OS 做支撑；Adobe Marketplace 有 AIR 做支撑；Android Market 有 Android 手机操作系统做支撑。

第二种是运营商级别的 App Store，运营商级别的 App Store 以自身的用户基数作为支撑，并且这些用户都是付费用户。例如中国移动的 Mobile Market、中国联通的 UniStore。运营商级的 App Store 典型的特点是目前只限于手机应用，因为用户的终端五花八门，所以并不限制开发平台。

第三种是网站平台级的 App Store，这个级别的以 Facebook 为最显著代表，其次是 MySpace 等 SNS 网站，被 Google 收购的 Slide.com 就是一个 App 开发商。国内的 App Store 正在风生水起，目前正在做的有百度以及腾讯，准备加入或者已经试水的包括 360、盛大等公司。这种类型的 App Store 一般是通过浏览器访问，只能在一个网站上使用，并不限制开发语言，应用程序可以放在自己的服务器上，多数属于免费程序，第三方主要想利用平台的用户资源或者靠广告赢利，以走量为主。

这三种不同的 App Store 区别如表 6-1 所示。

（二）Jiker Store

机客手机应用商店（Jiker Store）是继美国 GETJAR 之后，国内最大的，也是唯一一家全平台的手机应用商店。机客手机应用商店全面覆盖全球 190 多个品牌的 9000 余款不同机型的手机应用；合计向用户提供 90 余万款不同类型的

表 6-1　三种不同的 App Store 区别

类别	用户覆盖	赢利	开发成本	特　点	典型代表
系统级	所有用户	收费或者广告	Apple：高 其他：低	①开发语言单一 ②有较高的准入限制 ③向开发者收取一定的费用 ④有完善的收费机制 ⑤提供开发语言支持 ⑥终端单一性	Apple App Store Android Market Adobe Maketplace Chrome Web Stroe
运营商级别	特定终端	收费或者广告	高	①仅限于手机应用 ②不限制开发语言 ③不提供技术支持	中国移动 Mobile Market 中国联通的 UniStore
网站平台级	所有用户	广告	低	①不限制开发语言 ②仅限于浏览器访问 ③可以运行在自己的服务器上 ④可以整合第三方现有的网站 ⑤自身有庞大的注册用户	Facebook、MySpace 百度、腾讯

手机应用服务，包含免费和收费两种。同时，机客手机应用商店针对每款机型都有一个独立的应用商店，如诺基亚 E71 应用商店、iPhone 应用商店等。每个应用商店都包含 8 个子类别：手机游戏、手机软件、手机电子书、手机主题、手机壁纸、手机铃声、手机电影、祝福短信。

机客手机应用商店的内容全部来自国内和国外知名的手机内容开发商分享上传，每个开发爱好者都可以免费注册机客用户，通过机客微博系统发布自己的手机应用，并且可以获得高额分成回报。目前全球有 3 万余名开发爱好者和工作室加盟机客手机应用商店平台，在机客中销售自己的手机应用获取利润。

（三）Android Market

Android Market 是 Google 开发的 Android 手机应用软件下载商店，它允许研发人员付费注册 Android SDK 开发者，并基于 Android SDK 开发相关应用，上传至 Android Market 提供给 G1 手机用户下载；同时也允许 Android 用户随意将自己喜欢的程序下载到自己的设备上。Android Market 的手机客户端界面如图 6-7 所示。

1. 搜索引擎门户

Google 是互联网搜索引擎的专家，也是桌面搜索引擎的入口。通过打造 Android 进而培育出 G-Phone，占领手机内容门户，实现 Google 手机搜索+Amazon MP3+YouTube+Android Market 的移动和互联网在终端上的融合。

2. 终端定制

专卖店内置（Amazon MP3，YouTube），Google 通过搜索排名和 Page

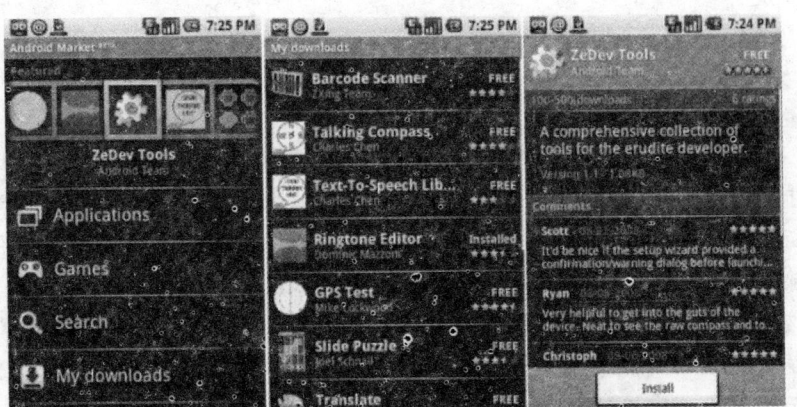

图 6-7　Android Market 界面

Ranking，实现强大的后端收费能力。同时，针对海量数据进行的统计和分析也锻造了完备精准的数据挖掘定向营销的能力。

3. 开放的平台

Android 是开放的 Linux 平台，任何一家加入 OHA 的终端厂商都可以基于 Android 开发自己的手机操作系统。此举吸引众多手机厂商纷纷倒戈投入 OHA 阵营，促使其不断强大。

Google 推出的这个新版 Android 应用商店服务，目的在于加强 Google 在移动领域与 Apple 的竞争实力，实现目前 Apple iTunes 的部分功能，有助于 Google 与 Apple 的竞争。早先 Apple 开发的 iTunes 软件，可以让用户通过电脑来发现并购买应用。

此服务也将打击早先一些例如"豌豆荚"等第三方的下载安装应用，李开复创新工场的"豌豆荚手机精灵"就是针对早先 Android 应用商店在电脑上的不足而推出的，该应用可以从电脑提供分类目录和应用排行，并方便地下载应用和安装应用到手机。

不过，从使用体验上看，相比"豌豆荚手机精灵"，Web 版的 Google Android Market 应用商店目前在中国依然体验不佳，最主要的问题就是应用无法正常显示，在中国打开网页版 Android Market，会看到左边的目录显示正常，但右边的应用却一个也看不到，使用代理服务器访问 Android Market，则显示正常，可以看到全部应用，因此怀疑 Google 应用地址被屏蔽了。

移动终端

本章案例

当心苹果 APP 怪物的血盆大口

手拿 iPhone 的人可能不是在打电话,他们也许在玩俄罗斯方块或者通过软件进行股票交易。这种可能性正在逐步增加:自从 8 个月前苹果允许其他公司提供软件给 iPhone 以来,已有超过 1 万个软件被开发出来。

这对苹果来说绝对不仅仅意味着玩乐和游戏。在将手机转换成"电脑"方面,苹果抢占了先机。在过去的半年内,iPhone 用户人均下载了至少 15 个软件。而诺基亚、摩托罗拉和其他手机用户人均下载不到一个软件。

但领先优势似乎在缩小。CEO 乔布斯休息 6 个月的消息无疑是一个打击。苹果的软件大部分都是免费下载或仅售 99 美分。因此软件开发者并不会为公司带来实质的财富。诺基亚和微软也在计划参与竞争。

虽然如此,苹果仍在拓展 iPhone 软件方面取得了进展。有一款售价 16.99 美元的程序,可使沉迷于网上即时通信服务的人在多种信息服务同时运行时与朋友保持联系。8 个月前,苹果有 8% 的无线网络开发者,现在这一数字到 2009 年 1 月已经增至 20%。

苹果也许会成为手机的标杆企业,如同微软在个人电脑产业一样——虽然没人指望苹果可以达到如微软般的统治地位。有研究者表示,苹果在未来 5 年内可能达到 20% 的市场占有率,几乎每一位研发者都想和他们合作。

但是苹果必须为开发者提供一条赢利之路。软件销售价格的 30% 应当落入开发者的口袋。如果软件是免费下载,苹果则没有获利。由于 APP 是 iTunes 网上商店的一部分,而 iTunes 已拥有 100 万用户,一个流行的程序可能吸引数百万的下载——这个数字足以引起广告商的注意。

开发者正试图以更便宜或免费的软件赢利。Tapulous 是一个用户通过敲打 iPhone 来配合音乐节奏的程序,目前已有超过 550 万次的下载。这个免费程序的流行吸引了广告商的目光,因此出现了售价为 4.99 美元的精良版本。销售与广告的结合使 Tapulous 的开发团队在 2008 年 12 月就获得了利润,比预期提前了整整 6 个月。还有一个名为 iStockTrader 的股票交易软件本身是免费的,却可以让开发团队从交易佣金中获利。

手机巨头诺基亚也在开发其 APP 网上软件商店,其程序可以直接预先安装在手机上。相对于苹果,这种方式可使开发者获得更多。"我们希望通过保持价值使自己和合作者'双赢',这样软件不会一文不名。"诺基亚的执行副总裁 Tero Ojanpera 说。

虽然如此，音乐软件制造商 Shazam 的 CEO 安德鲁·费舍尔认为苹果这个品牌是吸引研发者关注的根本原因。以往在 PC 市场，好的软件都是最先或仅仅出现在 Windows。现在的状况无疑是一个转变，而且这位受益者是苹果。"这是苹果建立的地位。"费舍尔说，"他们开发越多的软件，消费者就有越多的理由购买 iPhone。"

资料来源：当心苹果 APP 怪物的血盆大口 [J]. 商学院，2009 (2).

问题讨论：
1. 苹果 APP 软件商店对 iPhone 手机具有什么意义？
2. 苹果 APP 软件商店的盈利模式有哪些？

本章小结

本章主要介绍了实现移动终端各类功能和操作基础，即关键软件。移动终端的中间件是链接硬件和软件的中间层；移动终端的浏览器是优化无线网络服务的窗口；移动终端的用户界面能够为用户提供个性化、美观和便捷的操作体验；移动终端的软件应用商店则为用户提供了一个虚拟的、丰富的，包含各种工具、数据、游戏、影音资源，可自由选择的商场。

通过对本章的学习，要求能够对移动终端的各类软件及其功能具有全面的认识，掌握每类软件对移动终端功能的影响和可提供的服务功能。

本章复习题

1. 简述移动终端中间件的种类，并进行比较分析。
2. 列举当前主流的移动终端浏览器及其特点。
3. 简述移动终端用户界面的设计原则。
4. 简述当前主流的移动终端软件应用商店的发展，并分析其特点和发展趋势。

第七章 移动终端安全

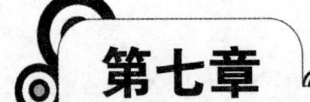

学习目的

知识要求 通过本章的学习，掌握：

- 移动终端的安全风险
- 手机病毒的种类和防护
- 移动终端的安全技术
- 移动终端的安全管理

技能要求 通过本章的学习，能够：

- 清楚掌握移动终端的安全隐患风险
- 正确认识手机病毒的攻击方式和防护手段
- 了解移动终端的安全技术和安全管理方式

学习指导

1. 本章的主要内容包括对移动终端存在的安全隐患和恶意软件对移动终端的威胁，并重点介绍了手机病毒的种类、攻击方式和防护措施。通过对当前移动终端安全技术的介绍，总结移动终端的安全管理办法。

2. 学习方法：掌握基本概念，首先认识移动终端的安全问题的所在，造成恶意攻击的缘由，从而针对不同的安全隐患的解决和防护措施进行学习，形成问题和解决方案一一对应的学习。

3. 建议学时：4学时。

移动终端

我国移动终端病毒感染率达 32%

2011年10月20日发布的2010年度全国信息网络安全状况暨计算机病毒疫情调查结果显示，我国移动终端病毒疫情发展迅速。当年移动终端病毒感染率为32.47%，多次感染病毒的比率为12.72%。

国家计算机病毒应急处理中心常务副主任张健说，随着移动互联网的应用日益广泛，移动终端中的安全问题逐步显现。疫情调查显示，57.81%的用户使用移动终端进行互联网应用，有39.85%的移动终端使用者感染过病毒，移动终端的安全问题不容忽视。

被调查用户使用的移动终端主要包括智能手机、平板电脑、非智能手机等。调查显示，感染手机病毒和恶意流氓软件扣费是移动终端遇到的主要安全问题，分别占调查总数的32.47%和26.44%。此外，个人敏感信息泄露、远程受控也是移动终端面临的重要问题。

移动终端病毒主要通过普通短信、彩信、网站浏览、电子邮件、网络聊天、电脑连接、存储介质、蓝牙等多种途径传播。垃圾短信是产生移动终端产品安全问题的主要途径，占到总数的40.92%；钓鱼（欺诈信息）和网站浏览也是移动终端产品安全部门产生的重要原因，分别占总数的23.66%和22.16%。

调查发现，通过访问WAP和WWW网站感染病毒的用户最多，占被感染用户的47.54%。其次是彩信（36.48%）和普通短信（35.44%）。

用户感染移动终端病毒会造成信息泄露、恶意扣费、远程受控、手机僵尸、影响手机正常运行等后果。调查结果显示，2010年，54.09%被病毒感染的用户手机无法正常使用，50.32%的用户信息被泄露，46.55%的用户被恶意扣费，移动终端病毒的传播给用户带来了很大的不便和损失。

用户使用的安全产品中，手机防病毒软件的使用率最高，达35.03%；其次为来电防火墙和短信防火墙，分别占总数的27.4%和18.76%。2010年，移动终端病毒感染率为32.7%，多次感染病毒的比率为12.72%。

资料来源：新华社，2011-10-24。

问题：
1. 移动终端的安全隐患有哪些？
2. 移动终端病毒对个人和社会的利益会造成哪些损害？

第一节 移动终端的安全风险

随着无线网络技术的应用与发展，移动商务与物联网等相关产业及应用的快速普及，人们在日常的生活、工作、学习中越来越多地依赖于网络及网络服务，伴随而来的信息安全威胁也在不断增加。个性化服务的定制与个人的隐私安全之间的矛盾，移动商务的便捷与商业信息的安全不泄露之间的矛盾，使得提高移动终端的安全性，规避信息泄露风险成为当前移动终端产品急需解决的发展"瓶颈"。

一、移动终端的安全问题

众所周知，作为独立的物理实体，移动终端由于具有高速的处理器和大容量的存储器，又能够直接接入移动网络，所以很多安全功能和业务应用都可以较为方便地实现。但由于目前移动终端结构比较松散，没有提供措施对内部器件进行统一管理和认证，在操作系统设计上缺乏有效的安全策略，同时移动终端中所存储的数据甚至程序在不同的程度上也是公开或开放的。因此，移动终端的使用存在着一定的安全风险问题。

现代移动终端不仅是作为基本的语音通信工具，随着移动数据业务的不断开展，移动终端需要具备更丰富的内容和更全面的功能，如浏览网页、下载、位置服务、多媒体等，尤其是具备开放式操作系统的智能终端的出现，让移动终端不仅可以像PC那样进行高速的运算处理，还可以下载安装任意可兼容的第三方软件。越来越大的开放性给移动终端也带来了越来越多的安全问题。

（一）终端敏感信息被泄露、篡改

终端的敏感信息，如终端IMEIIESN号，容易被非法修改。如果运营商启用了开机IMEIIESN号的相关鉴权功能，那么如果一个非法终端（被盗终端或水货终端）的IMEIIESN号被修改为一个合法终端的IMEIIESN号，那么这些非法终端就可以继续被使用，这不仅给被盗终端用户造成一定的经济损失，水货终端的泛滥也给国家的经济利益造成了较大损失。

另外，终端内用户的电话簿信息、个人账号、短信等信息，如果是明文存储，那么终端被盗后这些机密的个人信息也将被泄露、窃取或篡改，给不法之徒可乘之机。

（二）SIM/UIM 卡信息被泄露、复制

这种安全威胁一般存在于 2G 网络中，针对机卡分离的终端，其 SIM/UIM 卡可能会被完全复制。非法用户通过读卡器等手段将其他用户卡的信息读出，并复制到另一张卡上盗用，给合法用户造成经济损失。

（三）空中接口信息被泄露、篡改

在 2G 网络中，空中接口信息没有实施加密、完整性保护等机制，因此空口信息可以很容易地截获并读取，这样用户的通信内容包括语音通信以及数据通信的内容都可以被恶意第三方获取，这对于用户的隐私安全是一种非常严重的危害。目前，市场上和互联网上随处可见贩卖各种终端窃听器的商贩，给不法分子创造了更方便的破坏途径。终端通信的窃听不仅给用户隐私带来安全隐患，更为严重的窃听将会危害到商业机密甚至是国家秘密，因此，终端窃听问题是目前终端安全中一个不容忽视的问题。

（四）内容数字版权

内容数字版权问题的危害对象不是终端用户，而是内容提供商与运营商的利益。在移动增值业务中，销售数字产品对内容制作商和移动运营商来说是非常重要的机会。但是，由于信息自身的特点，最终用户无意或有意地对有价信息进行任意的复制、粘贴，尤其是无所顾忌的二次传播（如用户之间资源的相互转发），以几何级数的速度消耗了潜在的用户资源。

在多媒体业务广泛开展之前以短信业务为主的时代，就存在大量短信的任意转发，但是由于短信本身的附加值较低，并且运营商的短信收入主要还是以通信费为主，因此短信内容的数字版权也没有引起较高的重视。随着多媒体业务的推出尤其是随着彩信、彩 e 以及 Java、Brew 下载等多媒体类业务的推出与不断发展，移动用户可以获得的内容已不再是简单的文本内容，更多的是铃声、图片、视频及游戏程序等附加值较高的多媒体内容，因此如果对多媒体内容的转发不加以限制，则会给运营商与内容提供商带来较大的利益损失。

（五）智能终端操作系统安全问题

智能终端除了具备强大的运算功能、大容量的存储功能以外，其最为突出的一点是，智能终端具备开放式操作系统。开放式操作系统最大的特点就是其开放性，它可以支持强大的第三方应用软件的开发、安装与运行。开放性和安全性是相互对立的，因此也正因为突出的开放性，给智能终端带来了更多的安全隐患。

Windows Mobile 系统很早就被发现存在安全漏洞，典型的漏洞是允许攻击者向使用该系统的终端发送恶意代码，这一点与基于 Windows 的 PC 系统非常类似。并且，如 PC 的 Windows 系统一样，Windows Mobile 系统总是不断地被

发现存在不同的安全漏洞。

Symbian 系统也存在一些安全漏洞，例如有多种通过蓝牙连接对 Symbian 终端进行 DOS 攻击的方法。诺基亚 60 系列的终端存在远程拒绝服务攻击的系统漏洞，攻击者可以利用此漏洞使受害者的终端重启。

Palm 和 Linux 系统的安全漏洞相对较少。不过这其中包含了市场份额的影响，攻击者通常更热衷于在市场份额表现出色的系统上挖掘漏洞。

苹果的 iPhone 终端操作系统 MAC OS X 同样也发现了不少安全漏洞。iPhone 的安全漏洞主要在浏览器和电子邮件客户端软件以及蓝牙功能中。MAC OS X 具备全功能的浏览器，这使得恶意网站可以利用各种脚本语言对 iPhone 终端进行攻击。另外 iPhone 的蓝牙安全漏洞也是较为严重的安全漏洞。攻击者能够利用蓝牙的安全漏洞在 iPhone 上运行未经授权的代码，从而对终端进行攻击。

移动终端的安全问题是已经出现或正在逐步蔓延的安全问题，随着数据业务的发展，移动通信网与互联网的融合将会越来越紧密，互联网中存在的安全问题也会越来越多地出现在移动网内、终端上。

二、恶意软件对移动终端的威胁

移动终端恶意软件同计算机恶意软件相似，当前主要以破坏性的木马、间谍和监听监控病毒为主。病毒抓住移动终端的安全漏洞进行攻击，或者诱骗用户执行相应病毒程序，并且利用移动终端的网络进行快速传播。作为移动终端病毒，具有几个主要特性：①传播性，通过各种方式向更多的设备进行感染；②传染性，能够通过复制来感染正常文件，破坏文件的正常运行；③破坏性，轻者降低系统性能，重者破坏数据和文件导致系统崩溃，更严重的甚至可以损坏硬件，对于监控病毒，则进行个人信息的偷盗。

移动终端病毒按传播形式可分为以下三类：

（1）互联网接入：网站浏览、网络游戏和下载程序等。

（2）外部接口：蓝牙、红外、WiFi 和 USB 等接口。

（3）移动终端业务应用：SMS 和 MMS 等。

移动终端病毒也会像计算机病毒一样，向整个网络发起攻击，对网络产生破坏性影响。由于移动网络与计算机网络存在的差异性，使得移动网络一旦受到攻击，其破坏性将远远超过计算机网络。当然，由于目前第三代移动通信网络还没有大规模商用，同时，移动智能终端的数量相对来说较少，所以危害性相对来说也比较小，但不久的将来，随着 3G 网络的进一步发展，移动终端病毒对网络造成的攻击威胁将会日益突出。

三、移动终端的外部风险

移动终端和移动业务应用过程中不仅存在部分自生的安全隐患，还要面对多种多样的来自外部的风险行为。

1. 针对移动终端用户隐私

此类病毒可以盗取移动终端上保存的通讯录、日程安排、个人身份信息、短信息、照片、视频、电子邮件，甚至个人机密信息和网上银行交易记录等，对机主的信息安全构成重大威胁。近年来，与移动终端相关的科技迅猛发展，使移动智能终端的价格已经降到了普通消费者可以接受的水平，越来越多的人将把移动智能终端作为存储个人信息的重要载体，这就不可避免地为那些别有用心的黑客和病毒编写者创造了一定的条件。

2. 传播各种不良信息

各种不良信息的传播，对社会风气和青少年身心健康造成了伤害。目前，大部分移动终端拥有了播放 MP3、浏览文本、观看图片和播放视频等功能，使移动终端逐渐变成一个"微缩"电脑。这些功能在方便大众和造福社会的同时，也为不良和有害信息的传播和展示提供了便利的通道和场所。

3. 针对移动终端用户资费

有的病毒能控制移动终端在用户本人不知情的情况下自动拨打声讯电话，发送大量垃圾短信、订购 SP 增值业务、接入特定收费的 WAP 地址等，移动终端安全病毒不仅导致用户付出额外通信费，而且可能带来严重的社会责任。同时，移动终端病毒也会像计算机病毒一样，向整个网络发起攻击，对网络产生破坏性影响。

由于移动网络与计算机网络存在的差异性，使得移动网络一旦受到攻击，其破坏性将远远超过计算机网络。当然，由于目前第三代移动通信网络还没有大规模商用，同时，移动智能终端的数量相对来说较少，所以危害性相对来说也比较小。但不久的将来，随着 3G 网络的进一步发展，移动终端病毒对网络造成的攻击威胁将会日益突出。

4. 垃圾信息

目前，垃圾信息越来越多，除了删除信息给用户带来的不便以外，数据下载往往还需要用户支付相关费用。有些虚假信息诱使用户发送消息到付费业务号码。另外，一些垃圾信息还被用来获取用户的密码、财务细节或者其他机密信息。同时，多媒体消息和即时消息还是传播病毒的重要手段。

5. 空口窃听

移动用户的通信数据流包括信令数据和用户数据（包括语音数据和数据信

息)。攻击者可以通过无线接口窃听数据流，达到获取用户隐私的目的，或者通过监测无线接口上信息的时间、频率、长度、来源和目的地等信息非法获取某些资源的访问权。

6. SIM 卡复制

目前移动终端均采用机卡分离模式，对于比较老的 SIM 卡，可以通过读取原卡的 IMSI 号，并破解 SIM 卡的 KI 值，将原卡的所有信息复制到新卡中，从而实现盗号。使用原卡和复制卡均可接入网络，并能正常待机，也能够正常发起话音和短信等业务，但在作为被叫用户时，只有其中一张卡能够收到短消息或电话。

7. 运营商保存的用户数据

用户数据有一部分（包括用户认证信息和业务数据等）保存在运营商的服务器内，如果该数据被泄露，也会给用户带来极大的安全威胁。例如保存在 HLR 的用户认证信息泄露，用户号码就会被盗用；保存在 HLR/VLR 的用户位置信息泄露，用户就会被追踪；保存在业务服务器的业务信息（例如邮件等）泄露，用户业务内容就会被别人了解。对于这方面安全，只能依靠运营商加强管理来加以防范。

事实上，移动终端面临的安全问题还很多，特别是随着移动智能终端的飞速发展，潜在安全问题会越来越多。

第二节 手机病毒及防治

一、手机病毒的种类

(一) 短信类病毒

短信类手机病毒主要是利用手机操作系统本身的一种缺陷——BUG 而编写的一种进行恶意攻击或者操作的代码，病毒是诱因，但 BUG 为病毒的攻击提供了机会和渠道。对于这种与生俱来的缺陷，许多厂家也只是不声不响地发出各种软件的升级版而已。当然，不同手机厂商其开发工具也不同，手机的上层软件也就不一样，这就像是 Windows 系统和 Linux 系统之间的关系，因此恶意短信就无法跨手机完成攻击。这也是为什么目前只有少数几款手机会被攻击的原因。因为绝大多数手机目前尚不支持外来软件的运行且不同品牌的手机具有不同的专有操作系统，因此，这些短信病毒目前还不具有通用性，只是单纯地一对一实施攻击。但今后随着操作系统的标准化和开放性针对手机操作系统BUG的攻击将具有更大的危害性。

目前出现的短信类手机病毒主要有以下几种：

（1）利用手机的SMS协议处理漏洞。

（2）利用手机对某些特殊字符处理漏洞。

（3）利用手机操作系统应用软件处理漏洞。

（二）炸弹类病毒

该类病毒就是利用短信网站或者利用网关漏洞向手机发送大量短信，进行短信拒绝服务攻击。典型的就是利用各大门户网站的手机服务漏洞，写个程序，不停地用某个手机号码订阅某项服务或者退定某个服务，而以前出现的SMS. Flood就是这样一个程序，它致使大量垃圾短消息填满手机存储器，不仅干扰了手机的正常通信，而且使手机电池很快耗尽；另外当手机存储器存满后，手机会自动选择SIM卡作为存储器（当然，哪个作为优先存储器是可选的；另外，有的手机只能以SIM卡作为存储器），并通过UPDATE命令将短信按特定的格式保存到SIM卡中的存储单元中，多次地读写SIM卡，会减短SIM卡的使用寿命。但总的说来，这类病毒不具有明显的危害性，且比较容易防范。

（三）蠕虫类手机病毒

目前出现的蠕虫病毒是利用蓝牙手机的一个缺陷而进行传播的，当然这并不是蓝牙标准引起的，而是手机厂商实现蓝牙标准的方式引起的，大部分蓝牙设备在发售时并没有开启蓝牙安全功能或在蓝牙设备受到访问时不要求密码认证，这就使得其他蓝牙设备能够随意访问这些设备。如前阶段出现的基于Symbian操作系统的"Epoc. Cbir"概念病毒和基于Windows Mobile操作系统的Wince4. Dust就是利用该漏洞进行传播的，但是该类病毒的传播，是在移动用户允许的条件下，手机才能接收和执行文件（当蓝牙手机接收到其他蓝牙手机发过来的信息时会弹出对话框，征询用户是否接收和安装，如果用户拒绝，该病毒就无法进行）。

在蓝牙的漏洞中，目前最为常见和易被利用的有以下三种：

（1）Bluesnarfing——盗取蓝牙手机的资料，例如电话本、日程表以及短信内容。

（2）Bluetracking——所有的蓝牙设备都有类似于网卡号的一个全球唯一的地址，使用特别的感应器或天线就能跟踪蓝牙设备并记录其行动。

（3）Bluebugging——使用相应的软件，利用蓝牙设备上自动执行功能可以打开手机并拨打电话。

(四) 木马类手机病毒

早在 2001 年 7 月，日本就发现了手机病毒报告：一名黑客向大约 1300 万 I-mode 用户发送了含有病毒的信息，使得很多手机用户被控制，并开始自动拨打日本的急救热线电话 110，造成了相当长一段时间的混乱。并且目前还出现了一种针对 Symbian 操作系统的木马"Mosquitoes Trojan"，Mosquitoes 是一款游戏的名称，程序编写者在游戏中植入了向某一目的地发送短消息的代码，当用户启动该程序时，该程序就会定时向一些高收费的短信地址发送短信，从而给用户造成经济上的损失。和蠕虫病毒一样，该程序在安装过程中会发出一个警告信息（没有得到 Symbian 公司的认证），并需得到用户的确认是否继续安装，如果用户有高度警觉的话，该程序也不会给用户造成危害。

二、手机病毒的攻击方式与特点

（一）手机病毒的特性

（1）传染性。病毒通过自身复制来感染正常文件，达到破坏目标正常运行的目的，但是它的感染是有条件的也就是病毒程序必须被执行之后，它才具有传染性才能感染其他文件。

（2）破坏性。任何病毒侵入目标后，都会或大或小地对系统的正常使用造成一定的影响，轻者降低系统的性能，占用系统资源；重者破坏数据导致系统崩溃，甚至损坏硬件隐藏性。

（3）潜伏性。一般病毒在感染文件后并不是立即发作，而是隐藏在系统中，在满足条件时才激活。

（4）可触发性。病毒如果没有被激活，它就像其他没执行的程序一样，安静地待在系统中，没传染性也不具有杀伤力，但是一旦遇到某个特定的条件，它就会被触发，具有传染性和破坏力，对系统产生破坏作用。

（5）寄生性。病毒嵌入到载体中，依靠载体而生存，当载体被执行时，病毒程序也就被激活，然后进行复制和传播。

（二）手机病毒的攻击特点

手机病毒虽然最终伤害对象是手机，但它并不一定直接攻击手机终端本身，目前手机病毒的攻击方式主要有：

（1）利用互联网攻击手机终端。病毒利用与手机辅助服务相关的互联网工具来发起对手机终端的攻击。世界上最早发现的手机病毒就是这种类型。该病毒名为 Timofonica，于 2000 年 6 月诞生于西班牙，它的载体实际上是电子邮件，具有双重危害，不但可以像普通的邮件病毒那样给地址簿中的邮箱发送带毒邮件，而且可以利用短信服务器中转向手机发送大量短信。事实上，只要你的电子邮箱带有邮件短信通知或者短信转发功能，那么一款很普通的攻击电子邮箱的电脑病毒同时也会对你的手机造成极大的危害：在你的邮箱不断收到垃圾邮件的同时，你的手机也会不断收到短信通知，造成话费支出。这种在互联网上传播的病毒，其影响面目前是最大的，从它的传播方式和运行程序的设备来看，严格意义上来说仍然是一种电脑病毒，但从危害对象来说，却是一种手机病毒。

（2）攻击 WAP 服务器。攻击 WAP 服务器，使 WAP 手机无法接收正常信息。WAP（无线应用协议）可以使小型手持设备（如手机等）方便地接入 Internet，完成一些简单的网络浏览、操作功能。手机的 WAP 功能需要专门的 WAP 服务器来支持，一旦有人发现 WAP 服务器的安全漏洞，并对其进行攻击，手机将无法接收到正常的网络信息。

（3）攻击短消息网关。攻击和控制"网关"，向手机发送垃圾信息。网关是网络与网络之间的联系纽带，利用网关漏洞同样可以对整个子机网络造成影响，使手机的所有服务都不能正常工作，甚至可以对网关服务范围内的所有手机用户批量发送垃圾信息。

（4）直接攻击手机终端。直接攻击手机本身使手机无法提供服务。这是一种名副其实的手机病毒，也是目前手机病毒的一种重要的攻击方式。主要是利用手机芯片程序中的 BUG，以"病毒短信"的方式攻击手机，使手机无法提供某方面的服务。天津市就曾经出现过一种称为"移动黑客"的手机病毒，用户只要一查看中毒手机中的短信息，手机就会自动关闭。该病毒是用短信的形式把病毒代码发送给对方，从而造成破坏。杀伤力强的手机病毒，能使手机自动关机、死机等，甚至使内部芯片烧坏。当然，这类病毒通常只对使用同一芯片、同一种操作系统的手机产生作用，而一旦厂家填补漏洞，病毒也就无机可乘了。

三、手机病毒的防护

按照终端病毒的传播途径以及破坏方式，可以从以下几个方面来进行移动终端的病毒防护。

1. 阻断病毒传播的源头

目前移动终端交换数据的主要方式包括数据线、存储卡、红外线、蓝牙和 WiFi 等。

其中，数据线、红外线和存储卡基本都属于非无线传输，对于这些数据交换方式来说，需要注意的问题主要是数据来源的可信性。很多病毒都需要引诱用户下载才能被传送到目标设备中，所以注意验证文件下载源的可信性是非常重要的。

蓝牙和 WiFi 都有一些安全保护措施可用，这些安全机制可以尽量限制病毒在未授权的情况下进入移动终端。例如蓝牙可以设置用于连接认证的 PIN 码；而 WiFi 也可以通过设置更复杂的访问密码来执行更高强度的保护。WiFi 可以支持 WPA 标准，这是一种通过软件实现的安全机制，相对于最早的 WEP 加密，WPA 提供更强大的加密和认证机制，由于使用动态密钥，所以猜解 WPA 密码是非常困难的。有很多移动终端供应商提供升级软件，以使相对较旧的移动终端支持 WPA 标准。

2. 应用移动终端反病毒软件

针对移动终端病毒的日趋发展，反病毒厂商都推出了针对移动终端平台的安全软件产品。现在全球的主流反病毒厂商几乎都提供了自己的移动终端反病毒软件，还有不少厂商是免费提供的，比如国内金山公司针对手机病毒的发展和用户的需求，于 2005 年 11 月在国内首先推出第一款手机版杀毒软件。该软件体积 225KB，可以方便地安装在手机上。功能包括：病毒查杀、实时监控、在线升级等，可以支持 Symbian 系列（诺基亚 6600/7610/N90/E60、松下 X700/X800 等、西门子 SXl 等）、Pocket PC 系列（联想 ET960 等、HP iPaq1937 等、多普达 828 等）、SmartPhone 系列（多普达 585/575 等、摩托罗拉 MPx220 等）等多种终端。

3. 终端用户提高防病毒意识

防终端病毒，终端用户的防范意识非常重要。很多感染都是因为终端用户的安全意识不够，才给病毒有可乘之机。如收到来源不明的短信、有奇怪的链接申请、出现莫名其妙的程序或文件、设备运行变得黏滞、电量消耗速度明显加快……这种种现象可能表示移动终端已经感染了病毒。有很多证据表明，病毒的破坏作用随着感染时间的加长而成倍增长，这也就意味着尽早发现病毒感染可以极大地降低损失甚至避免被感染。因此，终端用户应该在使用移动终端的过程中保持足够的警惕性，如不要设置蓝牙功能为自动开启，并设置蓝牙密码等。如果不幸被感染也应尽快采取措施尽量把病毒感染的可能性降到最低。

4. 运营商加强网络防护

除了蓝牙和 WiFi 等近距离无线方式传输的病毒外，其他如通过彩信、短信、邮件、下载和网页浏览等传播的病毒，都要经过移动网络才能到达终端。因此可以说，移动网络是发现并消灭病毒的第一道岗哨。运营商可以在移动网络关键设备上设置监控过滤工具，如在彩信服务器上装备病毒扫描工具，因为所有的彩信都必须经过彩信服务器存储转发，那么就可以在彩信服务器上检测出带有病毒的彩信并将其删除，从而可以阻止病毒被下发到终端中，进而遏制病毒的蔓延。目前，国外运营商已经在着手考虑在移动网络中进行病毒防护的工作，Verizon 和 T-Mobile USA 公司均表示在自己的网络中部署了病毒扫描工具。

第三节　移动终端的安全技术

一、智能操作系统安全防护

对于智能终端操作系统的安全漏洞的防护，可以从"事前"和"事后"两个方面进行。

"事前"指终端操作系统厂商在设计系统时应该对安全问题进行充分的考虑，在数据加密、通信协议以及访问认证方式等方面做相应的安全方面的增强，并且积极地与防病毒厂商合作。"事后"指各操作系统厂商尽量在较短的时间内对发现的安全漏洞进行修补，只要用户及时地更新安全补丁，就可以避免漏洞所造成的危害。

由于借鉴了个人电脑领域的安全经验，只要正确地利用这些经验以及一些已有的安全解决方案，并对厂商发布的各种信息保持适当的关注，目前的智能终端用户是能够获得良好的安全环境的。

1. 移动终端器件的物理安全要求

与安全紧密相关的芯片主要包括闪存和基带芯片。必须建立严格的安全保障体系，推动安全芯片的开发与推广，防止关键代码被篡改，保护关键系统资源访问，从芯片底层保证终端安全。此外，移动终端还将通过多个物理接口与外界进行通信，应对各个物理接口接入进行安全控制，包括访问控制能力和指令的许可性判定。

2. 基于角色的身份认证和权限划分

与终端接触的实体划分为四种角色：终端所有者、业务提供商、终端生产商和终端维修商。不同角色用户访问移动终端前，移动终端应对用户的身份进行认证识别用户所对应的角色，然后根据用户的角色对用户进行授权。移动终端的激活可以采用的方式有口令认证、智能卡认证、生物特征识别及实体鉴别等方式。

3. 移动终端系统资源的访问控制

移动终端的系统资源主要是指 CPU 指令、存储器、通信模块、设备驱动及系统内核等资源。用户程序不能直接调用系统资源,如不能直接调用硬件资源、系统指令、通信模块等。所有的系统资源应通过操作系统提供的 API 才能进行访问。对于加载的应用程序,如果没有被授权或未通过认证,则不能调用系统资源。操作系统不能向用户程序开放访问智能卡、修改 IMEI 等数据的程序接口。

4. 移动终端数据存储和访问安全

根据安全级别,移动终端中的数据分为机密数据、敏感数据、私有数据和普通数据等。

机密数据是指密钥、口令、安全配置信息等,在存储时要进行加密和完整性校验。

敏感数据是指如系统数据、证书、审计记录等,在进行存储时要进行完整性校验,并根据数据的重要程度决定是否需要进行加密存储。

私有数据是指和终端使用者有关的个人数据,私有数据在存储时应进行完整性校验,并由用户决定是否进行加密存储。只有终端使用者才能对其进行读取和修改。

普通数据是指和终端使用者有关的个人数据,存储没有特殊要求,可以以明文形式保存。

二、移动终端芯片安全

芯片作为移动终端内部信息的主要记录媒体和运算平台,扮演着重要的角色,其中 Flash 芯片和基带芯片是所有芯片中最关键的两种,对于移动终端的非法攻击,大部分是通过对它们的非法操作完成。终端芯片安全策略主要有:

(1)利用加密的方式对数据进行传输或保存。随着电子支付等安全业务的出现,加密模块越来越受到重视。它应满足如下的要求:加密模块应植入基带芯片内部;应支持一定的加密算法;本地加密密钥不易被访问;非本地加密密钥在业务结束时删除。

(2) IMEI 号和 Chip ID 是分别记录在 Flash 芯片和基带芯片中的唯一标识信息。为了保证 IMEI 号的一致性,具备 Chip ID 的移动终端应将 IMEI 和 Chip ID 捆绑起来,进行一致性校验,判断 IMEI 号是否经过了非法修改。如果通过一致性检查,则正常开机,否则应采取相应保护措施。

(3)移动终端应能够自动识别 Flash 芯片中的内容是否经过非法篡改并采取相应的措施。Flash 中最重要的信息是系统软件(包括引导程序、操作系统、通信协议、芯片配置软件)和 IMEI 号。系统软件的一致性是指终端每次开机时应确保存储在 Flash 中的系统软件与出厂时或出厂后通过合法方式升级的软

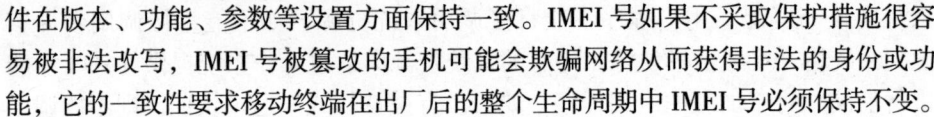

件在版本、功能、参数等设置方面保持一致。IMEI 号如果不采取保护措施很容易被非法改写，IMEI 号被篡改的手机可能会欺骗网络从而获得非法的身份或功能，它的一致性要求移动终端在出厂后的整个生命周期中 IMEI 号必须保持不变。

（4）移动终端的基带芯片和 Flash 芯片中存储了各种与系统正常运行紧密相关的数据，用户的私人数据也被存储在 Flash 中，它们是不希望被非法人员或非法程序访问的。必须制定对芯片的访问规则，来保护各类数据的安全。移动终端芯片中访问受限的区域主要有如下几类：受保护的应用程序、系统安全参数受保护的用户数据以及其他敏感类数据。终端在工作期间，必须采取有效的措施阻止用户或程序对其进行非法访问。

（5）芯片调试端口是调试人员调试芯片的重要手段，它成为攻击者分析芯片软件程序、获取存储单元敏感信息的重要通道，因此必须保护芯片调试端口的安全。基带芯片的 JTAG 端口应能提供两种级别的调试类型：具有权限的调试模式和完全禁止的调试模式。具有权限的调试模式，只允许具备合法调试工作的调试人员开启基带芯片的 JTAG 端口；完全禁止的调试模式是指当芯片已经达到一定的技术要求且不需要再做进一步的调试时，所采取的一种永久关闭 JTAG 端口的措施。

第四节　移动终端的安全管理

移动终端上能够承载的业务越来越多，那么移动终端也应保证各种业务的安全性。为了满足移动终端对业务的安全需求，出现了安全组件的概念。安全组件提供了移动终端对所承载的各类业务的安全支持，通过各种安全组件的灵活使用可以为业务应用提供不同类别的安全服务。安全组件可以通过软件或硬件的形式实现。各类安全组件功能的实现可以独立于移动终端系统，具有开放、通用的应用接口，供上层业务的灵活调用。

一般从以下几个安全属性来考虑移动终端对于业务安全方面的要求：机密性、完整性、鉴权和不可否认性，从而采取以下移动终端安全管理措施。

1. 数据加解密

数据加密功能为移动终端的机密数据、敏感数据的传递、储存提供保护，实现基于对称密码体制和非对称密码体制的多种算法的加解密功能。上层应用可以通过输入参数，选择具体的算法，实现应用数据的加密或解密运算。

2. 数据完整性

数据完整性功能为移动终端的机密数据、敏感数据在传递过程中提供数据完整性保护，可以防止用户的业务数据和敏感数据受到篡改或破坏。数据完整性功能可与数据加解密功能配合应用，这样既保证业务数据的完整性又保障数据的机密性。

可通过封装、完整性校验值、消息认证码（MAC）、消息完整性码（MIC）和散列函数等多种方法来实现应用数据的完整性保护。

3. 身份认证

身份认证功能可以提供多种身份认证的方式来对上层业务提供身份认证。

例如，简单的身份认证可以通过用户名、口令的方式对用户进行认证，也可以使用更复杂的认证协议来对用户和应用提供商进行身份认证。身份认证可以保证移动终端被盗后防止盗窃者使用移动业务。

4. 数字签名

在移动电子商务中，可能会遇到交易的某一方否认曾经发生过的交易，不承担后果，数字签名可以解决这个问题。另外，数字签名还可用于对下载的第三方软件进行数字签名的验证，从而可以保证软件生产商及运营商的利益。

数字签名功能主要基于公钥机制，所以为支持不可否认性，移动终端需要支持以公钥体系为基础的密码功能，进行公钥的加解密运算同时也要求移动终端能够安全地存储密钥。

5. 密钥管理

要进行加解密、完整性保护及签名等运算，就需要密钥管理功能。密钥管理功能实现了为移动终端承载的各种业务应用所需的密钥进行管理，对密钥产生、密钥协商、密钥存储、密钥使用/更换、密钥销毁等各环节进行管理，确保密钥在整个生命周期内的安全。

6. 数字证书管理

对于以公钥体系为基础的安全解决方案就离不开数字证书的管理。数字证书是一个经证书授权中心数字签名的包含公钥拥有者信息以及公钥拥有者公钥的文件。最简单的证书包含一个公钥、名称以及证书授权中心的数字签名。数字证书的格式遵循ITUTX.509国际标准。

使用数字证书可以方便地实现几乎所有的电子商务中所要求的安全性：身份认证、信息的加密、完整性保护、不可否认性等。因此，如果要进行安全的电子商务，实现数字签名等功能，移动终端就应该具备数字证书管理的功能。数字证书管理功能包括正确获取证书、正确读取并解析证书、对证书签名进行验证、安全地保存证书等功能。

7. DRM

数字版权管理（DRM）是为了防止用户进行二次或多次免费的内容传播而建立的一套保护数字版权的机制。DRM 应用的范围非常广，从互联网上的数字音乐、视频的下载保护到移动增值业务（如铃声图片等内容下载）传播限制。目前，移动网络的数字版权控制的标准主要由 OMA 来制定。

移动终端如果具备 DRM 功能组件，即可以实现获取受 DRM 保护的内容、对内容进行版权控制，并对运营商或内容提供商所颁发的许可证进行安全管理的功能。

本章案例

手机病毒呈高增长态势：江苏移动规模试用"一体化"防护技术

2011 年，随着移动互联网和智能手机市场的持续发展，手机病毒继续保持着从 2010 年初开始高增长态势。据手机杀毒厂商统计，2011 年新发现手机病毒及恶意软件种类超过历史总和，2011 年底达到 5000 个以上。Symbian 系统下的病毒数量和感染用户数量占到了全部数量的 70%以上，Android 系统病毒从 2010 年底开始持续增长，目前占全部用户数量的 20%，估计 2013 年以后，Android 系统的病毒将成为手机病毒的主体。

一、手机安全威胁日趋严重

根据江苏移动对手机病毒监测分析，手机病毒和恶意软件充分利用了计算机病毒多年发展积累的技术，已经具备比较固定的传播和谋利模式，形成了一条黑色产业链。部分不法 SP 与部分山寨机合作，内置后门，强制用户订购业务或者盗取用户信息，垃圾广告商与手机恶意软件编写者相勾结，利用被控终端传播广告，而手机恶意软件编写者又为不法 SP、部分山寨机提供软件工具。手机病毒防治工作非常艰巨。

目前在应用软件中捆绑恶意软件成为手机病毒和恶意软件传播的主流方式，占到手机病毒和恶意软件感染总量的 70%左右，通过诱骗短彩信传播方式也占整个感染量的 20%左右。

对广大用户而言，手机病毒危害主要表现在话费损失、个人信息泄密、受垃圾信息侵扰、部分应用无法正常使用、待机时间缩短等几个方面。对运营商而言，手机病毒会导致网络资源浪费，网络质量下降，同时还将严重地伤害运营商的企业社会形象。

二、"江苏模式"取得成功

江苏移动从 2010 年开始探索手机病毒的治理工作，逐步建立了手机病毒防护体系。该体系依托组建专业的病毒防护团队，利用国际领先的手机病毒监测防护系统、根据手机病毒处置工作流程，开展病毒检测、病毒研判、病毒预警、病毒控制、应急响应等各项专业化的手机病毒处置工作，实现了控制手机病毒在移动网络内的传播，保护了客户权益、提升了网络质量。

经过近两年来的积累，目前江苏移动网络手机病毒监测系统可监测、拦截近800个系列数千种手机病毒，目前南京地区手机病毒感染用户从2011年初的25万名下降到不足6万名。降幅近80%，病毒产生的垃圾流量降低95%。相关技术和管理成果荣获通信学会安全应用二等奖及通信行业管理创新成果。

根据测算，到2012年底，手机恶意软件总数将达到10000种，新的传播和威胁形式还将不断出现，病毒编写者将会尝试各种手段试图逃避技术手段的检测和拦截。因此手机病毒防治工作将会是长期的、持续不断的过程。

目前终端侧和网络侧手机病毒防护技术已经初步成熟，但是由于这两种技术手段目前没有充分结合，因此手机病毒处置窗口期仍然比较长，部分地区和部分机型上手机病毒感染情况非常严重，仍然有着很大的提升空间。

江苏移动未来将逐步融合终端—管道—云端，为用户提供一体化的手机病毒防护服务。相对于互联网厂家提供的手机病毒防护手段，电信运营有着掌握管道的天然优势。该防护体系推出后，将会极大地提高手机病毒治理效能。

资料来源：来晓阳.手机病毒呈高增长态势：江苏移动规模试用"一体化"防护技术[J].通信世界，2012（9）.

问题讨论：
1. 手机病毒的危害有哪些？
2. 一体化病毒防护服务包括哪些内容？

本章小结

本章主要介绍了移动终端发展的一大隐患——安全问题。首先对移动终端安全存在的风险进行了分析，并着重介绍了手机病毒的种类和攻击特点。而后根据存在的安全问题，进行安全防护和管理措施的介绍，将问题和解决方案进行一一对应的分析。

通过对本章的学习，要求能够正确认识移动终端存在的安全隐患，正确规避和防护移动网络上的恶意攻击，掌握当前的移动终端安全技术。

 移动终端

本章复习题

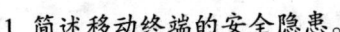

1. 简述移动终端的安全隐患。
2. 简述恶意软件对移动终端的安全威胁。
3. 列举手机病毒的种类和攻击特点。
4. 简述手机病毒的防护措施。
5. 分析移动终端的安全技术和科学管理方式。

第八章 移动终端开发

学习目标

知识要求 通过本章的学习，掌握：
- 移动终端开发和用户体验
- 移动终端的主要开发平台
- 移动终端的硬件开发基础
- 移动终端的软件开发基础

技能要求 通过本章的学习，能够：
- 清楚掌握移动终端用户体验的层次和趋势
- 了解移动终端的三大开发平台和各自的优点
- 了解移动终端硬件开发和软件开发的基础知识

学习指导

1. 本章的主要内容包括对移动终端用户体验的分析，用户体验和需求是移动终端开发的依据，并分别介绍了移动终端的开发平台和硬件与软件开发的基础知识。

2. 学习方法：掌握基本概念，抓住移动终端用户体验的发展趋势，从而抓住移动终端开发的发展方向。掌握移动终端开发的平台和硬件、软件基础。

3. 建议学时：2学时。

移动终端

第八章 移动终端开发

Path 2.0：迄今为止的最佳应用设计典范

Path 这款由两个前 Facebook 员工精心打造出来的"密友社交平台"已经突破了 100 万的用户数量。然而，如果你对它的印象还只是停留在"一款与 Instagram 无异的照片分享类应用程序"上的话，恐怕它这次的改变要让你刮目相看了。

许多用户对于 Path 2.0 发出的第一声惊叹，都是从全新的用户界面开始的。当用户第一次登录新版本的 Path 时，将会被要求选择一张图片作为自己的"背景图片"（Cover Photo）。用户可以通过自定义这张"背景图片"，向好友们展现自己的审美观念。至于 Path 官方提供的 40 张可选背景图片，也是大有来头：它们均出自摄影师 John Carey 的个人作品博客（fiftyfootshadows.net）。

进入应用程序本身，许多细节的精巧构思也令人在使用过程中心生爱意。

在用户对新鲜事进行滚动浏览时，屏幕右侧会自动出现一个小时钟动态模拟着该条新鲜事所发生的时间，指针的走动惟妙惟肖。

用户发布动态的所有操作，都是基于屏幕左下方的那个"+"号图标——点击它，6 个扩展选项按钮随即弹出，此时的红色"+"号已经变成了红色"X"号，提醒用户再次点击将会把扩展出来的选项按钮一并收回。

谈到 Path 2.0 的主菜单设计，开发者则明显借鉴了 2011 年改版更新后的 Facebook 应用程序：用户在新鲜事窗口点击左上角的按钮，便会切换至左侧的菜单栏。如此一来，用户其实是在三个屏幕间进行操作，通过左右的滑动来切换主菜单、新鲜事及好友列表。

"睡了"、"醒着"——用户的全部状态。

这真是一个很有意思的小设计。当用户每天上床休息的时候，可以选择在 Path 中将自己的状态从"醒着"（Awake）改为"睡了"（Sleeping）。一段动画过后，Path 随即开始了用户的睡眠计时。而当第二天用户起床并将自己的状态改回为"醒着"之后，Path 便将此消息告知你的密友们，甚至还会在这条动态中自动添加当地的天气和温度信息。

当有人问起为什么 Path 要在新版本中仅仅把"睡了"和"醒着"作为用户的全部状态，而非我们平时惯用的"在线"、"忙碌"、"离开"、"离线"等时，公司的联合创始人兼首席执行官 Dave Morin 是这样在 Quora 上解释他们的设计初衷的：

首先，我们现在都已经身处"后 PC（Post-PC）"、移动互联网的时代了。

若是在 PC 时代，我们会经常问对方："你现在是在线还是离线？"而在移动互联网的时代，这种情况已经不复存在了。对你来说，不是"睡了"，就是"醒着"。

其次，由于我们现在无论走到哪里都会随身带着移动设备，所以它们就成了我们用来记录生活中重要个人事项的绝佳工具。对于许多"个人健身"类的应用程序来说，它们正在越来越注重让用户的生活过得更加健康、更加愉悦。而展示用户的"睡眠数据"，也恰好是这个潮流的一部分。

最后，虽然用户在白天愿意接收来自 Path 的消息通知，但到了他们睡觉的时候，他们则更希望 Path 静音。所以一旦用户将状态切换至"睡了"之后，消息通知功能也会相应地自动关闭。

在 Path 2.0 新增的音乐分享功能中，用户可以选择 iPhone 正在播放的歌曲或是通过搜索曲库的方式来选择自己正在听的音乐进行分享。除发表评论、添加地理位置信息之外，用户还能告诉好友们自己此刻有谁相陪。Path 的曲库允许用户对歌曲进行预览，也提供 iTunes Store 的购买链接。如果用户想让这条动态为更多的人所知，那么界面右下角的"同步到 Facebook、Twitter 和 Foursquare"功能便是最好的选择。由此一来，Path 虽然仍只是一个将好友人数限制在 150 个以内的"密友"社交网络，但其已经可以成为用户在大众社交平台发布状态的入口。

资料来源：http：//mobile.51cto.com/，2011-12-07。

➡ **问题：**
1. Path 的设计者如何从用户的使用感受中来思考 Path 的设计？
2. 用户体验对移动终端产品的开发设计具有怎样的意义？

第一节　移动终端与用户体验

一、移动终端的用户体验

移动终端的功能在于让用户可在"移动"的状态中联网，同时智能手机的功能也不仅限于触摸屏、高像素摄像机、GPS 或者游戏等功能，用户还可以通过智能手机做很多事情，比如交流、娱乐、个人信息管理和社交网络等，从这个角度讲，移动终端不仅仅是单一的手机这么简单。移动终端的用户体验是多层次的，大致可以分为下面几个层次：硬件用户体验、操作系统用户体验、手机网站/应用用户体验。

(一) 第一个层次：硬件设计和网络技术

包括硬件。触摸屏的手感、屏幕大小、按钮设计、设备大小形状、电池寿命等，还有网络状况，比如视频装载时间、图片颜色效果；另外，视频图像处理技术对这一层的用户体验也有很大的影响。

知名的品牌有 Nokia、RIM、Apple、HTC、Motorola，每个品牌的目标市场都不同，在硬件设计上风格迥异，比如摩托罗拉设计大胆、尖锐的形象，而苹果则是平滑设计，RIM 把目标锁定在商务人士上，优点体现在全键盘和邮件功能上。近来，智能手机屏幕有了更高的解决方案，视觉体验和游戏效果更加突出。

在网络技术方面，CDMA 在美国是主流，欧洲则是 GSM。而结合了 GSM 和 CDMA 的 WCDMA 发展迅速，优点在于速度更快和其他数据服务。Stephen Wellman 的关于谷歌手机用户体验战略的文章中提到三种类型的用户：唠叨型、无聊型、紧急型。唠叨型用户通过手机阅读最新消息；无聊型则是为了打发等车或坐车时的那几分钟；紧急型用户则是为了寻找特定的信息或者是在特定时间完成某个任务。

(二) 第二个层次：手机操作系统

操作系统的功能有 Apps 能否运行、邮件推送、多触摸交互、蓝牙、Flash 支持、储存能力、视频录制、导航等。

目前的手机操作系统有 Symbian、Android、Windows Phone 7、iOS、Blackberry OS 和 Web OS。这些系统功能类似但各有迥异。比如在 iOS 3.0 中，多个 Apps 不能同时运行，而在 Android 中却可以。如果用户有着清晰的商务需求，Blackberry OS 似乎更好，因为其能够整合公司内部邮件系统和远程管理系统，不过其他方面却不好。

(三) 第三个层次：移动应用和手机网站

在这一层要考虑的是：用户的优先需求的功能是什么，流程或导航是否方便直观，信息构架是否符合用户行为，手机版网站是全版网站的简单版还是能够满足移动设备用户在特殊环境下的需求。

手机应用软件通常既可以预装载也可以下载客户端，功能上通常具备桌面电脑版的基本功能，用户通常必须在特定手机的 Store 上下载或购买。应用开发人员经常是需要开发同一款软件在不同手机平台上版本，然后分配至各自的 Store，以便获取更多的用户。主要的 Store 有 Apple 的 App Store、Android 的 App Market、Symbian 的 Ovi Store、Palm 的 App Catalog 以及 Windows 的 Marketplace。

手机网站是另一个移动应用。通常手机网站的设计是精简风格，更少的视觉内容以迎合小屏幕手机设备，主要呈现的是网站的关键性功能。与手机应用不同的是，手机网站在每种操作系统上都可以登录。

移动化是一个重要趋势，对用户体验的理解对商家的战略、战术都有重要的影响。

二、移动终端用户体验的发展趋势

移动设备和无线网络正改变着当今世界的大部分数字体验，在逐渐改变用户的行为，颠覆传统互联网的交互方式。

（一）触摸拆掉了人与数字世界之间的障碍

首先，操控行为从间接变成了直接，触摸屏是更为自然地与数字世界的互动方式，而且在不断演变。孩子从小就可能是通过父母的触摸式移动设备来体验数字世界的，这也将决定其未来的交互方式。

随着用户以触摸的方式来与数字服务互动，我们目前所熟悉的 UI（按钮、图标、菜单）将会退出舞台，内容本身（文件、图片还是视频）正成为新的用户交互方式，并将逐渐占据移动设备屏幕，成为主流的审美观念，对用户的手指行为产生反应。

（二）SMUIs 使真实社交计算成为可能

随着用户以触摸的方式与数字世界互动，那么必然会出现另一种趋势：同步的、多人的 UI（SMUIs=Simultaneous, Multi-person User Interfaces）。平板电脑的用户行为或许就是这样，一个屏幕会同时出现两个以上的用户，彼此互动，有着共有的亲昵关系。

SMUIs 可能是 UX 从业者所要面临的重要的变革，他们会颠覆目前主要的交互设计惯例，因为传统的交互设计主要是针对单个用户与单个设备之间的交互。而与此产生对比的是，SMUIs 则允许多个用户在同一时间和同一设备上产生交互，虽然目前在技术上触摸屏已经能够识别指纹，但是 SMUIs 的设计仍旧很少。SMUIs 适合于群体活动，比如一群人的度假计划、孩子之间的多人游戏或者一家人制作家庭照合辑，SMUIs 使真实社交计算成为可能，参与者通过 SMUIs 共同分享经验。

（三）UX 与 Network Austerity 之间的平衡

移动设备也有其局限性，比如体积小、电能有限、无线网络不稳定，而且每个用户所能下载的数据量也有限制。这些局限的改变需要多年的技术和经济发展才能解决，因此，如今 UX 从业者要面临 Wireless Network Austerity，在用户体验和无线网络限制之间寻求一个平衡。所以一个好的用户体验设计师还要懂得不断发展的网络知识和程序效率知识。

（四）单个设备，多个屏幕

单个设备控制多个屏幕，这个趋势有两个发展方向。

（1）屏幕耗电在减少，这样单一设备会出现多个屏幕。Nintendo DS 和 Toshiba Libretto 就是例子。

（2）把内容从手机上转移至其他设备，比如无线连接到 PC/TV 等。Apple TV 和索尼的 Live View 就是很好的例子。

单个设备，多个屏幕的趋势所带来的变化就是："1+1>2"，多个数字接入点的结合大于各个数字设备的综合。

第二节　移动终端开发平台

移动终端的开发平台主要有：J2ME、BREW 和 .NET。

一、J2ME

Java ME（Java 2 Micro Edition）是 Java 2 的一个组成部分，它与 J2SE、J2EE 并称。根据 Sun 的定义：Java ME 是一种高度优化的 Java 运行环境，主要针对消费类电子设备的，例如蜂窝电话和可视电话、数字机顶盒、汽车导航系统等。Java ME 技术在 1999 年的 Java One Developer Conference 大会上正式推出，它将 Java 语言与平台无关的特性移植到小型电子设备上，允许移动无线设备之间共享应用程序。

J2ME 是一个高度优化的 Java 平台，优势是十分明显的。目前，由大量的移动设备服务提供商各自运营在自己的私有网络中，或者使用与其他协议不兼容的标准。Java 技术的出现为所有类型的设备提供了一个公共的编程语言。总体上说，Java 技术带来的好处正是抽象所带来的，同时，Java 还解决了一些特殊的问题。采用 Java 技术的主要优点：

（1）可靠：嵌入式设备无法忍受没完没了的重新启动和死机。Java 技术消除了这一切。

（2）没有内存指针：编程开发人员无须进行类似 C 语言的内存分配和管理。

（3）安全：Java 技术内置的安全机制使数据免遭未被授权访问的破坏。

（4）不受病毒侵扰：Java 技术内置的安全机制同样阻止了病毒的发生。

（5）自动内存垃圾回收：垃圾自动回收将内存泄露减少至最低。

(6) 面向对象: Java 语言完全面向对象的特性使软件设计变得轻松自如。

全新的 J2ME 技术按比例缩小了 Java 技术, 使之能够应用于各种移动终端设备, 同时, 使对象能够在这类设备间自由穿梭。由于 Java 技术可以很好地解决设备间的互操作问题, 而且将 Java 虚拟机 (Java Virtual Machine, JVM) 移植到设备上并不是一件很难的事情, 因而现在几乎所有的手机平台都支持 Java 技术。随着 Java 技术的普及, 所有的移动终端设备统一到一个标准运行时环境 (Runtime Environment) 中, 从而使"编写一次, 随处运行"(Write Once, Run Anywhere, WORA) 成为可能。

二、BREW

美国高通公司的 BREW (Binary Runtime Environment for Wireless) 平台是一种为无线设备提供开放式标准平台的应用程序执行环境, 是无线应用程序开发、设备配置、应用程序发布以及计费和支付的完整端到端解决方案的一部分。完整的 BREW 解决方案包括面向开发者的 BREW SDK (tm) (软件开发包)、面向设备制造商的 BREW 应用程序平台和移植工具以及由运营商控制和管理的 BREW 分发系统 (BDS)。利用该系统, 他们可以轻松地将开发者开发的应用程序投入市场并协调计费和支付过程。利用运营商基于 BREW 的服务, 用户可以通过从运营商的应用程序下载服务器无线下载应用程序来自定义手持设备。

BREW 提供的功能环境就好像 PC 机上的操作系统一样, 可以通过服务提供商下载指定类型的应用程序或游戏来使用。同时, 通过 BREW 接口功能, 供应商可以提供成套的完整的资讯、商务、娱乐功能。在将来的版本中, BREW 内核类将能提供诸如蓝牙技术、全球定位系统 (GPS) 和基于数据业务的电话等服务。由于需要更少的内部应用程序开发和集成任务, OEM 可以更加快速地推出新设备。用户可以选择和下载适合自己个人喜好的无线软件。通过这种方式, 用户将推动新的无线数据应用程序和服务市场的发展。其核心都是"无线数据下载", 使得手机可以从网上下载更加复杂的程序和应用。例如, 下载游戏、漫画、小小说等, 也可进行各种在线应用, 如联网游戏、收发邮件、证券炒股、信息查询等。

优势一: 对于运营商而言, BREW 技术与网络完全无关。这意味着它可以完全平等地应用于所有领先的无线技术之中。BREW 平台还能与现有的电路交换网络非常成功地配合使用, 可以满足各方的需求, 其中包括那些在近期无法建设分组网络的运营商以及那些正在部署分组网络的运营商。这一点同服务器端解决方案 (如 WAP) 相比, 差别很大。BREW 平台凭借其用户端执行功能而完全不受网络延迟的影响。更加高级的网络可以提升 BREW 的性能，但是无论如何，BREW 可以为任何现有的 2G 网络或今后建设的网络提供美好的用户体验。即便没有 3G 网络，BREW 应用也能提供功能强大的服务。同时，BREW 可以随网络和设备的升级而不断演进发展。

优势二：对于设备制造商而言，过去移动数据服务的事实证明，由于价格偏高，高效操作系统并非实现无线数据应用的高效解决方案，而理想的情况是，应用应完美地适用于各类不同档次的电话，充分利用电话的资源，为用户带来无限美好的体验。BREW 应用运行环境可以同移动设备闪存和 RAM 中的处理芯片紧密集成，从而实现广泛适用性。从本质上讲，BREW 可以在移动设备的低级功能与第三方编写的高级应用之间提供软件连接。这种方案的优势显而易见：软件开发变得更加顺畅，效率得到提升。BREW 这种软件移植的简易性使得 BREW 功能适用于任何一家手持设备制造商。BREW 平台独立于空中接口，可以移植到 CDMAIS-95A、IS-95B、1x、1xEV-DO 以及 GSM/GPRS 手机中。由于 BREW 在整个系统中仅占用大约 150K 的存储容量，制造商可以在低端电话中提供更多实用和有趣的应用，这种简单而廉价的芯片级集成意味着 BREW 可以满足大众市场的喜好。

优势三：对于应用开发商而言，向市场快速推出新式应用是软件开发商赖以成功的关键所在。BREW 执行平台基于普及型编程语言 C/C++，这种语言拥有庞大的用户群，目前已有 700 万开发员使用这种语言，他们只需掌握很少的移动电话知识即可实现 BREW 支持。BREW 开发工具套件则是免费下载的。而 Java 程序员同样也可以从 BREW 的芯片级集成中获益。通常而言，Java 应用需要 Java 虚拟机（JVM）的支持，IBM 编写出一种单独的 JVM，以此作为 BREW 的扩展。Java 开发人员可以充分利用这种 JVM 一次性编写 Java 应用，并在所有支持 BREW 的设备上运行它们，而无须考虑制造商是谁。除此之外，BREW 使得 Java 应用在手机上的安装变得更加简单轻松，并且能够通过无线方式实现 JVM 的升级和召回。借助 BREW，Java 应用可以在更多电话上更加轻松地运行。更为重要的是，BREW 解决方案包含全面的计费和支付基础设施——BREW 分发系统，该系统可以保证开发商能从自己的应用中赚取适当的利润。

优势四：对于手机用户来说，由于 BREW 可以在芯片组级别进行集成，使网络运营商向成本最低的移动电话提供实用的应用，即使十分注重价格的用户也可以在自己手机上获得新的应用。用户通过 BREW 手机享受丰富的 BREW 业务，用户可通过无线下载在 BREW 平台开发的各种有趣而实用的应用，充分享受个性化手机带来的无限乐趣。目前全球已有超过 50 款 BREW 手机面市，日本的京瓷公司和韩国的 LG 电子相继推出了各自的 BREW 手机，据悉，这两款手机是中国联通最先为用户推出的 BREW 手机。

　　优势五：在中国联通宣布此次开通 BREW 业务之前的几天，全球最大的 CDMA 移动电话制造商韩国三星电子宣布将在中国市场推出三星 SCH-X339CDMA1X 手机。该手机还支持中国联通的全系列增值业务，包括 BREW 应用下载、彩 e（U-IMAP）、互动视界（WAP1.1）以及 UTK 短信增值业务

三、.NET

　　.NET 是 Microsoft XML Web Services 平台，是一组开发工具和操作系统集，用来生成、公开和消费 XML Web 服务，通过智能设备实现个性化的集成 Web。它由四部分组成：.NET 框架和 Visual Studio.NET、服务器结构、构造块服务、智能设备软件。XML Web Services 允许应用程序通过 Internet 进行通信和共享数据，而不管所采用的是哪种操作系统、设备或编程语言。Microsoft.NET 平台提供创建 XML Web Services 并将这些服务集成在一起之所需。对个人用户的好处是无缝的、吸引人的体验。.NET 框架是一个用于生成、部署和运行 XML Web 服务及其他应用程序的环境。它包含三个主要部分：公共语言运行库、框架类和 ASP.NET。.NET 框架压缩版是伴侣结构，它有一套程序接口，以供开发人员开发面向智能电话和 PDA 等移动设备的软件。从根本上讲，.NET 是使技术为人们所用，而不是强制个人适应其计算机的限制。利用.NET，无论何时何地，你总能连接到你首选设备上的信息。利用.NET，你可以保护你的个人信息和企业数据，同时允许由你的授权的他人连接到这些信息。.NET 缺点：该平台的一些设计太过理想，不保证能达得到（至少短期内是如此）。

第三节　移动终端硬件开发

　　移动终端的硬件开发包含 CPU、存储器（Flash、RAM）、输入/输出设备（键盘、显示屏、USB 和串口）。输入输出设备还有一个更重要的 I/O 设备，那就是空中接口。终端通过空中接口协议（如 GSM、CDMA、PHS 等）和基站通信，既可以传输语音，也可以传输数据。因此，移动终端硬件开发中一个最基本的单片机系统主要由下列几部分组成：

（1）CPU（中央处理器）：这是手机单片机系统核心。

（2）储存器：包括两个部分，一是 ROM，它是来存储程序；二是 RAM，

它是来储存数据。ROM 和 RAM 两种储存器是有所不同的。

（3）输入/输出接口（I/O）：这一接口电路分为两种，一是并行输入/输出接口；二是串行输入/输出接口。这两种接口电路结构不同，对信息的传输方式也不同。

（4）定时器/计数器：单片机的许多应用中，往往需要进行精确的定时并产生方波信号，这要由定时器/计数器电路来完成。

（5）时钟系统：手机中常见的是 13MHz 和 32.768kHz。

微处理器的上述五个基本部件电路之间通过地址总线（AB）、数据总线（DB）和控制总线（CB）连接在一起，再通过输入/输出接口（I/O）把手机整个单片机系统与外部电路联系起来。手机的单片机系统是由一个中央处理器（CPU）、程序存储器（ROM）、数据存储器（RAM）、输出/输入接口（I/O）和总线（BUS）等构成的既相互独立又紧密联系的、完整的系统。

单片机系统是整部手机的指挥中心，CPU 就是总指挥，是单片机系统的处理核心，它相当于人的大脑，对手机进行射频部分控制（包括接收、发射及频率合成器），控制关机，控制键盘，控制显示，其他集成电路的控制及相互之间的数据传送。单片机系统所有操作动作指令的接收和指令的执行，各种控制功能，辅助功能等都在 CPU 的管理下进行，同时，CPU 还要担任各种运算工作。通俗地讲，CPU 相当于"人脑"和"算盘"的作用，其中"人脑"用来指挥单片机系统的各项工作，"算盘"则用来进行各种数据的运算。所以，在手机中，CPU 起着指挥中心的作用；在工作过程中，CPU 发出各控制指令，使整个单片机系统在处理过程中能自动地、协调一致地进行。

智能终端的 CPU 一般不是独立的芯片，而是基带处理芯片的一个单元，也称作 CPU 核。基带处理芯片是手机的核心，它不仅包含 CPU 核、DSP 核这些比较通用的单元，还包含通信协议处理单元。通信协议处理单元和手机协议软件一起完成空中接口要求的通信功能。

只有一个 CPU 的移动终端，也就是基带处理芯片中的 CPU 核。在这个 CPU 上既要运行通信协议，又要实现用户界面（称作 UI 或 MMI）。当然 DSP 会分担一些计算量繁重的工作，例如语音编解码、安全层的各种算法等。

在市场推动下，手机功能在不断发展。摄像头、MP3、蓝牙这些功能可以依靠硬件，对 CPU 的压力还不是很大，但 JAVA 虚拟机、嵌入式浏览器等应用软件就会对 CPU 资源有较高的要求。单 CPU 的首要任务是完成通信协议。通信协议软件有着很精确的定时要求，如果这个 CPU 还要兼顾很多应用软件的话，就难免吃力。于是双 CPU 手机应运而生。

双 CPU 就是有两个 CPU 的移动终端设备，一个 CPU 专心把通信协议做好,另一个 CPU 负责 UI、JAVA 虚拟机、嵌入式浏览器等应用功能。两个 CPU 可以做在一个芯片里面,也可以分开。

市场上的实际情况是,很多终端设计制造公司没有基带处理芯片的开发能力,他们购买国外公司的手机模块,自己在外面再加一块 CPU。模块运行通信协议,自己加的 CPU 运行 UI 和应用软件,两者通过串行口通信。很多 Design House 也会购买国外方案商的开发板级方案,自己做 PCB、软件上改 UI 和外设驱动。

市场上的智能手机基本上全是双 CPU 方案,Windows CE、SmartPhone、Windows Mobile、Symbian、嵌入式 Linux 全是运行在第二块 CPU 上的。这类商业操作系统无法和无线通信协议软件集成到一块 CPU 上。双 CPU 的手机功能比较多,但它们一般体积大、耗电多、成本高。现在市场上的大部分手机还是单 CPU 的。

目前的大部分手机应用,例如 JAVA、BREW、WAP、邮件、摄像头、闪存、MP3、蓝牙,在单 CPU 方案里都能实现。不论 3G、4G 如何发展,小巧、实用、低成本的单 CPU 方案总会占据较大的市场份额。

第四节　移动终端软件开发

一、移动终端软件的组成

移动终端软件和 PC 机软件一样从中断向量表开始,因为比较小,看上去更加清晰。中断向量表的第一个跳转指令当然是跳到复位的处理程序,后面是中断处理、错误处理的跳转指令。通电后,终端设备就跳转到复位的处理程序,开始检查内存、初始化 C 运行环境,然后创建第一个任务。这个任务会按顺序创建、启动其他任务。绝大多数手机程序都是多任务的,但也有一些小灵通的协议栈是单任务的,没有操作系统,它们的主程序轮流调用各个软件模块的处理程序,模拟多任务环境。

手机软件可以粗略地分成启动模块、操作系统、协议栈、数据业务、本地存储、驱动程序、用户界面和其他应用。启动模块这里不再介绍了,下面简单介绍其他部分。

（一）操作系统

操作系统在手机软件中只占很小一部分。它的主要功能就是提供多任务调度、通信机制。有的操作系统会提供动态内存分配、定时函数，但这些都不是必需的。例如需要动态内存分配的模块，可以自己管理一个内存池，这样更易于隔离模块和预测内存需求。

大多数手机的操作系统都是一个很小的内核，例如 REX、HIOS 等。高通 REX 的源代码和 C 代码，加上汇编也不过 1000 多行，编译后不过是 2~3KB 的代码量。而一般手机软件有几百到上千个源文件、超过 100 万行的代码。

（二）协议栈

协议栈是手机软件最复杂的部分，它的复杂性在于它和基带处理芯片的设计密切相关。只有具备芯片设计能力的企业才可能开发协议栈。协议栈会使用基带处理芯片的所有资源。

（三）数据业务

数据业务主要有两种：一种是，手机相当于一个调制解调器，PC 机通过手机上网，网络协议全在 PC 机上，手机提供数据链路；另一种是，嵌入式数据业务，手机内部包含 TCP/IP/PPP 等协议，有时还要实现 HTTP 和嵌入式浏览器。

（四）本地存储

手机都有本地存储功能，如存储电话本、短消息、用户设定等。一般手机都有一个基于 Flash 的文件系统。早期的手机存储是基于 EEPROM 的。

（五）驱动程序

硬件驱动一般指外设驱动，不过有的外设已经被集成到基带处理芯片中了。驱动程序包括键盘、电源管理模块、LCD、Flash、RTC、串口、USB、SIM 卡或 UIM 卡、射频驱动等。

（六）用户界面

用户界面（UI）又称作人—机界面（MMI），它负责和用户的交互，在必要的时候调用其他模块的功能。除了手机的必备功能外，用户界面也可能包含一些相对独立的应用程序，例如日程表、游戏等。

（七）其他应用

其他应用包括 JAVA 虚拟机、WAP 浏览器、邮件软件等，是一些比较大，又相对独立的应用模块。

二、移动终端的核心技术

移动终端的核心技术是芯片和协议栈，两者是密不可分的。芯片设计需要协议栈来验证，协议栈必须充分发挥出芯片的功能。芯片的 CPU 核、DSP 核都可以买到现成的单元，但通信协议部分就需要自己设计了。手机比较难做好的是耗电量、恶劣信号环境的性能等。

三、第三方软件

"第三方软件"这个词的含义比较宽泛。本书指：不是硬编码在手机里，而是可以通过数据线或网络下载到手机上，可以装载、运行，也可以删除的软件。

软件都是完整程序的各个部分。这些部分会被放到一起编译，产生一个二进制文件，通过 JTAG 口（升级时可以用串口）下载到手机的 Flash 中。手机开机后，就会从指定地址开始运行。这个地址的内容就是跳转到复位处理程序的跳转指令。

然后有一个装载器可以执行这些文件。这样第三方就可以开发一些应用程序，下载到手机中来扩充手机功能。

这些可执行文件现在主要有两种格式：JAVA 程序和 BREW 程序。JAVA 程序需要 JAVA 虚拟机装载运行。BREW 程序是一个很奇怪的东西，它实际就是用与编译手机程序相同的编译器编译出来的目标代码。这些目标代码必须是可以重新定位的，即不能包含全局和静态变量。

装载器将程序执行权传给 BREW 程序，一种听上去更安全的说法是调用 BREW 程序的入口函数。这个入口函数的位置在文件中是固定的。装载器在调用 BREW 程序的入口函数时会传入一个地址。通过这个地址，BREW 程序能够顺藤摸瓜，找到系统提供的各种 API 地址，它通过这些 API 访问手机的显示、通信等功能。

JAVA 程序基本上是与平台无关的，针对各种平台设计的 JAVA 虚拟机隔离了平台的大部分特性，除了厂家特意提供的一些 OEM 功能。BREW 程序显然是与平台相关的，换一个 CPU 后，就不认识原来的目标码了。

本章案例

100 万——"愤怒的小鸟"

陈刚的心情最近有些郁闷，他的 AdMob（谷歌的广告平台）账号刚刚被谷歌查封了，这意味着他这两个月的收入都打了水漂，"差不多一个月损失两三万元吧，我已经写了申诉，但基本上是要不回来了"。

在软件和互联网行业打拼多年的陈刚，2011 年 5 月正式辞掉了原有工作，投身时下 IT 业最火热的职业——个人开发者。在当前最为流行的三大智能手机操作系统——苹果的 iOS、谷歌的 Android 以及微软的 Windows Phone 上，他都做了一些小软件，并通过广告等手段获得了一些收入。

在很多投身这一行业的开发者心中，都怀揣着一夜成名的梦想，希望有一天能作出像《水果忍者》、《愤怒的小鸟》、《植物大战僵尸》等一样风靡全球的应用。这些在智能手机上盛行的游戏都是出自小团队之手，并获得了令人羡慕的收入。

12月7日，《水果忍者》开发商HalfBrick Studios的CEO Shainiel Deo在北京接受记者采访时表示，《水果忍者》2011年带来的收入达到了3000万美元，超过4000万次的下载量，其中有30%的下载来自中国市场。

这样的成绩自然是国内所有的开发团队都羡慕不已的。但是，在国内，除了像《捕鱼达人》、《"二战"风云》等少数用户熟悉的应用，大部分的开发者都是处于"默默无闻"的状态。甚至有人说，属于开发者的个人英雄时代已经过去。

另一组数据或许更能让你看到中国应用开发者的生存现实。艾媒咨询统计显示：2011年，中国手机应用开发者实现盈利的仅占13.7%，主要以依附企业本身（如腾讯公司的开发者）或者个人研发应用产品继受广告获利为主；亏损的占64.5%，持平的为20.8%。

在国内，像陈刚这样的个人开发者或者三五人规模的小团队多得数不胜数。据艾媒咨询统计，目前中国手机应用开发者总数约100万人，其中苹果iOS平台14万人，谷歌的Android平台超过70万人。

但手机游戏平台当乐网的CEO肖永泉告诉记者，"现在独立开发者越来越难做了，特别是在iOS（苹果的操作系统）上"。他甚至认为，如果未来广告或者其他盈利模式没有顺利发展起来，很多独立开发者又得回去重新找工作了。

可资参考的是，临近年末，苹果刚刚公布了其在线商店App Store在2011年付费应用软件的排行榜。在中国区的榜单中，《水果忍者》、《愤怒的小鸟》、《植物大战僵尸》三款游戏牢牢占据了付费应用的前三名。

另外，在收入最高的前30款应用中，20个都是游戏。这样的排名也很形象地反映了整个应用开发市场的格局，那就是大部分的开发者都死盯着游戏。原因是，用户对于游戏类应用相对来说有更高的付费习惯。

应用商店模式的出现使得手机游戏市场发生了很大的变化。定位于手机游戏门户的当乐网CEO肖永泉告诉记者，过去的手机游戏开发者主要有两大类：一是做单机游戏开发，通过下载或者游戏内付费盈利，数量约有超过800家，主要是基于诺基亚的Symbian系统开发，"一个能卖几十万就算收入不错了"；二是做网游，大约有200家，通过网游道具收费，"特别好的，一个月能有三四百万元的收入"。

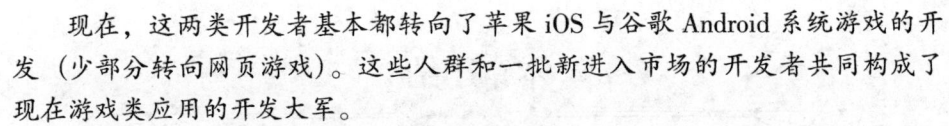

现在，这两类开发者基本都转向了苹果 iOS 与谷歌 Android 系统游戏的开发（少部分转向网页游戏）。这些人群和一批新进入市场的开发者共同构成了现在游戏类应用的开发大军。

不过，千军万马过独木桥的问题也开始显现。"比如现在有 30~40 款游戏都在模仿《二战风云》。"肖永泉说。另外，各种模仿切水果、割绳子的游戏也有不少，很多人是想借模仿、抄袭迅速上位，同质化严重，俨然一片红海。

肖永泉认为，现在苹果 iOS 的生存环境对独立开发者有较高的门槛，"你看最新的榜单，基本都被一些大公司占据了"，没有强大的产品团队，没有资金推广，要想在数十万的应用海洋中脱颖而出，实在是难上加难。

至于在 Android 上做游戏，肖永泉判断：未来社交游戏和网游会有更大的市场。但是，做网游对开发商的能力也有一定的门槛，"一般需要 6 个人以上，30 万元以上的投入。开发出来之后，还要服务器成本及推广投入"。肖永泉表示。如此看来，个人开发者做游戏应用已经日趋困难。

陈刚告诉记者，在被 AdMob 封账号之前，他每个月大约能分到超过 2 万元的广告收入。据其介绍说，他总共开发了 20 多款应用，累计下载量有 100 万次，主要是工具类的小应用，也有少量简单的游戏。

"但最近几个月 AdMob 封了一批账号。"陈刚说，AdMob 被谷歌收购之后，就推出了一系列新政策，比如对广告恶意点击或者广告条位置造成误点击都可能做出封号处罚，"关键是，它不告诉我具体的原因，比如是到底是哪一个应用违反了哪一条规则"。

陈刚说，现在只能一方面向 AdMob 提出复议，另一方面考虑转向国内的一些广告平台，"不把鸡蛋放一个篮子里"。陈刚认为，如果国内的移动广告平台能迅速发展起来，大量的开发者都能从中受益。

但对普通开发者来说，现实依然残酷。曾有某广告平台的负责人开玩笑地表示，现在国内的广告平台主要是移动互联网圈子的"自娱自乐"，"因为品牌主还没有认可这一渠道的价值，基本都是拿到风投的应用开发商在互相投来投去做广告"。

（应被访者要求，文中陈刚为化名）

资料来源：21 世纪经济报道．http://www.21cbh.com/，2011-12-10．

▶ **问题讨论：**

1. 如何看待移动软件开发的前景和趋势？
2. 未来移动软件开发可能遇到的困境或阻力有哪些？

移动终端

本章小结

本章主要介绍了移动终端开发的基本知识。首先对移动终端的用户体验进行了宏观的分析，用户体验的发展趋势体现了终端用户对移动终端产品的需求取向。然后对移动终端的开发平台和移动终端软硬件的基本知识进行了介绍。

通过对本章的学习，要求能够正确认识移动终端和用户体验的关系，准确把握用户体验的发展趋势。对移动终端的开发平台具有初步了解，并掌握有关移动终端开发的各种硬件和软件的基础知识。

本章复习题

1. 简述移动终端用户体验的层次。
2. 简述移动终端用户体验的发展趋势。
3. 列举移动终端的三大开发平台及其优点。
4. 简述移动终端硬件开发的主要结构。
5. 分析移动终端软件开发的主要组成。

第九章 移动终端产业

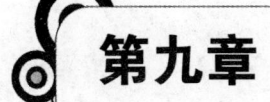

学习目的

知识要求 通过本章的学习，掌握：
- 移动终端产业的发展现状
- 移动终端产业链的结构和发展趋势
- 移动终端产业链的价值关系
- 移动终端定制的主要内容
- 未来移动终端定制对终端产业的影响

技能要求 通过本章的学习，能够：
- 清楚掌握移动终端的产业结构
- 正确分析移动终端产业链的构成和各个环节
- 了解移动终端定制和对移动终端产业的影响

学习指导

1. 本章的主要内容包括从硬件和软件两个方面对移动终端产业现状进行分析，从而得出我国移动终端产业发展的机遇和挑战。分析移动终端产业链的构成，并对各环节进行了介绍。介绍了移动终端定制的内容和终端定制将对移动终端产业造成的冲击影响。

2. 学习方法：掌握基本概念，抓住移动终端产业链的结构，通过对各个环节和整体的分析，准确把握移动终端产业的现状、发展和挑战。分析移动终端定制的内容，并对终端定制带来的产业结构变化进行分析。

3. 建议学时：4 学时。

引导案例

"小米"的竞争战略创新

小米手机，2011 年 12 月 18 日的首轮 10 万台备货，在零点开放后 3 小时宣布售完，2012 年 1 月 4 日再次以 10 万台备货，也很快在 3 个半小时内售完。而在 2012 年 1 月 11 日，小米公司开始的第三轮开放购买更是引发了抢购热潮，仅用了 8 个半小时便售出了 30 万台，到次日官网停止预定，小米手机为第三轮开放购买所备的 50 万部小米手机已经告罄。

一个小公司，当没有资源、品牌和用户的时候，就必须找到一块最适合的战场，让大公司看着眼馋，却不敢进来。显然，小米找到了这样的一片"蓝海"：小米在不靠硬件赚钱的模式上发展手机品牌，软硬件一体化，定位中档机市场 2000 元，价格向下看、配置向高端机上靠齐，甚至领先。这个产品空间以及利润空间的考虑，其他厂商不太好进入。

另外，手机与移动互联网混合的模式也使得小米没有竞争对手，小米所有 Android 开发的竞争对手都不是其做手机的竞争对手，所有做手机的竞争对手又都不是其做 Android 开发的竞争对手。而且就算是竞争对手模仿跟进，将遇到难以想象的困难和挑战。

小米相对于一般的 Android 厂商的优势是有多个差异化竞争手段（MIUI、米聊等）。而雷军最大的优势是那些关联公司（金山软件、优视科技、多玩、拉卡啦、凡客诚品、乐淘等）。只要雷军让小米和这些公司进行服务对接，就有了其他手机厂商都不具有的优势——低成本、高效率、整合速度快和双向推动作用，可以形成一个以小米手机为纽带的移动互联网帝国。

手机是目前人们唯一不可或缺随身携带的电子设备，未来所有的信息服务和电子商务服务都要通过这个设备传递到用户手上，谁能成为这一入口的统治者谁就是新一代的王者。而王者必须集硬件、系统软件、云服务三位于一体，雷军反复说的铁人三项赛就是这个。而小米正是奔着这个方向走，这就不难想象为何出身只有几个月的小米可以引起业界如此关注，并取得这样成绩的原因了。

资料来源：张海峰."小米"成功有道理 [J]. 销售与市场，2012（4）.

问题：

1. 小米创新出的这片"蓝海"体现了手机终端市场的什么特点？
2. 为适应现代移动产业发展与需求，移动终端产业链结构应包括哪些环节？

移动终端

第一节　移动终端产业现状

在移动互联网加速发展的形势下，移动终端作为应用和内容的载体，一方面实现了互联网服务和广告向用户的深层次渗透，另一方面也有效地拉动了电信运营商的数据增值业务发展。移动终端、电信运营及互联网等行业的利益正前所未有地紧密捆绑在一起，这种行业间的紧密联系使其他行业对移动终端产业的影响日益加剧，移动终端产业无论在产品、市场还是产业层面都处于深刻变革的进程中。智能手机将逐渐取代功能手机，占据移动终端市场的主导地位。智能手机通常是指具有开放操作系统，可扩展硬件和软件，能够向第三方开放应用程序接口（API）的手机。智能手机中，应用处理器成为系统的核心，而 GSM/GPRS/CDMA 等通信调制解调器则成为实现连接功能的外设之一。智能手机通常采用复杂的嵌入式操作系统，如 Symbian、Windows Mobile、Linux 等，能够为上层应用提供统一的应用接口。智能手机在架构上主要由硬件平台和软件平台两个部分组成。

一、硬件平台

终端硬件平台目前形成了精简指令集计算机（RISC）和复合指令集计算机（CISC）两大处理器内核架构阵营。RISC 以 ARM 为代表，CISC 以 Intel X86 为代表。ARM 在智能手机市场中占据霸主地位，而 Intel X86 在上网本市场中占有大部分市场份额，并积极向智能手机扩展，但在短期内仍难以撼动 ARM 的主导地位。以下从三个方面对它们的技术做一比较。

（1）功能方面。ARM 芯片主要针对移动终端设计，集成度较高，因此体积小、成本低，同时在功耗和待机时间方面具有较大的优势；Intel X86 芯片支持 VoIP，但不支持移动通信功能，且体积较大，在功耗和待机时间上与 ARM 产品仍有明显的差距。

（2）软件支持方面。目前，互联网上大部分应用软件都是 JAVA 开发的，采用基于 X86 架构的浏览器，熟悉 Intel X86 平台开发的软件工程师较多；而基于 C 或 C++ 语言的应用移植到 ARM 平台上时需要转换。同时，Intel 基于 X86 硬件架构推出了 Moblin.org 项目，试图构建一个开放和开源的软件平台，建立开源社区，拓展基于 X86 硬件架构的软件生态系统。

（3）运营模式方面。Intel 是芯片厂商，出货量大，制定了很多标准；而

ARM 作为 IP 供应商，不直接从事芯片生产，靠转让、设计、许可由合作公司生产各具特色的芯片。

二、软件平台

终端软件平台主要包括操作系统、中间件、应用平台和应用层软件。目前，移动互联网软件平台形成了多个平台竞争的局面，格局还远未明确。诺基亚的 Symbian 是目前市场占有率最高的操作系统，成熟稳定，有极强的第三方软件支持；微软 Windows Mobile 的市场份额不及 Symbian，但正在加速追赶，并有微软强大的应用软件支持；以 Linux 为核心的 Google Android、中国移动 OMS 和 Limo 势头强劲，代表了未来的发展方向；苹果的 iPhone 和 RIM 的黑莓以其独特的设计和市场定位也占有一定的市场份额。

移动互联网的发展对软件平台开放性的要求越来越高，开放与开源已经成为面向移动互联网的终端软件平台的发展趋势。开放是指终端软件平台的 API 接口、SDK 工具等开放；开源是指终端软件的源代码开放。移动互联网各产业巨头都致力于以开放和开源的新型操作系统为核心，打造一个从操作系统到中间件、应用平台的平台体系，广泛吸引第三方参与业务开发，形成开发者社区，构建一个以自己为中心的移动互联网产业生态环境。

移动互联网软件平台的核心是操作系统。目前几大操作系统阵营中，已经开放和开源的包括 OHA（Google 的 Android）、LiMo 基金会、中国移动的 OMS。而其他主要操作系统阵营（包括诺基亚的 Symbian、微软的 Windows Mobile、苹果的 OSX 和 RIM 的黑莓操作系统等）仍然采用不开源的策略。虽然专有性和封闭性的终端平台仍然占据统治地位，但操作系统的开放和开源已经成为一种发展趋势。以 Linux 为内核的 Android、Limo、OMS 正在成为目前移动互联网发展的重要力量。受开源操作系统发展的影响，目前居于绝对领导地位的 Symbian 系统也即将走向开放，诺基亚购买了 Symbian 的所有股权，宣布将实现开放和开源，免除联盟内公司的开发许可费用。

这个平台化的理念已经被业界提出，命名为 Run-time。应用软件 Web 化使 Web 浏览环境日益重要，逐渐演变为应用软件的应用层平台，并试图以此跨越各类不同的操作系统平台，例如 iPhone 基于 Safari 的 API 开放、诺基亚 S60 的 Widgets 等。

三、我国移动终端产业的机遇和挑战

移动互联网时代的移动终端平台形成了群雄逐鹿局面，格局远未确定。我国具备一定的基础条件，也大有机会。我国的移动用户规模全球第一，终端产能全球第一，在终端软、硬件方面也已经具备一定的条件，移动互联网是我国在信息产业方面取得整体突破的绝佳机遇，但是也面临着巨大的挑战。

（1）硬件方面。我国手机芯片产业受制于 ARM 和 Intel 的技术壁垒和品牌垄断，严重落后于国际先进水平；基带芯片方面，国内的展讯（合资公司）、ADI（已被 MTK 收购）、互芯等公司已经初步具备实力，但国外厂商仍然占据绝对主导地位；应用处理器方面安凯、互芯、中星微等公司已经具备一定实力。

（2）软件平台方面。目前，我国厂商、运营商主要通过加入国外操作系统阵营的方式来获取智能手机操作系统的使用权，例如，中国移动加入了 Google 的 OHA 联盟，华为、中兴加入了 LiMo 阵营，华为加入了 Symbian 阵营。我国厂商使用最多的智能操作系统是 Windows Mobile，其次是 Linux。我国自主开发手机操作系统也有多种，但是都还不成规模，例如科泰世纪（和欣系统）、凯思集团的 Hopen（昊鹏系统）、科银京成 Delta（道系统）、波导的 Doeasy（多易随系统）、大唐的 ARENA 平台等。我国国产手机操作系统技术不够成熟，没有强大的第三方应用软件的支持，开发者队伍太少，同时行业认知度较低。

目前，我国的企业和运营商已开始重视移动互联网终端的布局，希望抓住移动互联网大潮的机会，其着力点大都集中在终端软件平台上，其中，中国移动布局较早，也较为成功。

（3）操作系统方面。中国移动研发了自己的手机操作系统 OMS（Open Mobile System）。OMS 是面向移动互联网、开放和开源、安全易用、友好用户界面的智能终端软件平台，提供上层应用软件、中间件、JAVA 虚拟机等的全面软件解决方案。OMS 具有强大的兼容性、扩展性和安全性，具有友好的人—机界面和良好的用户体验，并且为移动终端应用开发商乃至终端用户提供一个统一、开放、安全的开发平台，方便第三方应用的开发。OMS 系统中深度内置中国移动业务，并计划围绕该平台，联合产业链各方的力量，建设完整的产业开发环境。中国联通的操作系统 UniPlus 也正在研制之中。

（4）中间件与应用平台方面。中国移动推出了自主开发的终端应用平台 BAE（Browser-based Application run-time Environment），支持 Widget 应用跨平台运行，包括 Widget API 和 SDK，目前支持 OMS/Symbian/Windows Mobile 平台，并提供相应的 Widget SDK。同时，中国移动与沃达丰、软银移动公司成立联合创新实验室（JIL），共同制定了 JIL Widget 规范，并开发了移动互联网终端应用引擎（Widget 引擎），正将 JIL Widget 规范，并力推为国际标准。

第二节　移动终端产业链

新一代信息通信技术可以提供速度较高、内容丰富多彩的移动数据业务，同时也将面临更多的应用及相关的内容提供、应用开发和服务提供问题，这就形成了运营商与多个环节在更广泛区域内的联系，一条新的产业链在多维互动中形成。

一、移动终端产业链

移动终端产业链是与移动通信服务息息相关的，从硬件的芯片厂商到应用软件商，都共同服务于终端制造商。同时，移动终端产品上的应用和服务则依赖于电信运营商和内容与服务提供商。这条复杂的产业链最终通过移动终端产品面向用户并服务于用户。如图9-1所示。

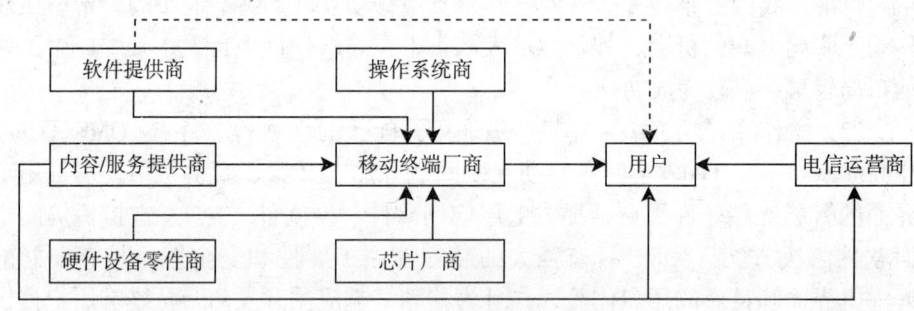

图9-1　移动终端产业链

（一）芯片厂商

芯片厂商在产业链中主要服务于网络设备制造商和终端制造商，通过授权专利以及出售核心芯片获得巨大收益。它们与设备制造商以及终端制造商甚至相互之间都存在较为复杂的专利许可、转让以及知识产权谈判等。未来移动终端芯片提供方面预计会有两个发展方向：一方面提供基于基本功能，向低成本发展的芯片设计；另一方面在基于可接受成本的前提下，提供功能强大、业务完善，面对中高端消费群体的设计。

（二）软件提供商

移动终端上需要的软件分类很多，主要包括以下几类：移动视频、手机操作系统及平台软件、手机备份、手机输入法、手机开发工具、手机游戏软件、

PIM/通信软件、支付/交易软件、娱乐类软件、位置应用软件、工具类软件和其他手机软件等。其中，操作系统技术方面，微软的 Windows Mobile、爱立信和诺基亚等支持的 Symbian 与 Palm 等会成为 3G 时代的主流，其他应用软件则呈现百花齐放局面，视终端厂商的具体选择而定，同类间竞争会加剧，但同时这也是众多中小软件企业的良机。预计终端应用软件商在价值链中的地位会随着无线通信市场的发展日益上升，会成为新的"掘金点"。

（三）内容/服务提供商

内容提供商（CP）是一些拥有丰富专业的基础信息者，如媒体、唱片公司等。其利用业务的专业化分工和集成做专做强，提供丰富多彩的内容以拉动用户需求；而服务供应商（SP）以专业化、个性化定制服务进行改造开发和系统集成工程实施，为用户提供高效便捷的全面解决方案或服务。二者联合对信息进行整理开发，把那些用户需求的信息服务以专业的移动数据业务形式提供给用户。国内目前较为大型的 SP/CP 提供商有搜狐、新浪、TOM、空中网、华友世纪、腾讯、掌上灵通等。值得关注的一点是，众多 SP 都或多或少地涉足 CP 产业，但较为典型的 CP 还包括一部分专业内容制作商，比如专门的电影发行商、唱片公司等。

（四）操作系统商

目前，移动操作系统方面，Google 以近 47%的绝对优势继续占据统治地位，相比此前 43.8%的市场份额优势继续扩大。苹果的系统份额也有小幅上扬，由此前的 27.3%上升到目前的 28.7%。至于 RIM、微软和 Nokia，市场份额全都下滑。其中下滑最为明显的 RIM 平台再次丢失 3.1 个百分点，其市场份额从 19.7%掉落到现在的 16.6%。

（五）电信运营商

电信运营商在整个产业链中占据重要位置，结合选择的 3G 标准建设网络，负责 3G 通信系统的运营，为用户提供先进的 3G 通信业务，同时也是设备提供商、终端提供商、SP/CP 的大客户。它们将在提供网络产品和服务方面展开全方位竞争，而呈现的垄断竞争局面一定程度上就是其所属产业链的竞争。

（六）硬件设备零件商

硬件设备零件商包括屏幕、键盘、耳机、蓝牙等部件的供应商，为移动终端提供必要的硬件基础。

二、移动终端产业链的价值关系

在移动终端产业链的各个环节都承担着具体的责任，也相应获得收益，主要环节的职责与收益如图 9-2 所示。此外，电信行业具有全程全网的特点，各个电信运营商的网络种类、网络铺设范围和网络建设重点各不相同,一个电信运营商开展一项业务时,不可避免地要与其他运营商进行合作,网间互联互通直接关系到电信运营企业的业务开展范围和质量,作为竞争对手的运营商也应该包括在电信产业链上。此外,随着电信技术向信息技术的转变,技术融合的背景下促生业务融合,而其他行业信息化的开展,与电信业呈现越来越多的交叉领域,其他行业也可视作产业链的特殊组成部分。

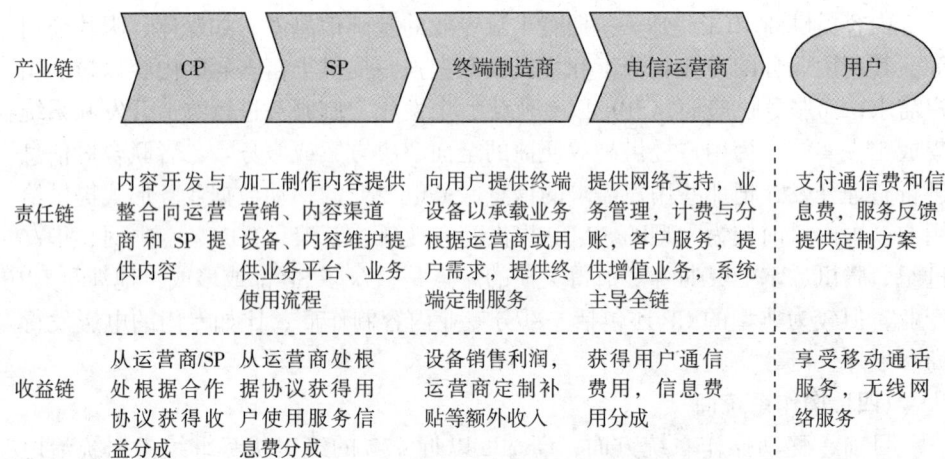

图 9–2　移动终端产业链主要环节分析

随着移动通信的发展,移动互联网业务发展将面临一个截然不同的外部环境,而产业链的演进变化是移动业务运营的关键问题。构造一个突出优势环节和加强核心能力的产业链,是无线网络时代运营商制胜的关键所在。

随着移动网络业务的丰富,移动终端性能的多样化发展,产业链也由链状演变为网状,由简单趋于复杂。产业链中各环节对价值创造的贡献也将被重新界定,价值和利润在链上发生转移,相对价值创造起关键作用的环节集中,而且转移的范围越来越大,转移的方式越来越多样化,其中内容和应用方案将占据越来越重要的位置。同时,每一个环节上的运作效率对整个产业链的整体效率影响越来越大,各成员企业间联系更为紧密,优势互补,而且更为相互依赖。

三、移动互联网时代终端产业的发展趋势

(一)终端产业微笑曲线改变,价值向下游转移

移动互联网的发展改变了终端产品的属性,也影响了价值在产业链中的分布。2008~2010 年,移动终端芯片、设计、代工和整机环节的利润水平都出现

不同程度下降，而应用环节利润水平则持续上升。

移动终端产品价值的提升，已经越来越依赖于上层软件和应用的发展。这突出体现在两个方面：一是应用环节的市场价值实现规模化，催生大量第三方开发者并逐渐形成新的产业，如2010年苹果应用商店收入接近18亿美元，谷歌、诺基亚、黑莓的应用商店收入也都过亿；二是应用与终端产品的结合提升了终端的价值，使厂商能够摆脱传统竞争而获得高额利润。如iPhone和Android手机凭借移动互联网应用的拉动能够持续保持较高的销售价格。厂商往往以500美元左右的价格将此类终端出售给电信运营商，而成本大多不超过250美元。

（二）移动终端与计算机电子在产业链层面实现深度融合

移动终端互联网属性的增加带来终端产业和技术层面的变化，其突出表现是移动终端与计算机电子在产业链层面的深度融合。

在芯片环节，RISC和CISC芯片在性能和功耗方面都更加接近，使得移动终端和计算机产品的界限逐渐模糊。如RISC芯片的运行速率超过1GHz，双核或四核方案大量涌现。CISC芯片最低功耗已经降至21~23毫瓦，接近RISC水平。在操作系统环节，各操作系统不断改进和完善，向更多设备迁移，以最大限度占领下游环节主导权。如谷歌推出了Android 3.0，全面渗透至平板电脑领域。微软则推出了基于ARM平台的Windows8，从桌面系统向移动终端系统延伸。

这种融合，一方面，使软件、应用的跨平台迁移变得更加容易，为应用市场的发展创造更好的基础；另一方面，大量计算机厂商将由此进入移动终端领域，在激发产品创新的同时，市场竞争将更趋激烈。

（三）终端应用向更深层次发展并实现更高市场价值

以应用商店为代表的应用提供模式已经得到主导企业和运营商的支持，由理念转变为切实的市场价值。根据Gartner的预测，2011年应用程序购买及其广告收入将达到151亿美元。

伴随移动应用市场发展，应用提供模式将更加成熟，基于浏览器的应用和移动云计算服务都将得到更深远的发展。浏览器应用模式以浏览器作为应用平台，其优势在于简化用户获取服务的方式，同时拓展移动广告市场。当前，HTML5、WebGL等技术的发展已经使浏览器应用逐渐走向成熟。

移动云计算模式则是终端功能的进一步网络化，这包含两层含义：一是基于网络提供终端的运算、存储等能力，在简化终端配置、降低终端成本的同时，提升终端功能；二是基于网络提供各种专业应用和服务，提高工作或生产效率。根据Juniper的预测，移动云计算到2014年将形成95亿美元的市场规模。

移动终端

第三节 移动终端定制

一、移动终端定制

所谓移动终端定制就是移动运营商在充分考虑客户需求的基础上，为提高终端的易用性和数据业务使用的便捷性，从外观、菜单呈现、开关机界面及性能等方面对终端提出定制要求，同时将优选出的数据业务及客户服务内容内置于手机中。移动终端定制体现了移动运营商对客户需求的理解和关注，并且移动运营商直接介入移动终端的功能设定，提出需求作为终端厂商产品研发与生产的依据。

依据终端定制的程度分为浅度定制、深度定制和完全定制。浅度定制是运营商将少量的应用和终端进行捆绑，对终端厂家提出更为详细的终端规范，逐渐培养用户对该运营商的数据使用习惯，并增加用户的黏度。深度定制是运营商对产品的要求几乎涵盖了终端所涉及的各个方面，除品牌行销、界面、菜单和功能键之外，包括软、硬件平台、终端集成的特色细节，以及终端的外观设计。完全定制是由运营商彻底掌握终端各方面的工程、界面、样式、应用。

目前，全球移动通信网络已经全面进入了 3G 阶段，手机已经不再是一个简单的通话工具，它正在朝着功能强大的个人消费电子产品和个人信息处理中心方向发展。3G 终端将会更复杂、智能和个性以支持运营商不断推出的新业务，所以新业务能否推广和普及，取决于包括终端在内的多个环节的支持和配合。综观国内外 3G 运营商，业务和终端将成为竞争的核心，终端将成为运营商市场竞争的主要手段，因此，加大终端定制力度将成为运营商的一个必然选择。目前，全球主要的 3G 运营商大都通过终端定制的方法，使增值业务和特色应用与终端更好地结合，满足用户多样化的需求，并取得竞争对手所不具备的核心优势，以提高用户的忠诚度。运营商定制终端的主要好处在于在保证终端对业务的良好支持的前提下，可以在品牌和功能上加载运营商的策略，提高运营商在 3G 市场的整体竞争力。

二、移动终端定制的主要内容

（一）硬件定制

终端硬件是终端的基础，硬件性能的优劣很大程度上决定了终端的系统软件及应用软件，进而决定了终端能支持的业务。

1. CPU

从移动终端硬件平台角度可分为单 CPU 平台和双 CPU 平台，单 CPU 平台的 CPU 位于基带芯片中，负责所有的事务，而双 CPU 平台除了基带芯片中的 CPU 外，再加一颗通用处理器芯片，基带处理器只负责处理远程通信事务，通用处理器负责处理键盘、显示、照相、解码、操作系统及应用等事务。

标识 CPU 性能的主要参数是芯片架构和主频，以常用的 ARM 系列为例，可分为：ARM10、ARM11、ARM Cortex 等，不同芯片架构的内核版本不同，主频不同，性能也不同。

2. 存储

终端的存储可分为三个部分，用户可用存储空间、内存和可扩展的存储。很多厂家将用户可用的存储空间和出厂前预置的系统软件及应用软件、程序已占用的存储空间规划在一个芯片内，使用户难以分辨，所以在这里需要强调留给用户可用的存储空间。

内存的作用是暂时存放 CPU 中的运算数据，以及存储与外部存储器交换的数据。只要终端在运行中，CPU 就会把需要运算的数据调到内存中进行运算，当运算完成后 CPU 再将结果传送出来。

存储扩展通常是指 SD 卡的扩展，一般终端已支持 8G 甚至 16G 容量的 SD 卡扩展，为用户进行大数据量保存提供了介质，目前有部分终端也支持通讯录到 SD 卡的备份，及在 SD 卡上安装应用程序、软件等。

3. 显示屏

显示屏是终端的一个重要硬件指标，由于一些业务的推动，例如手机电视、视频及手机上网等，显示屏不断向高分辨率、大尺寸发展。目前，大屏、触屏手机已逐渐成为市场的主流，分辨率从 QVGA、WQVGA、HVGA 快速地向 VGA 发展，尺寸从 2.0 寸、2.4 寸向大屏 3.5 寸及以上发展。目前中高端手机支持多频段，如 GSM850/900/1800/1900M、UMTS850/900/1900/2100M，满足用户国际漫游的需求。

4. 无线通信

目前，数据通信从 2.5G 的 GPRS，3G 的 WCDMA 向 HSPA 过渡。终端对数据通信速率的支持应根据运营商现网的情况进行调整，要求终端不落后于网络。

（二）软件定制

移动终端的原件定制首先要选择操作系统。操作系统是移动终端设备的灵魂，目前主流的操作系统有 Android、Windows Mobile 等。此外，还需要包括以下软件能力：

(1) 支持WAP/Web浏览器。

(2) 支持应用程序的安装、运行、卸载等基本操作。

(3) 支持文件的打开、复制、粘贴、删除以及重命名等基本操作。

(4) 支持查看Word、Excel、Ppt、Pdf等文档，支持邮件处理。

(5) 支持AMR-NB和标准MIDI，支持WAV、MP3、AAC，支持H.263/MEPG-4/H.264等。

目前，智能终端支持应用软件的安装、运行和卸载操作，但是用户使用时，偶尔会出现兼容性问题，所以定制终端要求预装用户常用的第三方软件，在出厂前第三方软件要与终端进行适配，第三方软件的预装也包括非智能机。比如游戏、炒股软件、即时通信软件、天气、词典等。

(三) 用户界面定制

运营商的定制终端通常使用运营商定制的用户界面 (UI)，利于统一管理及广告宣传。例如需要对终端的外观、包装、菜单图标、开关机动画及音乐、待机动画/图片等定制，而运营商特定的专用键、各种标识、界面规划等都在定制的范围之内。这些UI的资源文件通常由运营商提供给厂商，厂商按照运营商的要求来研发，偶尔也由厂商自己设计，经过运营商同意并确认后，用于定制终端的研发。

(四) 业务定制

业务定制是运营商终端定制的重要内容，也是运营商的优势所在，因为和终端厂商相比，运营商更接近用户，更熟悉用户的需求，同时运营商也可以通过业务定制推广新业务、做品牌宣传等。目前，运营商定制的业务有手机邮箱、手机电视、手机音乐、手机营业厅、手机上网、号簿管家、飞信等。

业务定制从用户的反馈上来看也是褒贬不一，运营商定制的大多数业务确实给用户带来了极大的方便，但同时也给用户带来了一定的负面影响。例如有用户反映运营商定制的业务过多，而且多数放在菜单的首页，导致用户需要使用其他功能时操作烦琐；还有用户反映使用运营商定制的业务时有"吸费"的问题，不管这个问题是否是因为使用了运营商的定制业务，至少是运营商在为用户提供服务，所以运营商应该加强对定制终端的监管，加强对业务提供商的监管，为用户解决实际问题，消除用户的后顾之忧，让用户真正体会到使用运营商定制终端的好处。

三、终端定制对产业链的影响

（一）对运营商的影响

终端定制的出现将更加巩固运营商的核心地位，并促使原有终端产业链发生翻天覆地的变化，由此引发整个产业链从单一模式向多元化方向发展。

运营商通过定制终端，将终端和业务捆绑，让更多的定制终端购买者使用运营商推出的业务，这是今后终端销售发展的一个趋势，同时也是运营商在今后一段时间内捆绑和营销新业务的有效手段。

运营商通过定制终端，使一些手机卖场既是终端市场，也是运营商的营业厅。消费者在购买手机时不仅可享受到售前、售中、售后一体化服务，还可办理运营商提供的全方位服务，这为运营商带来了业务拓展的方便和快捷。

（二）对终端厂商的影响

终端厂商参与运营商定制后，可以借助运营商影响手机销售，提升其品牌形象，扩大产品销量。终端厂商不用参与运营商定制产品流通过程，降低了产品销售和库存的风险，同时也可以节省这部分产品的市场推广和渠道销售费用。

终端厂商参与运营商定制后，产品设计和流通都要按照运营商的要求运作，终端厂商自主权和自由度受到一定的影响。此外，终端厂商还面临着品牌稀释和产品利润率下降的风险，产业链优势有所下降，对于终端厂商将是一个重新洗牌的机会。

（三）对传统手机渠道的影响

一方面，运营商对终端定制力度的逐渐加大不可避免地会给传统手机渠道销售带来冲击；另一方面，终端定制模式的出现让这些传统代理商的生存空间进一步压缩。虽然运营商的终端定制对传统手机渠道的冲击不容小视，但这种冲击在中国市场需要一个相当长的转化和适应过程。运营商在采取终端定制的同时，需要考虑各个产业环节的核心竞争能力，寻找到杠杆的支点，传统渠道可以利用这种趋势调整和加强自己的竞争优势，在区域或用户的细分市场脱颖而出，最终达到双赢的结果。

（四）对用户的影响

定制终端的特色在于丰富多彩的应用，如手机音乐、在线娱乐、在线媒体、手机支付、定位服务等，终端定制使手机厂商根据运营商为客户提供的各类数据信息业务来规范化设计生产手机产品，使用户的使用更便捷，功能结合更完整，使用界面更友好，最终用户体验会更加完美。

同时，有用户反映"高差价"使用户失去对运营商定制手机的兴趣。同一款手机，在运营商营业厅购买，比手机卖场高很多，同时还需要预存一定的话费。所以，现在运营商必须考虑从价格、资费等方面作相应调整，使用户完美体验的同时，也能享受价格的实惠。

 本章案例

<h3 style="text-align:center">中国电信将面向个人推出手机外观定制业务</h3>

中国电信正酝酿3G终端的一项革新，秘密打造一种个人手机定制业务，可实现天翼手机的外观随意定制。中国电信希望以此引导3G消费趋势，打造自己的3G手机核心竞争力。

一、手机定制新思路

在2010年CDMA用户数突破9000万大关的良好势头之下，中国电信2011年1月增长势头仍然强劲。近日中国电信公布的数据显示，2011年1月，中国电信新增3G用户为135万户，3G用户总数达到1364万户，CDMA用户总数已达到9405万。

据悉，中国电信已制定新的目标，希望在2011年第一季度天翼CDMA用户突破1亿户。

就在此时，中国电信内部传来消息称，中国电信正由其全资子公司——天翼电信终端公司主导一项手机定制新思路，即希望能在3G时代为用户提供个性化的手机设计选择，创造一种手机消费新概念，引领手机消费新潮流，打造中国电信的"另类核心竞争力"。

该消息目前已引起业内高度关注。为实现上述雄心勃勃的目标，终端的作用至关重要。而通过个性化定制无疑将进一步增强天翼终端的吸引力，助力中国电信终端发展目标的实现。

二、现有手机的局限性

目前，手机定制已经成为3G时代的典型特征，几乎所有经典3G手机都由运营商定制。据悉，中国电信正由旗下全资子公司——天翼电信终端有限公司秘密操盘，在运营商中创新推出一种手机外观定制服务，这种手机外观定制与以往任何定制不同，是直接面向消费者，而不是面向手机厂商。

通常的手机定制服务，一般都是运营商向手机厂商提出软硬件和市场定位需求，手机厂商提交产品后，由运营商集中采购，并在手机里内嵌运营商的增值服务，在机身外观上贴上运营商的自主品牌和原有手机制造商的品牌。但是此类的定制手机多数仍保持了手机出厂时的设计外观，消费者只能从厂商提供的有限的几款色彩搭配中选择，同类手机的外观均一模一样，这导致所有人拿到的同款手机的外观都一样，对于将手机视为自己贴身伴侣的消费者而言，绝

不是件开心的事。

为此，中国电信希望打破这种常规做法，将改革方向瞄准了手机外观设计，已于2010年开始组织研究如何为用户提供个性化的手机外观。

三、电信运营商首次向个人提供手机外观定制

据悉，中国电信的做法是，通过互联网提供一种手机外观定制平台，可提供不同图案和不同工艺、材质的手机外观，用户还可以自己设计图案，中国电信帮助加工生产，最终用户可得到自己想要的任何图案的彩色手机外观。通过这种手机外观的更换，消费者如同获得了一部新手机。

这显然是一种创举，手机外观一直是消费者购买手机的重要选择因素之一，该项定制服务对于用户来说非常实用，完全吻合中国电信提出的企业使命"让用户尽情享受信息新生活"。

这将是运营商中独家实现消费者个性化手机定制，同时，这也是中国电信实施3G战略的重要组成部分。根据之前中国电信2011年CDMA终端产业链年会上透露的消息，2010年各类CDMA终端市场规模近4500万台，预计今年更将达到6000万台，市场占有率要达到25%以上。

资料来源：http://www.dospy.com/，2011-02-23。

▶ 问题讨论：

1. 面向消费者的终端定制服务将对移动终端产业结构会有怎样的影响？
2. 中国电信面向个人提供手机外观定制这一创举所体现终端产业市场具有怎样的发展趋势？

本章小结

本章主要介绍了移动终端产业的现状和未来的发展机遇。对移动终端产业链的构成进行了整体介绍，并就其产业链内的价值关系进行了说明。然后对移动终端定制的概念和主要内容进行了讲解，并进一步分析了当前移动终端定制将会对移动终端产业的整体结构造成什么样的冲击，以及移动终端产业链将可能面临怎样的变动。

通过对本章的学习，要求能够对移动终端产业有所了解，把握移动终端产业链的构成和价值关系，能够掌握移动终端定制的主要内容，能够对终端定制可能对终端产业产生的影响进行分析。

本章复习题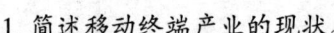

1. 简述移动终端产业的现状。
2. 分析当前移动终端产业链的构成。
3. 分析当前移动终端产业链各个环节间的价值关系。
4. 简述移动终端定制的主要内容。
5. 分析移动终端定制对移动终端产业的影响。

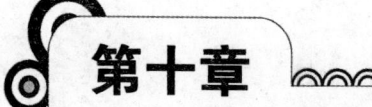

第十章

移动终端标准

知识要求 通过本章的学习，掌握：

- 移动终端复杂性的体现
- 移动终端标准化的必要性和可行性
- 移动终端各类接口的标准
- 移动终端各类信息格式的标准

技能要求 通过本章的学习，能够：

- 清楚掌握移动终端标准化的现状和实现标准化的必要性
- 了解当前移动终端的主要接口标准
- 了解当前移动终端的主要信息格式的标准

1. 本章的主要内容包括讲解当前移动终端标准化的现状和实现标准化的必要性，并分别介绍了主要的接口标准和信息格式标准。

2. 学习方法：掌握基本概念，抓住移动终端产品的多样性和复杂性的特征，分析移动终端标准化的必要性。能够列举各类接口标准和信息格式标准。

3. 建议学时：2学时。

移动终端

手机银行业务要面临软硬件标准化问题

随着智能手机的快速普及，目前国内大多数银行都已推出手机银行业务，但受当前支付环境和安全形势的影响，手机银行业务一直不尽如人意。

来自艾瑞市场调研的一组数据显示，由于网络欺诈、网络"钓鱼"等现象的持续泛滥，近六成智能手机用户表示最担心手机支付安全。这在很大程度上影响了手机银行业务的推广。

中国互联网络信息中心（CNNIC）的数据显示，截至 2011 年 12 月，我国手机在线支付用户达到 3058 万，另据市场调研公司 Berg Insight 的数据显示，手机银行用户已达 3.6 亿，在 2015 年有望增长至 8.9 亿。

然而，这一巨大市场的背后却是业务的低端化。从国外来看，手机银行可以汇集账户管理、转账汇款、支付、存取款、投资理财、三方存管、代缴费、信用卡、咨询等各种银行服务功能，一部手机可以管理个人所有的金融账户。相比之下，中国手机银行发展一直受到软硬件环境的制约，目前还停留在消费、转账层面。

农业银行电子银行部门一位高级工程师对记者表示，目前手机银行业务主要面临"软硬件标准化"问题。由于移动终端的软硬件系统不断变换，银行需要不断更新调试系统，在此过程中就有可能产生一些技术漏洞或盲点，让犯罪分子有可乘之机。

"对于银行而言，手机银行平台与软硬件如果能统一规范，手机银行的安全性就能大幅提高。"该工程师对记者表示。

专家对记者表示，整个手机支付行业需要通过构建安全的支付环境来提升用户的信心，这包括对信息的安全审核、对卖家或商铺采用全面认证、增强手机端的安全保护机制以屏蔽病毒木马入侵等，捍卫用户的支付安全。

而对于手机支付用户，专家则建议提高安全意识，选择正规电商网站进行交易，安装专业的手机安全软件，查杀和拦截手机盗号病毒，并识别短信、网页中可能存在的"钓鱼"网站链接。

专家建议，用户要做好以下几条：妥善保管好手机和密码；设置合理的转账支付限额；开通及时语音短信通知服务；提防虚假 WAP 网址和网络"钓鱼"；使用完手机银行后应及时清除手机内存中临时存储账户；密码等敏感信息等。

对于客户对手机银行的忧虑，中国银行业务人员对记者表示，银行会针对潜在的系统漏洞与病毒问题，不断进行系统开发和功能优化。工商银行一位业务部门负责人对记者表示："手机银行业务下一步将会进行硬件等物理认证、UK 码识别等方面的突破，增加开放权限，未来还会不断进行安全升级。"

专家认为，目前韩国、日本手机银行的发展较成功，手机中内置智能芯片，可通过外插特殊记忆卡进行电子金融服务。

资料来源：http://www.c114.net，2012-2-3.

▶ 问题：
1. 移动终端的标准化对移动终端业务的发展具有怎样的意义？
2. 移动终端标准化的必要性有哪些？

第一节 移动终端标准化的必要性

随着无线（如无线局域网）和移动（如蜂窝系统）的通信技术及其应用的迅速发展，手持设备的功能变得越来越丰富多彩。它可以照相、摄像，可以是一个小型移动电视机、可视电话机，可做 PDA，并可具有 PC 大部分功能，当然，它也可以用做移动电子商务，可做认证，将来还可做持有者身份证明（身份证、护照）。同时，它还是个人的移动娱乐终端。总之，可以在移动中完成话音、数据、图像等各种信息的传输和再现。由此可见，它的软、硬件的复杂性已是当今任何手持设备所不可比拟的。而且，当今自由空间的无线电磁环境非常复杂，无线信号在空间中传播时会遇到各种干扰，终端的发送和接收电路也必然要复杂得多。在这样复杂的终端上要实现如此复杂的业务功能，各个生产厂家的产品必然是各不相同，它的配件也是琳琅满目。这给运营商和用户都带来了诸多不便，于是标准化的进程便在移动终端的设计和制造中展开了。

一、移动终端的复杂性

传统的手机主要是作为话音通信工具使用，功能比较单一、硬件结构相对简单，且其硬件和软件之间存在着很强的相关性。在移动通信高速发展的今天，更加智能化的手机已成为各种应用和业务的承载平台，因此，对其硬件性能要求不断提高，软、硬件也逐渐相对独立起来。到目前为止大致可将手机分为三类：

第一类是以话音为主的手机，也就是传统意义上的手机，目前主要面向低端市场。这类手机的硬件都是围绕一个单一的基带处理器搭建的，该处理器执行电信和其他简单的应用任务。

第二类是增值业务手机，又叫多功能手机或面向特定业务手机。这是目前市场上应用最多、需求最大的手机。这些手机是面向特定应用围绕一个功能强大的基带处理器芯片搭建起来的，这个基带处理器芯片有一个与之配套的应用协处理器。基带处理器芯片承担诸如短信息收发这样与通信协议应用相关的主要功能，而协处理器则承担视频处理等需要大量面向应用的运算功能。这类子机没有高度复杂的操作系统。目前，这类手机的功能差别很大，实现方案也很不一样，也是最需要进行标准化的一类终端。

第三类是智能手机，即高端手机，曾被定义为"拥有操作系统并支持第三方应用的手机"。这类手机中，处于应用子系统的应用处理器成为系统的核心，而 GSM/GPRS 等通信 Modem 则成为实现连接功能的外设之一，其他通信射频功能则被划分给通信子系统中的模拟和数字基带处理器来完成。此外，还有其他通信外设，如 WLAN、蓝牙、USB 等。在软件方面，智能手机通常要采用复杂的嵌入式操作系统如 Pocket PC、SmartPhone、Symbian 以及 Linux 等作为软、硬件的接口。应该说，这类手机的硬件结构和软件构成从开始设计时就遵循统一的系统框图来设计，而标准化也是从一开始就要重视的问题。

这三类子机都是围绕 1~2 块嵌入式处理器芯片搭建的。然而，嵌入式处理器芯片存在几种不同的内核。移动终端大都使用 MIPS、ARM 或 SH3 三种内核之一。这三种处理器都是相对独立、互不兼容的，它们采用的都是不同的指令集和寄存器。因此不可能在 MIPS 处理器上运行基于 ARM 处理器的程序。MIPS 处理器主要由日本的 NEC 公司生产和销售，SuperH3（SH3）处理器由日立公司生产，但从目前市场情况来看，智能手机中采用的处理器主要来自于 ARM 授权公司（如诺基亚和爱立信）、摩托罗拉、英特尔和 TI 公司。其他的应用处理器则几乎都采用了 ARM 内核。各种内核的同时并存给硬件的标准化造成了很大的困难。同时，由于应用软件和处理器是相互联系的。不同处理器内核也给软件方面的标准化造成了一定的阻碍。

除了核心的处理器芯片，手机中还需要许多外围设备以及连接这些设备的外部接口。这些外部设备和接口种类繁多但又不可缺少。不同终端制造商的元器件来源可能不同，而且充电器、数据线、显示屏、红外、蓝牙等外部接口所采用的解决方案也可能不同。不同厂家的这些手机硬件接口目前大都不能实现共用和兼容。此外，这些外围部件的发展参差不齐。这种情况也可能制约标准化终端的生产和销售。

另外，移动终端上运行的软件功能各异，类型也多样。手机上的软件主要包括嵌入式操作系统、应用运行平台、应用程序等。目前，市场上主流的普通终端操作系统主要有 NucleusPLUS、pSOSystem 等，智能终端的操作系统主要有 Symbian、Windows CE、Palm OS、Linux 四种。除以上开放式手机操作系统之外，国内终端生产研发企业为摆脱国产手机的代工现状，领先实现自主研发，纷纷在操作系统上投入人力和物力，而且也逐渐收到成效。但这也导致了移动终端上本来就很复杂的操作系统更加复杂和多样。

在操作系统之上便是与应用相关联的应用软件和支撑平台。移动终端上的应用运行平台主要包括 BREW 和 JAVA。而韩国无线互联网标准化论坛 (KWISF) 为了摆脱高通公司的垄断，也开发出了基于 JAVA 的无线互联网的操作平台——WIP。另外还有一些支撑平台，如基于移动互联网的 WAP 技术，基于个人信息管理 (PIM) 应用的 SyncML 技术和基于在线视频的媒体技术等。这些由于相互竞争而形成的多种应用和支撑平台给终端的标准化进程也造成了很大的困难。而运行于平台上的应用软件就更是数不胜数，如有离线游戏、移动 E-mail 和移动 QQ、不同视频格式的播放器和图像处理程序等。这些应用软件的多样化主要是由用户的不同需求而造成的。用户对诸如摄像、蓝牙、红外等硬件配置的需求以及 MMS、JAVA 应用、SyncML 应用、WAP 应用、多媒体应用等业务的需求直接决定了手机中相应的应用软件。只有当手机中的应用软件、支持平台、操作系统和硬件在一起协调运作才能够给用户最好的服务，任何一个环节的差错都会影响移动业务的发展。

移动终端的复杂性还体现在目前的移动通信协议的多样性。这直接影响到终端的底层硬件结构，即收发信机的射频部分。可以看出，调制方式、复用方式、频带选择都对移动终端的设计有着深刻的影响。而多模、多时隙、多频带手机的设计又是目前移动终端设计的趋势。那么，移动终端的硬件结构将是非常复杂和多样的。为了能使一款手机在各种网络中都能使用，协议的标准化和统一是尤其重要的。满足一定标准化协议的手机将能够在相应的符合同样标准的网络中运行。而一部手机在多个符合不同标准的网络中运行则更增添了终端的复杂性。这更使手机的标准化显得非常棘手。

另外，移动无线环境的恶劣状况也会使终端的射频部分不得不更加复杂，而标准化的进程在这样复杂的情况下更显重要。

二、移动终端标准化的必要性

移动终端的复杂性及各层次技术的多样性已经是有目共睹的了，而且其在整个移动通信产业链的位置也是举足轻重的，3G 没能如人们期待的那样顺利发展，其中一个很重要的原因就是移动终端研发不够，产品太少。如今 3G 已经逐渐明朗，外场测试已经接近尾声，国内外厂商也在竞相推出 3G 终端，终

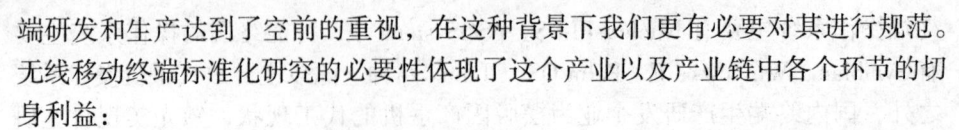

端研发和生产达到了空前的重视，在这种背景下我们更有必要对其进行规范。无线移动终端标准化研究的必要性体现了这个产业以及产业链中各个环节的切身利益：

（1）用户需要终端的标准化。用户需要更快捷的业务接入方式，需要无障碍地在不同移动终端上使用各种应用，需要更统一的外部接口以充分利用剩余资源，并相互实现资源和配件的共享。

（2）移动网络运营商需要终端的标准化。移动运营商对终端的标准化尤为重视，对终端的定制有利于其业务的开展，组织终端制造商和技术提供商生产提供具备某些特定功能的移动终端，并能够将终端上的菜单简化以便用户更快捷地接入运营商推出的业务。

（3）终端制造商需要终端的标准化。对于终端制造商来说，先进技术的标准化有利于他们推出更好的产品，同时标准化的过程是他们相互借鉴、取长补短的过程，并能节约成本。

（4）应用软件开发商需要终端的标准化。终端支撑技术的标准化有利于简化他们的开发过程，并实现软件的一次开发、随处运行。

（5）先进支撑技术提供商需要终端的标准化。先进的支撑技术更有可能被作为标准而得到推广。

三、移动终端标准化的可行性

移动通信经过十几年的发展，中国已经有了世界最大的移动市场，并成为世界最大的移动终端生产基地，中国已经有了一定的技术基础和人才储备，终端标准化工作也由此变得容易：

（1）国内的终端研发生产企业逐渐发展壮大，并已经逐步掌握了终端生产制造的关键技术。国内企业进入手机领域大致可以分为两个阶段：第一阶段是在1998年以前，国内企业主要以合资的形式进入手机市场，这些合资企业采取组装的形式生产国际品牌产品。第二阶段是在1998年以后，国内企业纷纷以"贴牌"的形式推出自主品牌的手机，在这一阶段，国内企业开始独立地发展自己的品牌和产品，在不断发展壮大的过程中对长期垄断中国市场的国际品牌产生了强烈冲击。

（2）网络运营商已经意识到定制终端这一终端标准化工作的重要性，并利用其在产业链中的核心地位组织产业链的各个环节进行企业规范的制定，提高了国内厂商对标准制定的重视程度，同时也培养了一批熟悉和精通标准制定的专家。

（3）国家政府部门对标准化工作逐渐重视和加强，鼓励并支持企业将先进的技术作为标准供大家共享。

（4）全球标准化组织比较多，终端相关的国际标准比较丰富。中国的某些企业已经参与到国际标准化组织中去，将自己的想法反映到了国际上的一些标准中去，同时中国还可以借鉴其他国家企业的先进技术，有利于国际上产品之间的兼容和互通，并将中国的品牌打入到国际市场。

自从 2003 年 11 月 CCSA 专家咨询委员会建议移动互联网应用协议特别组（CCSA.MIS）对无线移动终端的标准化问题进行研究后，CCSA.MIS 多次邀请国内外著名的移动终端制造商、网络运营商、移动终端软件开发商、芯片制造商对我国的无线移动终端的发展方向、标准化工作的内容以及标准化工作应该如何进行等问题进行了深入探讨。为了切实做好这个项目，CCSA.MIS 已经按照终端体系结构的不同领域将参与研究的近 30 家单位按其意愿分成总体组、支撑技术平台组、业务应用组三个项目组分别进行研究，每个组都有若干个研究项目，并起草了工作方法的若干规定，我们希望能通过现阶段对无线移动终端标准化工作所涉及的若干技术的深入研究为中国无线移动终端的发展、标准化工作的开展以及成熟技术标准文稿的撰写提供依据。

第二节　移动终端接口的标准

移动终端外部接口主要有充电器接口、数据线接口（2G/2.5G 终端上主要是 RS232 接口）和耳机接口，以及在 3G 终端中将成为基本配件接口的 USB 接口、存储卡接口，另外还有一些近距离无线接口，如蓝牙、红外、WLAN 接口，如表 10-1 所示。移动终端接口标准化的困难在于接口接插件结构设计的统一，这也是当前接口标准化工作中需要重点解决的问题。

表 10-1　移动终端外部接口

接口类型	接口名称	标准化组织	接口协议
有线接口	充电器接口 串型接口 移动终端耳机 外部存储卡接口	— USB 联盟、EIA — 多个产品系列	— RS232、USB1.0/1.1、USB2.0 — CF 卡、SD 卡（包括迷你卡和普通卡）、MS 卡、SM 卡以及 MMC 卡
无线接口	蓝牙接口 红外接口 WLAN 接口	Bluetooth SIC 红外数据协会（lrDA） IEEE	Bluetooth1.0、Bluetooth1.1 lrDA1.0、lrDA1.1 IEEE 802.11a、IEEE 802.11b、IEEE 802.11g

移动终端

一、近距离无线接口

近距离无线接口的标准化工作主要是完成接口协议的规范化。与这部分工作相关的接口规范，一些标准化组织已经进行了规定。各个生产厂家都是按照其中的一个或几个标准来生产的，只需要对这些标准中存在差异的某些可选项进行规范就行了。标准化的程度还是比较高的。

目前常用的近距离无线接口有蓝牙和红外接口。蓝牙的英文名称是Bluetooth，是1998年5月由爱立信、IBM、英特尔、诺基亚、东芝5家公司联合制定的短距离无线通信技术标准。其目的是实现最高数据传输为1Mb/s（有效数据传输为721Kb/s）、最大传输距离为10m的无线通信。蓝牙技术支持多种电子设备之间的短距离无线通信，这种通信不需要任何线缆，也不需要用户直接手工干涉。每当一个嵌入了蓝牙技术的设备发觉另一个同样嵌入蓝牙技术的设备，它们就能自动同步并建立一种特别的无线网络（Ad Hoc），相互通信，实现资源共享。蓝牙设备的工作频段为全球统一开放的无须许可证的2.4GHz，工业、科学和医学（Industrial, Scientific and Medical, ISM）频段。然而，工作在ISM频段的无线电设备有很多种，如家用微波炉、无线局域网和家庭射频等产品。为了很好地抵抗来自这些设备的干扰，蓝牙采用了跳频（Frequency Hopping）方式来扩频（Spread Spectrum），将2.402~2.48GHz频段分成79个频点相邻频点间隔1MHz。蓝牙设备在某个频点发送数据之后，再跳到另一个频点发送。频点的排列顺序则是伪随机的，每秒钟频率改变1600次，每个频率持续0.625s。然而，正因为蓝牙通信工作在ISM频段，为了也不对其他工作在这一频段的设备造成干扰，它的发射功率必须受到限制。这也是其传播范围限制在10m的缘故。蓝牙设备在通信连接状态下，有四种工作模式——激活（Active）模式、呼吸（Snif）模式、保持（Hold）模式和休眠（Park）模式。激活模式是正常的工作状态，另外一种模式是为了节能所规定的低功耗模式。这些模式对于其功耗和发射功率的控制也是设计中必须考虑的，更是标准化的一个方面。从这一点上也可以看出，功耗的考虑在移动终端中是极其重要的。

现代移动通信业务的兴起和广泛应用使得已经很有限的频带资源更加紧张。而利用红外线进行无线数据通信，无论从频带范围、可调制速率、小型轻量化，还是安全性等方面考虑，都适合许多短程高速的无线数据通信系统，可应用于点对点无线数据传输和无线局域网。红外无线系统分为室内和室外两种。室外的无线红外通信应用并不是太多，更具有应用价值的是室内红外无线数据通信。

红外无线系统采用红外线作为通信载波，通过红外发射器、红外接收器完成信号的无线收发，主要利用光传输及无线工作机制。红外线，它是一种波长在750nm~1mm的电磁波。它的频率高于微波而低于可见光，是一种人的眼睛看不到的光线。红外通信一般采用红外波段内的近红外线，波长在0.75~25μm。其系统主要组成包括发射器、信道和接收器三个部分。它有着自己的优势，例如速率高、频带宽、应用范围广、不同室内的系统互不干扰、受无线电干扰小、保密性强、体积小、质量轻、成本低。但是，由于自然光和人工光源的干扰，红外线的绕射能力和反射能力差、对非透明物体的透过性差，红外无线传输只能应用在视距传播中。而且，红外线传输容易受环境因素的影响，数据传输不稳定，并且也不易于实现全双工通信。目前，室内的短距离应用已经很广泛（如家庭中的遥控器就是一个典型的例子），标准也日渐完善。但在无线通信接口应用中，蓝牙接口还是颇受青睐的。蓝牙无线规范主要包括频段与信道安排、发射器特性和接收机特性。

二、充电器接口

移动终端的充电器一般分为座式充电器、旅行充电器和车载充电器三种。而从使用的频率和用户的使用范围来看，旅行充电器是其主要使用的充电器类型。移动终端中，充电器接口直接与移动终端中的电池进行连接，因此电池的技术将影响到对接口的要求。而移动终端电池的类型主要有锂离子电池、镍镉电池、镍氢电池，其中锂离子电池由于容量高、体积小，目前普及率最高。在未来的移动终端中，由于终端处理能力的提升，在单位时间内移动终端的耗电量将更大，因此在新型便携式电池（如燃料电池）尚未面世之前，锂电池仍将是移动终端的首选电池类型。

锂离子电池的不足之处在于对充电器的要求比较苛刻，对保护电路的要求较高其要求的充电方式是恒流恒压方式，为有效利用电池容量，需将锂离子电池充电至最大电压。但是过压充电会造成电池损坏，这就要求较高的控制精度（精度高于1%）。而对于电压过低的电池需要进行预充电。电池的充电终止检测除电压检测方法外，还需采用其他的辅助方法作为防止过充的后备措施，如检测电池温度、限定充电时间、为电池提供附加保护。由此可见实现安全高效的充电控制是锂离子电池推广应用的重要技术要求。

1. 统一移动终端充电器接口需要解决的技术问题

（1）当前市场上移动终端电池有锂电池、镍氢电池等多种类型，不同类型的电池的充电特性不同，为了保证电池的性能，不同类型的电池不能进行混充。

（2）锂电池充满电时的终止充电电压与电池阳极材料有关（阳极材料为石墨的是4.2V，阳极材料为焦炭的是4.1V），而锂离子电池对充电的要求是很高的，它要求精密的充电电路以保证充电的安全。终止充电电压精度允差为额定值的±1%（例如4.2V的锂离子电池，其允许的偏差值为±0.042V%），过压充电会造成锂离子电池永久性损坏，过低的电压结束充电将无法有效地利用电池容量，所以需要解决两种不同终止电压的问题。

2. 解决上述问题可采用的方法

（1）使用智能型充电器接口，通过在电池中固化一些编码（识别电池型号、容量、过充电压等），当电池插入充电器后，充电器就能读出编码，知道插入的是何种电池，并执行相应的充电过程，从而实现一个充电器同时可适用于锂电池和镍氢电池等电池类型，同时可识别出锂电池的不同终止充电电压。

（2）统一使用电池类型，如规定规范化接口统一采用充电中止电压为4.2V的锂电池。

（3）增加管脚，对不同类型或终止充电电压的电池使用不同的管脚进行充电。

三、数据线接口

数据线接口包括RS232接口和USB接口，RS232接口主要是在2G/2.5G移动终端上应用，3G手机则主要是USB接口。RS232接口已经相当成熟，标准化主要的问题是接插件接口的统一。随着移动终端的发展，USB接口将成为主流的数据线接口，并将成为3G移动终端的一个必备接口。但是从现状来看，USB接口在移动终端中的普及率仍然不高，具备USB接口的移动终端，采用的接口标准也各不相同，大多以厂家的私有接口为主。

USB接口存在两种协议标准，即USB1.1/1.0标准和USB2.0标准，USB2.0标准向下兼容，完全支持与USB1.1标准接口的连接。USB1.1/1.0标准支持12Mb/s数据速率，USB2.0标准支持的最大数据速率为480Mb/s。在USB2.0规范和USB2.0 ECN（Engineering Change Notice）中，提出了四种接口标准：USB系列A、USB系列B、USB系列mini-A和USB系列mini-B。USB系列A和USB系列B的接口是适用于与计算机终端相连的，USB系列mini-A和USB系列mini-B的接口体积比USB系列A和USB系列B的接口要小，适用于与移动终端相连接。从USB标准化的现状和应用趋势来看，如果USB采用单独接口方式，USB mini-B 5Pin接口将成为3G移动终端首选的接口标准。与个人计算机连接时，连接线一端提供USB mini-B的插头（与移动终端连接），另外一端使用USB A型插头（与计算机连接）。在供电方面，USB接口内置了电源线路，能提供5V电压/100mA电流的供电，最大可达到5V/500mA的电力，即可以通过线缆为其外设提供不高于+5V、500mA的总线电源。

USB 的接口可以实现四种基本类型的数据传输：控制传输、批量传输、中断传输和同步传输等。

四、其他外部接口

（一）耳机接口

手机中应用的普通耳机和平常的耳机差别并不是很大。一款耳机的优劣不是外在的因素能够决定的，某些材料和某种结构的采用并不能代表什么，优秀耳机的设计是现代电声学、材料科学、人体工程学和音响美学的完美结合。对于一款耳机的评价需要经过客观的测试与主观听音后方能得出结论。而耳机的客观测试包括频率响应曲线、阻抗曲线、方波测试、互调失真等。优秀的耳机声音应该具有以下几个特点：

（1）声底纯净，无任何令人不悦的"嘶"、"嗡"、"哄"声。

（2）平衡感好，音色从不过亮或过暗，高中低频能量分布均匀，频段间的融合自然滑顺，无突兀和毛刺。

（3）高频延伸良好，细腻而柔和。

（4）低频下潜深，干净饱满，富有弹性和力度，无任何肥、慢的感觉。

（5）中频失真极小，透明而温暖，人声亲切自然，有厚度、有磁性，不夸张齿音和鼻音。

（6）解析力好，细节丰富，微小的信号也能清晰地重放。

（7）有良好的声场刻画能力，声场开阔，乐器定位准确而稳定，声场中有足够的信息量，没有空洞的感觉。

（8）动态没有明显的压缩，具有较好的速度感，大音量下不失真或失真很小。

对于这类耳机，其频响范围、阻抗、谐波失真、灵敏度的标准都已经有所规范，技术已经比较成熟。但有一些手机耳机对于音质的效果要求很高，相应的标准也要更严格一些。这也给耳机的标准化工作造成了一定的障碍。但是，对于此类耳机可以根据其特殊要求另外设计。标准化的工作也可以有一些具有特色的例外，用以满足与众不同的需求。

随着 3G 的到来，蓝牙耳机将焕发出普通耳机不可比拟的优势。蓝牙耳机就是将蓝牙技术应用在免持耳机上，让使用者可以免除恼人电线的牵绊，自在地以各种方式轻松通话。自从蓝牙耳机问世以来，一直是行动商务族提升效率的好工具。蓝牙传输在技术上分为 vI.1 及 vI.2 两种规格，应用在蓝牙耳机时也有所差异。vI.2 不仅多了支持立体声音效，在稳定度及效果上也有较好的表现，并且可以向下兼容 vI.1 版本。此外，具备蓝牙功能的手机和耳机，支持的连接模式包括"免持"(Handsfree)与"耳机"(Headset)两种。不同模式的耳机和手机是不可以配置成功的。这正是目前标准化工作要解决的难题。关于这方面的标准化工作现在也已经在进行中了。

(二) 外置摄像头的标准化

随着多媒体业务的发展,手机已经不是话音终端了,它还需要支持多种媒体承载的信息。其中,图像或视频信息将成为传输的主要多媒体信息。通常,除了通过数据线从网上下载视频或图像外,手机自带的摄像头直接拍摄图片或录像也是一种重要的途径。外置的摄像头需要与手机上的专用接口相连,通常可以根据不同的划分标准对其进行分类。

从独立性来分,主要分为两种:一种是完全配件依赖手机,因为它要靠手机供电、用手机的屏幕取景,照片也存储在手机里,它只是出于方便或者成本或者体积的考虑把镜头从内置变为外置的,是第一代产品;另一种几乎是一个完整的数码相机,自带电池和自带内存的本身可以进行单独的拍照,然后再把照片上传到手机上去,既节省了电源,又避免了使用手机屏幕作为取景框导致的大容量视频数据流。

以位置来看,外置在手机底部,这是常见的手机数据接口的位置,镜头的设计也很独特。

五、手机卡的标准化

(一) SIM 的标准化情况

SIM 的相关国际标准有:GSM11.11、GSM11.14、GSM03.48、GSM51.011、GSM51.014、GSM43.019,ETSI:EN 301 086、TS102221(UICC)、TS102223(CAT)、TS102241(UICC API for JAVA Card),3GPP:TS 11.10-4、TS 31.102(USIM)、TS 31.111(USAT)、TS 31.130〔(U)SIM API for JAVA Card〕、TS 51.010-1 的第 27 章 SIM-ME 接口测试。这几个标准分别对 SIM-ME 接口的 SIM 应用、SIM 工具箱的技术要求进行了规范,并对 SIM 一致性测试、SAT 一致性测试进行了规定。

国内已出台的 SIM 相关标准有:

(1) YD/T 910.1-1997《900/1800MHz TDMA 数字蜂窝移动通信网移动台(第二阶段)人机接口》。

(2) YD/T 1025-1999《900/1800MHz TDMA 数字蜂窝移动通信网移动台人机接口和 SIM-ME 接口技术要求(第 2+阶段)》。

(3) YD/T 1081-2000《900/1800MHz TDMA 数字蜂窝移动通信网移动台用 SIM 卡》目前没有对 SIM 标准进行再修订。

（二）UIM 的标准化情况

国际上 3GPP2 组织制定的 UIM 标准有两个：3GPP2 C.S0023（Removable User Identity Module for Spread Spectrum Systems）和 3GPP2 C.S0049（Removable User Identity Module Conformance Testing for Spread Spectrum Systems）。其中，一个是技术要求，另一个是测试方法。目前，技术要求的版本更新较快，最新的正在讨论的 C.S0023 标准的 C 版本中已经增加了 HRPD 和 BCMCS 的内容，但是相应的测试方法的跟进有点缓慢，目前仍停留在 0 版本，0 版本中还缺少对技术中新增内容的测试。

国内已发布了 YD/T1168-2001《800MHz 数字蜂窝移动通信网用户识别模块（UIM）技术要求》，该技术要求已经不能够满足新的网络要求，因此 2005 年对该技术要求开始进行修订，修订版本中拟增加与 HRPD 相关的内容以及与 BCMCS 相关的内容以适应网络的新要求。同时，由于国内行标还未制定过测试规范，因此 2005 年开始制定"CDMA 数字蜂窝移动通信网 UIM 卡测试方法"的标准。目前 UTK 的标准也在准备当中。

（三）USIM 的标准化情况

3GPP 的 TSG-T 下的 T3 组负责 USIM 卡的标准化工作，在制定 USIM 卡的标准中，建立了一个 UICC 平台的概念。UICC 是一个通用的智能卡平台，在此基础上有 SIM 应用，USAT 应用。目前，测试规范的制定还是有些滞后。目前的 USIM 卡的规范主要分成：UICC 物理电气逻辑特性、USIM 应用、USAT 应用。

国内也在积极地跟进国际标准，目前正在制定的 USIM 卡系列标准有：

（1）TD-SCDMA/WCDMA UICC——终端（Cu）接口技术要求第一分册：物理、电气和逻辑特性。

（2）TD-SCDMA/WCDMA UICC——终端（Cu）接口技术要求第二分册：USIM 应用。

（3）TD-SCDMA/WCDMA UICC——终端（Cu）接口技术要求第二分册：USAT 应用。

（4）TD-SCDMA/WCDMA UICC——终端（Cu）接口测试方法第一分册：物理、电气和逻辑特性。

（5）TD-SCDMA/WCDMA UICC——终端（Cu）接口测试方法第二分册：USIM 应用。

（6）TD-SCDMA/WCDMA UICC——终端（Cu）接口测试方法第二分册：USAT 应用。

注意：以上标准还在制定过程中，标准的名称未最后确定。

由于目前市场上的 USIM 卡普遍参考 R4 版本，因此相应的行标都参考 3GPP 的 R4 版本。

（四）相关标准的标准化情况

ISO/IEC7816 系列标准对智能卡的各方面指标进行了规定，最近更新的版本（2004 年版）分成了 15 个部分，内容包括物理特性、触点的尺寸和位置、电信号和传输协议、用于交换的行业间命令等。国内根据 ISO/IEC 的国际标准也制定了相应的行标。

第三节 移动终端信息格式的标准

移动终端的主要功能就是发送、接收并存储多种信息。最早的用于通信的信息恐怕就应该是话音信息了。然而时代发展到今天，人们要传送的信息已经不止这一种格式，文本、图像、音频和视频文件的收发已经融入到社会生活的方方面面。如今，手机要能够在移动网络之中分辨并接收话音、短消息、图片甚至视频信息，同时又要能将这些信息发送出去并按照各种信息的编码格式正确存储。对于不同的信息，由于其自身的特点，手机应该采用不同的信息格式存储和收发它们。具体来说，不同的信息格式就是指对应的不同的编码方式。目前，世界上存在着多种对信息的编码方式，而一款手机则应该根据自身的技术要求和所面向的用户群选择支持必要的信息编码方式以满足其实现的功能。

现在，常用的信息格式标准有 3GP、MP3/4、WMV、RM、H263 等。这些标准的适用范围各异，也各自存在应用方面的优势和缺点。如果想将这些众多的信息格式统一标准，那将是一项庞大的工程。而且不同的信息种类也要根据自身的特点选择不同的信息格式。所以，信息格式的标准统一还需要进一步地商议和研究。下面将根据具体的信息种类来逐一介绍每种信息对应的格式标准。

一、话音信息格式标准化

通常，基带的话音信号的频谱集中在 0.3~3.4kHz 的频段内，为了保护一定的频带，常选择 4kHz 以下的频段信号作为基带话音信号。如果要将它变成脉冲信号调制在载波上传送进行数字通信，首先要将这一低频话音信号进行抽样、量化。抽样是模/数转换中常用的技术。根据抽样理论，模拟信号是一个连续的低频信号，随时间变化较为缓慢。如果要用一系列的脉冲信号对它进行基本不失真的抽样再现，那么抽样的频率就要足够高，这样才能使信号在接收时得到还原，频谱分量不会丢失。依据抽样定律，抽样频率应大于或等于2倍的调制信号最高频率，才能使接收解调后的信号不失真。在目前的数字手机中，抽样频率都采用8kHz。这个抽样率正好是4kHz的2倍，是既可以保证信号的可靠性，而又不失其有效性的。

数字脉冲信号只有0和1两种。经过抽样后的脉冲波，其振幅有大有小，要对一个脉冲波进行准确的描述，就要对它的"高度"也有一个定义，这就是量化的过程。每个采样值经编码成为8b码，形成为8K×8b/s=64kb/s的信号。这时的信号便是数字信号。但是64kb/s的信号所占的频带太宽，无疑是一种浪费。因此需要将该信号进行压缩。通过话音压缩技术，可以将64kb/s的信号变为13kb/s的信号，大大节省了频带。通常，将从抽样、量化到压缩的这一系列过程，称为话音编码。而当编码速率低于64kb/s时，相应的编码方式则叫做压缩话音编码。在众多的压缩编码技术中，采用线性预测的参数编码或混合编码是最常用的编码技术，而量化时采用量化间隔的自适应技术也是为了保证在同样的编码速率下使失真更小。

话音编码后，得到的是一组连贯地反映话音信息的13kb/s脉冲信号，这组信号将被重新分组，分解出重要比特码、次重要比特码和不重要比特码，然后将它们不按次序地插入码群中，这就是分间插入。这样做是因为无线信号在空中传送会遇到各种各样的干扰，而且这些干扰都是随机的。如果将话音编码器送来的13kb/s信号顺次负载在载波上加以传送而不进行重新组合分间插入，那么在一段时间内受到干扰时就会造成这一段时间的所有资料的丢失，由于没有这段时间的相关资料，恢复这些信号也就不可能了。而采用了分间插入的技术，即使一段时间的资料被破坏，也仅是一组话音群中的一小部分被破坏，完全可以根据其他脉冲群对它进行恢复。这个过程可以算做信道编码中的交织过程。

为了能在接收端检测出话音信息的损失，诸如加入块卷积码、纠错码和奇偶校验码的信道编码措施也是必要的。而且在差错控制方面，手机通常利用前向纠错（FEC）而不是在计算机网络中常用的自动重传请求（ARQ）。这通常是出于节省网络资源，降低不必要的干扰并且减少终端功率的损耗等方面的考虑。因为，如果利用ARQ或其他有回传信息的协议：一是手机要耗费更多的功率来接收和发送确认或否认信息并要有更多的软件来支持这些协议；二是信息量会使网络的负担增大干扰，也会加大而且在基站到手机的接入中这种复杂的回传信息也是不需要的。

在完成以上的编码过程后，符合一定格式的话音信息便产生了。通过调制器调制之后，这样的射频信号便可以通过空中接口发射出去了。近几年来出现了许多新的话音压缩编码体制，其中很多已经成熟并在移动通信中使用了。例如，多带编码（MBE）、混合激励线性预测（MELP）、各种基于合成分析的AbS-LPC（多脉冲激励线性预测编码 MPLPC、规则脉冲激励线性预测编码REPLPC、基于码本的 LPC、低时延码激励 LD-CELP）都有了广泛的应用。它们都是基于参数编码的发展形式。下面简要介绍一下参数编码的原理，更具体的规范可以查阅相关文献。

常用的 PCM 传输方式是典型的波形编码，它是对每一个抽样值进行编码而成的。但是，参数编码完全不同于波形编码，它根据对话音信号形成机理的分析，着眼于构造话音生成模型。编码器发送的主要信息就是该模型的参数，相当于话音信号的主要特征。由于模型参数的更新频率较低，而且可以利用样值间的一定程度的相关性，因此，能有效降低编码速率。

从声学的观点来说，不同话音是由于发音器中的声音激励源和口腔声道的形状不同引起的。根据激励源与声道模型的不同，话音主要分成浊音和清音。浊音是发音时声带在气流的作用下激励起的准周期声波。它在时域上具有准周期特性，在频域上具有明显的谐波结构。另外，其短时频谱包络具有共振峰结构。一般的浊音在 5kHz 以下有 3~5 个共振峰，前 3 个在 3kHz 以下，它们对于区别不同的话音至关重要。清音具有明显的随机噪声的特性。它是由于发音时声带不振动声带紧缩成窄通道，气流通过时产生漏流而成。清音没有周期特性，频率主要集中在比浊音更高的频率范围内。

在编码时，将话音信号样值之间的短时相关模型化，并结合话音产生机理用一个短时滤波器集中地表征出来，从而构成了简化的话音信号发生模型。浊音用周期脉冲序列表示，而清音激励则用随机信号源表示。根据话音信号的种类，由清/浊音判决开关决定接入哪一种激励源。而声道特性则用一个时变的线性短时滤波器表征。模型中的参数包括线性时变滤波器系数、基音周期、清浊音判决信号以及增益。在发射终端只需要从抽样值中提取这些很少的参数进行编码就可以了，而接收终端也只需要解码出这些参数就可以恢复出原来的语音了。所以，参数编码可以大大降低编码的速率，但也有话音可靠性方面的缺点。而基于它的其他压缩编码格式则克服了一些可靠性方面的缺陷，从而更具实用性。尤其是采用了在发送端利用合成来指导分析——合成分析的方法，更加提升了压缩编码的可靠性和自然度。

二、短消息信息格式标准化

短消息系统（SMS）的规范是由欧洲电信标准协会（ESTI）制定的。一般共有三种方式来发送和接收 SMS 信息：块模式（Block Mode）、文本模式（Text

Mode）和协议数据单元模式（PDU Mode）。其中，Block Mode 目前已经很少使用了。Text Mode 是纯文本方式，可使用不同的字符集，从技术上说，也可用于发送中文短消息，但国内手机基本上不支持，主要用于欧美地区。PDU Mode 被所有的手机所支持，可以使用任何字符集，也是手机默认的编码方式。Text Mode 比较简单，而且不适合做自定义数据传输，这里就不讨论了。下面主要介绍的是在 PDU Mode 下发送和接收短消息的方法。

PDU 模式下，数据串表面上是一串 ASCII 码，由"0"－"9"、"A"－"F"这些数字和字母组成。它们是 8 位比特的十六进制数，或者 BCD 码十进制数。PDU 数据串不仅包含可显示的消息本身，还包含很多其他信息，如 SMS 服务中心号码、目标号码、回复号码、编码方式和服务时间等。发送和接收的 PDU 数据串，结构不是完全相同的。在发送和接收的短消息中，除了载荷本身，其他开销更是至关重要。正是这些开销指明了消息的目的地址和源地址、信息等级、发送方式等其他控制信息，用户的终端也正基于这些信息实现短消息的正确接收和发送。而且，收发信息的结构区别之处也在于这些控制信息。可见，虽然用户需要得到的是有用载荷信息，但控制开销信息也需要传送并被传递给手机的各层协议，用以控制短消息的收发。

在 PDU Mode 中，可以采用三种编码方式来对发送的内容进行编码，它们是 7b、8b 和 UCS2 编码。7b 编码用于发送普通的 ASCII 字符，它将一串 7b 的字符（最高位为 0）编码成它的数据，每 8 个字符又"压缩"成 7 个；8b 编码通常用于发送数据消息，如图片和铃声等；而 UCS2 编码用于发送 Unicode 字符。因为 PDU 串的用户信息（TP-UD）段最大容量是 140B，所以，在这三种编码方式下，可以发送的短消息的最大字符数分别是 160、140 和 70。这里，将一个英文字母、一个汉字和一个数据字节都视为一个字符。

需要注意的是，PDU 串的用户信息长度（TP-UDL）在各种编码方式下意义有所不同。7b 编码时，指原始短消息的字符个数，而不是编码后的字节数。8b 编码时，则代表的是字节数。UCS2 编码时，同样也是字节数，等于原始短消息的字符数的 2 倍。如果用户信息（TP-UD）中存在一个头（基本参数的 TP-UDHI 为 1），在所有编码方式下，用户信息长度（TP-UDL）都等于头长度与编码后字节数之和。如果采用 GSM03.42 所建议的压缩算法（TP-DCS 的高 3 位为 001），则该长度也是压缩编码后字节数或头长度与压缩编码后字节数之和。

对于中国的使用汉字的用户来说，手机需要支持汉字编码。然而，ASCII 制定的时候，并没有考虑多语种的应用情况，特别是对中国汉字这样的象形文字的支持。因此，后来就又提出了不少解决方案，其中代码页体系（ISO2022）是现在普遍实行的方案，而 ISO 106/GB 13000/Unicode 则是今后发展的方向。

常用的中文编码标准有：

（1）GB2312—1980（GB0）（简体）、GB7589—1987（GB2）（简体）。

（2）GB7590—1987（GB4）（简体）、GB13000—1993。

（3）GB6345.1—1986（GB0 修正）。

（4）GB8565.2—1988（G 邸，GB0 扩充）。

（5）GB/T12345—90（GB1）（繁体）、GB/T13131—9X（GB3）（繁体）。

（6）GB/T13132—9X（GB5）（繁体）。

其中，GB2312 是基本集，也就是目前最常用的标准。GB7589/GB7590 是扩展集，使用时不能和 GB2312 共存，需要切换使用。GB7589/GB7590 则是按部件（部首）和笔顺（笔画）排列的。而 GB2312 系列经过两次修正和扩充，已和原始的 GB2312—1980 标准有所不同了。目前，有关中文汉字信息编码格式的最新国家标准是 GB16500—1995。更加具体的相关标准可以查看有关的文献。

三、多媒体信息格式标准化

目前的 2.5G、3G 业务的广泛发展使支持多媒体业务的手机的市场迅速扩大。用户越来越要求手机具有多媒体信息的收发功能。正因为如此，各种各样的多媒体信息格式层出不穷，各种手机可以选择不同的格式标准配置来收发并存储多媒体信息。常见的多媒体信息有静止图像、视频和音频格式的文件。在移动网络中传输这些占用带宽较多的多媒体信息要求适时性高、误码率较低、速率也要较高。因此，对于信息格式的选择是至关重要的，而且几乎每一种信息格式都注意在较低的速率（带宽）下保证信息的可靠性，信息的有效压缩技术也在各种标准中都有所应用。

下面将逐个介绍几个常用的多媒体信息格式标准。

首先是现在应用比较广泛的运动图像专家组格式（Moving Picture Expert Group，MPEG）。MPEG 文件格式是运动图像压缩算法的国际标准。它采用了损失部分信息内容的压缩方法以减少运动图像中的冗余信息。更具体地说，MPEG 的压缩方法依据的是图像、视频、音频信息相关性较大，相邻两幅画面绝大多数是相同的，而把后续图像中和前面图像有冗余的部分去除，从而达到压缩冗余的目的（其最大压缩比可达到 200∶1）。目前 MPEG 格式有三个压缩标准，分别是 MPEG1、MPEG2 和 MPEG4，另外，MPEG7 与 MPEG21 也正处在研发阶段。

（1）MPEG：制定于 1992 年，它是针对 1.5Mb/s 以下数据传输速率的数字存储媒体运动图像及其伴音编码而设计的国际标准。也就是通常所见到的 VCD

制作格式。使用 MPEG 的压缩算法，可以把一部 120min 长的电影压缩到 1.2GB 左右大小。这种视频格式的文件在计算机上显示的扩展名包括：.mpg、.mlv、.mpe、.mpeg 及 VCD 光盘中的.dat 文件等，是较为常用的一种编码格式。

（2）MPEG2：制定于 1994 年，设计目标为实现高级工业标准的图像质量以及更高的传输速率。这种格式主要应用在 DVD/SVCD 的制作（压缩）方面，同时在一些高清晰电视广播（HDTV）和一些高要求视频编辑、处理上面也有相当的应用。使用 MPEG2 的压缩算法，可以把一部 120min 长的电影压缩到 4~8GB。这种视频格式的文件扩展名包括：.mpg、.mpe、.mpeg、.m2v 及 DVD 光盘上的.vob 文件等。

（3）MPEG4：制定于 1998 年，MPEG4 是为了播放流式媒体的高质量视频而专门设计的。它可利用很窄的频带宽度，通过帧重建技术压缩和传输数据，以求使用最少的数据获得最佳的图像质量。目前，MPEG4 最有吸引力的地方在于它能够保存接近于 DVD 画质的小体积视频文件。另外，这种文件格式还包含了比特率的可伸缩性、动画精灵、交互性甚至版权保护等一些以前 MPEG 压缩标准所不具备的特殊功能。这种视频格式的文件扩展名包括：.asf、.mov 和.divX、.avi 等。

以上只是对手机上的几种常用的信息格式做了介绍。目前，手机的信息格式标准多种多样，实现标准化将存在很大的困难，尤其是信息自身的特点就是一大困难。然而，由于在 3G 手机中采用了扩频码，即对所有不同速率的信息统一码速，屏蔽了不同信息的差异，所以，标准化也不是不可能实现的。

本章案例

手机动漫标准制定工作启动

记者从正在召开的第七届中国国际动漫游戏博览会获悉，由文化部牵头的手机动漫标准研究工作已经正式展开，包括文化部、科研机构、三大运营商、动漫企业共同参与的课题研究组工作组已经成立，于 2011 年 7 月展开调研。据透露，上市公司拓维信息将承担手机动漫用户服务标准工作的制定。

文化部党组副书记、副部长欧阳坚也向记者透露，手机动漫等新型业态也将是动漫产业"十二五"规划的重要组成部分。他同时强调，文化部将重点制定一批动漫行业的技术标准，规范产业发展，并力求填补世界范围内相关领域的空白。

拓维信息技术副总监向黎生告诉记者，目前动漫在纸媒、电视等传统媒介上的创作模式已经成熟，生产也形成了专业化趋势；但在手机等新媒体中仍处于发展阶段。

分析人士指出，随着移动互联网的发展，3G用户渗透率2011年第三季度有望达到10%，手机动漫等移动互联网应用面临着巨大的成长空间。目前，我国手机动漫多以三大运营商订制为主，市场分散无序，而标准的不统一也限制了市场空间的进一步扩大。

向黎生说："标准的统一首先有利于成本的降低，生产者可以做到一次创作，实现与运营商、智能终端和操作系统的无缝链接，效率和收益都将有很大提升。"

据悉，在主管部门的引导和监督下，手机动漫标准的设定还将涉及产品、平台、产权等各方面，这些标准制定将同时进行，分阶段实施，并不断优化。按照计划，目前参与标准制定的组织机构已经成立，即将展开调研，最终有望在2012年正式申请国标并发布。

资料来源：http://www.asiafinance.cn/，2011-07-09。

问题讨论：
1. 推进手机动漫标准的制定工作体现出了移动手机业务发展有怎样的需要？
2. 缺少标准化的移动手机市场会存在怎样的发展阻碍和问题？

本章小结

本章主要说明了移动终端产品的多样性和设备性能的复杂性，从而引出对移动终端标准化的建设的必要性和可行性分析。然后分别对主要的接口标准和信息格式标准进行了列举说明。

通过对本章的学习，要求能够对移动终端的标准化建设有所了解，并掌握各类现有的接口标准和信息格式标准。

本章复习题

1. 简述移动终端的复杂性。
2. 简述移动终端的标准化的必要性。
3. 简述移动终端的各类接口标准。
4. 简述移动终端的各类信息格式标准。

参 考 文 献

[1] 任俊等. 移动通信的产品特征分析与发展展望 [J]. 移动通信, 2007 (1).

[2] 孔晓波. 浅谈移动通信终端发展趋势 [J]. 移动通信, 2010 (21).

[3] 鲁帆. 移动智能终端发展趋势研究 [J]. 现代传播, 2011 (11) (总第184期).

[4] 宋俊德等. 无线移动终端原理及应用讲座第一讲: 无线移动终端的历史及其硬件结构演进 [J]. 当代通信, 2005 (23).

[5] 郑少帅等. 技术引领革命移动提升服务 [J]. 厦门航空, 2012 (2).

[6] 王继刚等. 移动通信终端操作系统研究现状及发展 [J]. 计算机应用研究, 2005 (12).

[7] 叶惠. 2011年一季度终端厂商财报分析新旧势力对决的阶段性胜利 [J]. 通讯世界, 2011: 5 (194).

[8] 宋俊德. 移动终端与3G手机 [M]. 北京: 国防工业出版社, 2007.

[9] 唐晓晟. 3G终端技术与应用 [M]. 北京: 人民邮电出版社, 2007.

[10] 互联网消费调研中心 ZDC. 2011年7月中国智能手机市场分析报告 [DB/OL]. http://www.dzsc.com/news/html/2011-8-12/131594.html.

[11] 凌泽军. 智能终端的主流平台——Windows Mobile 分析 [J]. 移动通信, 2010 (9).

[12] 杨心贝. 开放式操作系统发展将带动终端产品的多元应用 [J]. 电子与电脑, 2010 (10).

[13] 黄东巍. 3G终端及业务技术 [M]. 北京: 机械工业出版社, 2009.

[14] 郑建宏. 终端芯片的发展趋势 [J]. 信息通信技术, 2010 (1).

[15] 张研. 几种常用中间件的比较分析 [J]. 甘肃科技纵横, 2011, 40 (3).

[16] 中国互联网络信息中心 (CNNIC). 中国手机浏览器发展研究报告 (2011年9月) [DB/OL]. http://www.cnnic.net.cn/research/bgxz/ydhlwbg/201109/

t20110923_22915.html.

[17] 艾瑞咨询集团. 中国手机浏览器市场研究报告2010.

[18] App Store 的三种类型及特点. 博客园, http://news.cnblogs.com/n/83599/.

[19] 李劼等. 国内移动终端产业面临的机遇[J]. 移动通信, 2007, 1 (4).

[20] 杨海等. 谈终端定制策略对产业链的影响[J]. 科技资讯, 2007 (6).

[21] 秦蓁等. 移动互联网时代的终端产业发展趋势[J]. 数据通信, 2010 (9).

[22] 落红卫等. 移动终端安全威胁和防护措施[J]. 现代电信科技, 2009 (11).

[23] 中国无线移动终端的现状、发展及其标准化[DB/OL]. 豆丁网, http://www.docin.com/p-280599701.html.